# ゼロから始める
# ショアジギ入門

イラストと写真で基礎から解説

コスミック出版

# ショアジギングってこんな釣り

## メタルジグを岸から投げていろんな魚が釣れちゃう釣り！

堤防からメタルジグを思い切りキャスト。狙うは、沖に回遊してきた青物だ。

**簡単な仕掛けと操作で、様々な海の魚が釣れるルアー釣り、それがショアジギングだ。ブリ、カンパチ、アジ、メバル、サワラ、そしてマダイ……。釣れる魚の可能性が文字通り無限大に広がった、実に楽しい釣りである。**

### ショア＋ジギング

金属製のルアーであるメタルジグを使う釣りを総称して「ジギング」と呼ぶ。元々は船の釣りから始まったジギングだが、よく飛びよく沈むというメタルジグの特徴を、遠くへ投げる必要のある、陸からの釣りに生かさない手はない。

こうして、陸（ショア）から釣るジギング、ショアジギングという釣り方が確立された。

### よりライトに振ったショアジギングが大人気！

このショアジギング、元々は船で使っていた100g近いメタルジグを、まるで物干し竿のように硬いロッドで投げるという、非常に敷居の高い釣り方であった。この重いメタルジグは、ひとえに飛距離を確保するためのものだったが、これを魚に見

メタルジグが届く範囲内にいる肉食魚なら、ありとあらゆる魚が対象となる。時にはこんなマダイまでもが釣れる。

サーフ（浜辺）には、ときおりカンパチやイナダといった青物が、岸近くまで寄ってくる。

指先に乗るような超小型のメタルジグ・マイクロメタルジグを使うことで、狙える魚種が飛躍的に多くなった。

小さなワームを使って釣るのが一般的なアジだが、ショアジギングなら大型が狙える。

切られないよう速く動かすためには相応の体力、場合によっては日々の鍛錬が必要となる。

これが2000年代初頭になると、釣り具、とりわけラインの飛躍的な進化により、軽いメタルジグでも十分な飛距離が稼げるようになった。そしていつしか、普通の体力を持つ大人であれば、特に鍛錬することなく楽しめるショアジギング、通称ライトショアジギングが主流になっていったのである。本書では、このライトショアジギングについてより深く掘り下げて紹介していこう。

**可能性は無限大！**

このライトショアジギング、楽しめるポイントや釣れる魚が実に豊富だ。幅広いバリエーションのあるメタルジグを使い分けることで、どんな魚が釣れるのか？　次ページで詳しく触れてみよう。

ブリの若魚であるワカシ。この段階であれば小型のメタルジグでよく釣れるが、60㎝前後のイナダ、80㎝以上のワラサ、それ以上のブリと大きくなるにつれて、使うメタルジグもどんどん大きくなっていく。

## メタルジグを使い分けいろんな魚種を狙い撃つ！

ライトショアジギングに限らず、新しい釣りをゼロから始めるにあたっては、釣る対象となる魚について、まずはあれこれ知っておきたい。どんな魚がどこで釣れるのか、それを知ることが、すなわちスタートラインといえる。

というわけで左ページで、ライトショアジギングで釣れるおもな魚種を挙げてみた。これらはあくまで一例であること、また同じ魚種でも、大小の差が著しい魚がいる点にご留意いただきたい。

体色が青か銀で、泳ぐのがとても速い「回遊性」の魚。一方、泳ぐのは速くないが馬力のある「居着き」の魚、この2つにおおまかに分けるだけで、すんなりと頭に入ってくるようになるはずだ。

## 回遊性の魚
### 青い魚がメイン、ときどき銀色

カンパチ

ライトショアジギングで狙えるのは50㎝前後まで。

イナダ

60㎝前後のブリの若魚。地方によって呼び名が違う。

マサバ

行動にムラがあるが、群れが入ってくれば一番釣りやすい青物。

ソウダガツオ

比較的近海を好むカツオの仲間。夏から秋が旬となる。

マアジ

中型～大型は小魚を好んで食べるので、メタルジグでも釣れる。

シーバス（スズキ）

あらゆるルアーでよく釣れる。当然、メタルジグも例外ではない。

## 居着きの魚
### 茶色や赤いものが多い

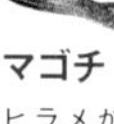

マゴチ

ヒラメが砂地を好むのに対し、マゴチは泥を好んで住み着く。

ヒラメ

砂地の底に身を潜め、上を泳ぐ小魚を噛みついて食べる。

マダイ

40㎝前後の若魚なら、エサが岸近くに寄ったタイミングで釣れる。

メバル

夜行性だが、メタルジグなら昼の隠れ家まで届くので、昼でも狙える。

アイナメ

岩礁帯や消波ブロックなど、ゴツゴツした障害物によく隠れている。

カサゴ

ある程度水深があれば、どこでも釣れるといってもいい。

ムラソイ

カサゴと似ているが、こちらは浅い場所でよく釣れる。

ササノハベラ

極小のメタルジグを使うことで、こんな小物も普通に釣れる。

# メタルジグの重量で決まるライトショアジギングのスタイル 1

## 30～60gのメタルジグでライトショアジギング本格的な釣果を手軽にゲット!

**60gまでのメタルジグを専用のタックルで扱うライトショアジギングでは、80㎝クラスのワラサ、1mのシイラまでもが釣れる。だが「ライト」とつくだけあって、釣果を手にするのは意外と簡単だったりする。**

夏に旬を迎えるソウダガツオ。40g前後のメタルジグでよく釣れる。

### なぜ60gなのか?

ショアジギングという釣りにおいて、どうなると「ライトショアジギング」と呼ばれるようになるのだろうか? よく使われる基準が「使うメタルジグが60g以下」というものだ。

この60gという数値だが、「この重さのメタルジグであれば、一般的な体力を持つ大人が、投げて巻くという動作を休みなしで1時間、休みながらであれば3時間継続できる」という、だいたいの目安だ。これ以上重くなると、かなり肉体的な負担が大きくなり、場合によってはそれなりのトレーニングが必要になったりする。

一般的な大人が、娯楽としての釣りを休日に楽しむうえで、特に気負うことなく扱える上限……というのが、この60gという数値なのだ。

こんなワラサだって釣れる!

ライトショアジギングでも、ここまでのワラサが釣れる。魚もメタルジグも、休日に楽しんで釣るには、これがサイズの上限だろう。

## ライトショアジギング

### オススメメタルジグ

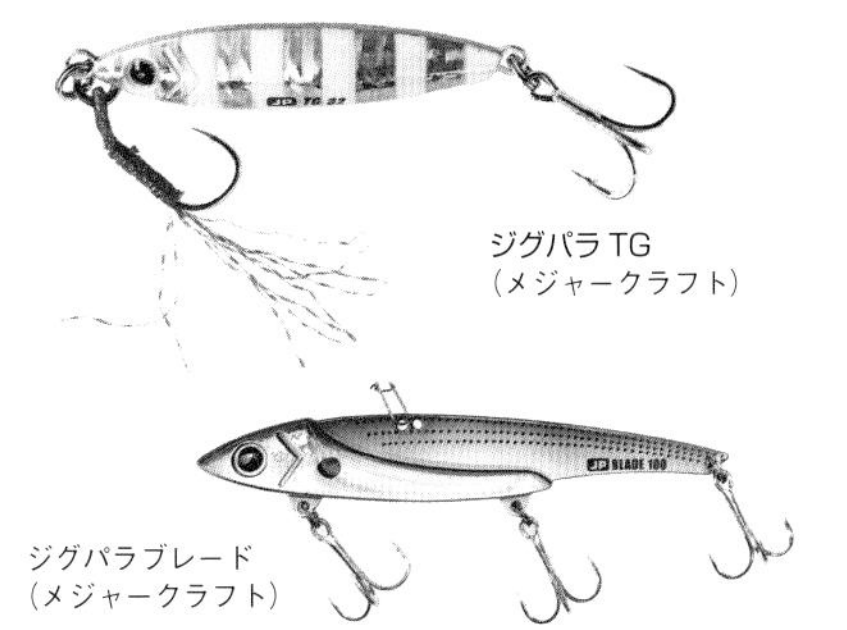

ジグパラ TG
（メジャークラフト）

ジグパラブレード
（メジャークラフト）

## 専用タックルを推奨

ロッドやリール、ラインといった、ルアー以外の釣り具をまとめて「タックル」と呼ぶ。60gのメタルジグを普通に扱えるタックルがあれば、80㎝前後のワラサ、60㎝前後のカンパチ、1m近いシイラといった中・大型の青物にも対処できる。

このパワーを持つタックル、特にロッドは、「ライトショアジギング専用」と銘打って売られているものが多い。できればこういった専用タックルを使い、大物との出会いに備えておきたいものだ。

### ライトショアジギング参考タックル

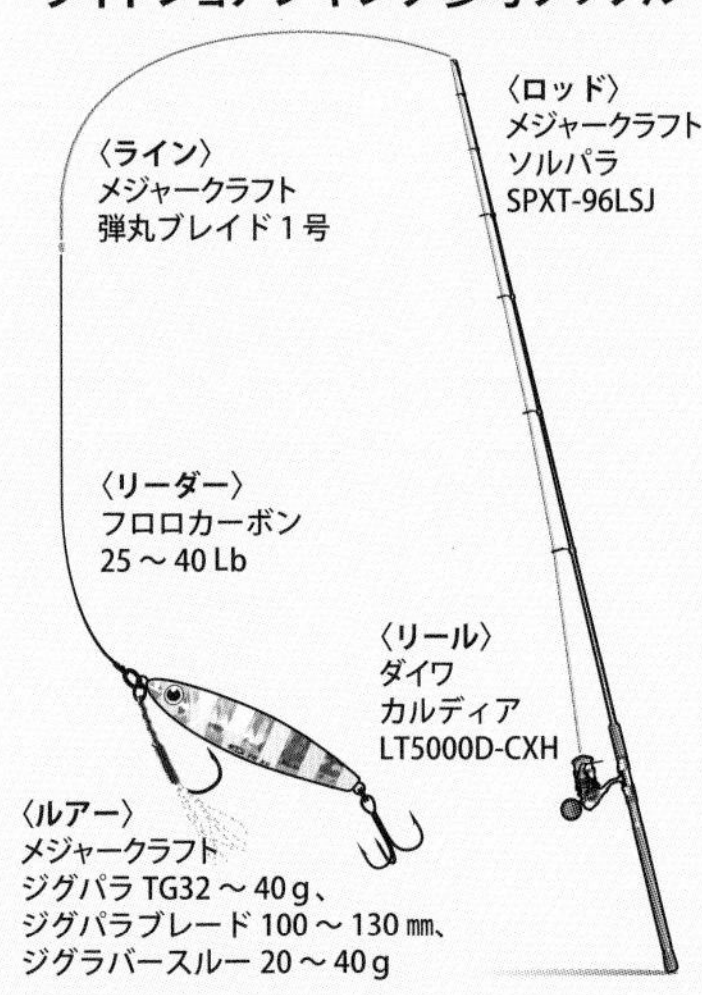


豪快にキャスト!

メタルジグを投げ、そして巻いてくるには、それなりの体力を要する。60g前後のメタルジグ、80㎝前後までの魚であれば無理なく楽しめる。

専用タックルで安定ファイト!

より力を込めて巻けるよう、ハンドルの先端に丸いパーツがつけられた「パワータイプ」と呼ばれるリール。こういった専用タックルを、できれば使いたい。

スーパーライトショアジギングでは、20～30㎝のカンパチがよく釣れる。このサイズなら、慌てず騒がず取り込んで、そしてハリを外せる。

# メタルジグの重量で決まる ライトショアジギングのスタイル 2

## 7～30ｇのメタルジグでスーパーライトショアジギング！

**メタルジグも30ｇ以下になると、シーバス用・エギング用といった他のルアータックル、あるいはエサ釣り汎用タックルで扱えるようになる。このサイズのものは、狙える魚種やサイズも遜色ない、費用対効果に優れたメタルジグといえよう。**

### さらにお手軽に

ライトといいつつ、専用タックルが欲しくなるライトショアジギングを、さらにライトにした釣りがある。具体的には、メタルジグの上限をさらに下げ、30ｇ前後に設定したものだ。こういった釣りは「スーパーライトショアジギング」と呼ばれることが多い。

扱うメタルジグが軽いだけに、使用できるタックルの選択肢も一気に増える。シーバスロッドやエギングロッドといった、普及率の高いルアー用ロッドはもちろんのこと、釣り具店のエサ釣りコーナーで見られるような、「万能ザオ」と呼ばれる汎用タックルでも使用可能だ。

またこのサイズになると、大人は当然として、子供でも気軽に扱えるようになる。釣れる魚も、普通の大人が慌てずに寄せて取り込めるサイ

スーパーライトショアジギング　参考タックル

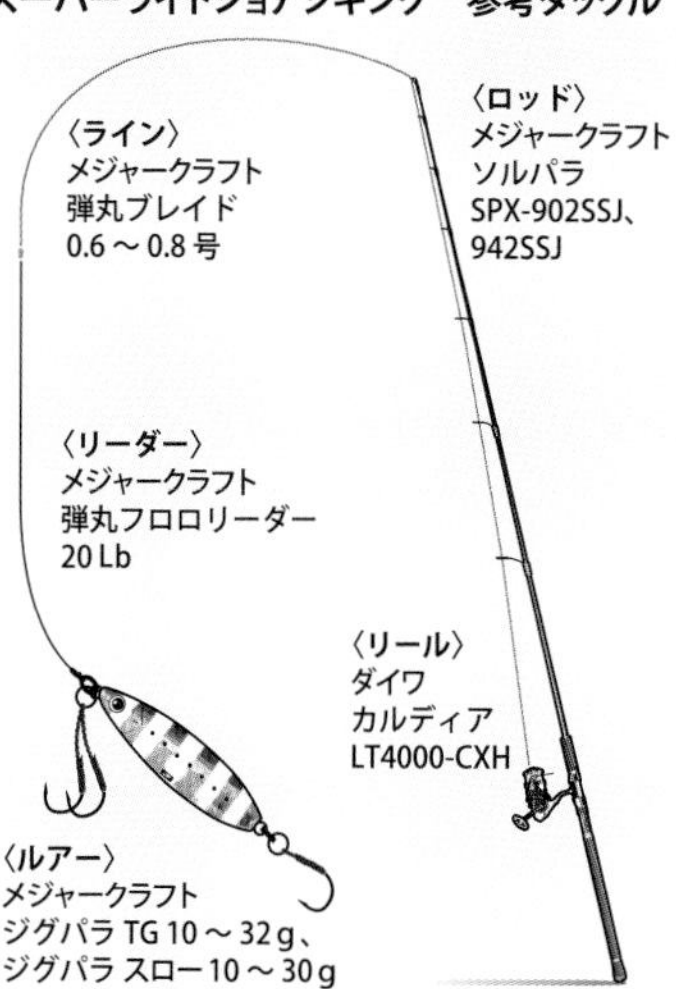

同じソウダガツオでも、釣れるサイズはひと回り小さくなるが、それだけアタリは増えるし、数釣りも楽しめるようになる。

時にはこんな、見慣れぬ魚が釣れてくることも……。通常のショアジギングより、狙える魚種の幅は広い。

## スーパーライトショアジギング
### オススメメタルジグ

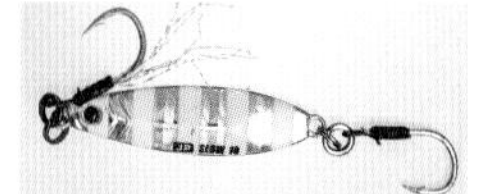
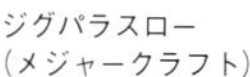

ジグパラスロー
（メジャークラフト）

ウォブリンS（スミス）

一緒に楽しく釣っちゃおう！

キャスト、やり取り、取り込みまで、あまり場所を取らず楽しめる。家族や仲間同士で、ワイワイ楽しみながら釣ってもいい。

ズがほとんどなので、家族揃って釣りを楽しむのにも最適なスタイルといえるだろう。

## とりあえず1尾！

より小さく軽いメタルジグを使うスーパーライトショアジギングは、それだけ対象魚の幅も広くなる。また同じ魚種でも、より小さなものまで釣れるようになる。魚種やサイズを問わず、なんでもいいから引きを味わいたい、1尾でいいから釣りたい！という方にも、よくフィットする釣り方だ。

漁港内のサビキ釣りでもよく釣れてくるようなマダイも、マイクロショアジギングの絶好のターゲットだ。

# メタルジグの重量で決まるライトショアジギングのスタイル 3

## 1～7ｇのメタルジグでマイクロショアジギング！

**スーパーライトショアジギングで使ったものよりさらに小さい5～7ｇ、ときには1ｇ前後という超小型のメタルジグを片手用タックルで扱い、身近な釣り場にいるあらゆる魚種を狙う釣り。それが、マイクロショアジギングだ。**

### もはやエサ？

メタルジグも、重量が7ｇ前後まで小さいものになると、片手で扱えるような、短く柔らかいロッドがちょうどよくなってくる。長さやパワーがちょうどいいアジやメバル用のタックルを流用し、超小型のメタルジグを駆使する釣り、それがマイクロショアジギングだ。

この超小型のメタルジグは「マイクロメタルジグ」と呼ばれるが、よく使われる5ｇから7ｇ前後だと、大きさは大人の小指くらい。さらに小さな3ｇ前後だと、ボールペンのキャップぐらい。一番小さな1ｇ前後にいたっては飲み薬のカプセルくらいと、普通のメタルジグに比べてかなり小さい。この小ささが、水中の小さな生物を再現するせいか、普段はルアーを食ってこないような様々な魚も対象となる。釣れる魚の

短めのロッドを使うことが多いため、小回りも効く。なるべく数多くの場所に、マイクロメタルジグを落として探りたい。

肉食魚であるエソ。こんな小型は普通のメタルジグではなかなかハリ掛かりしてくれないが、マイクロメタルジグなら一発でヒット。


普通はエビやイソメなどのエサで釣るスズメダイも、マイクロメタルジグでおもしろいように釣れる。

マイクロショアジギング参考タックル

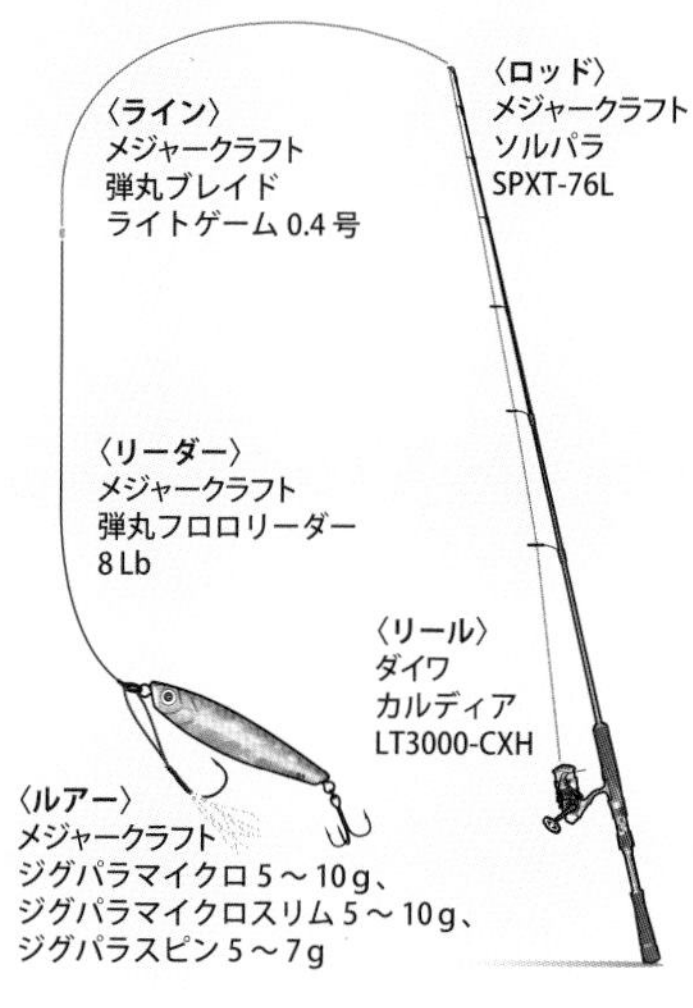

小型から大型まで、まとめて狙えるアジ。隙間狙いではなく、これを本命にしてずっと楽しんでいてもいい。

多様性という点では、エサ釣りに匹敵するレベルだ。

## 隙間埋めにピッタリ！

メタルジグの小ささ、またそれを扱うタックルのパワーを考えると、大物を釣るというより、いろいろな魚を飽きずに釣り続けるというスタイルに向いている。ちょっとした隙間の時間を見つけ、足元を気軽に探ってみよう。

## マイクロショアジギング オススメメタルジグ

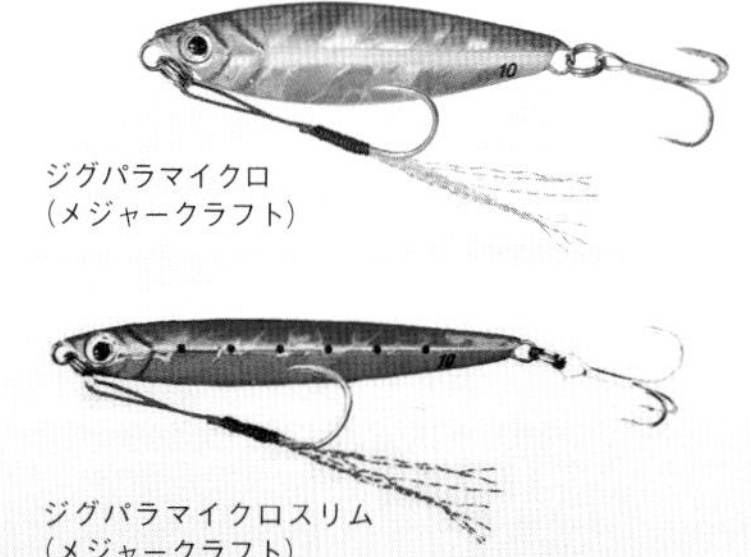
ジグパラマイクロ
（メジャークラフト）

ジグパラマイクロスリム
（メジャークラフト）

最初のうちはどれも同じに見えるかもしれないが、どこが違うのか把握できるようになると、瞬時に見分けられるようになる。

# ここに注目! メタルジグのセレクト術

**どんな形状なのか、重心の位置はどこか、そしてサイズはどのくらいか。メタルジグを選ぶ際は、この3つのポイントに注目したい。釣り具店で大量に陳列されたメタルジグから、目当ての一本を見つけるためのコツを伝授しよう。**

## サイズ、形状、重心で決まるメタルジグの持ち味と得意分野

**同シリーズの形状違い①**

ジグパラマイクロスリム（写真上）と、ジグパラマイクロ（写真下、ともにメジャークラフト）。同メーカーの同シリーズでも、ここまで形状が違うことはよくある。

### まずはサイズを確認

なにはなくとも、サイズを確認しよう。自分のやりたい場所、釣りたい魚に合ったスタイルの釣り、行きたい場所、釣りたい魚に合っているかどうか、ここで間違えてしまうと、せっかく購入したメタルジグが手持ちのタックルと合わない、なんてこともある。この事態だけは、なんとしても回避したい。

### どっちの形状?

サイズを選定したら、次は形状だ。これも細かく分ければいろいろあるが、最初はおおまかに「幅が広いもの」「スリムなもの」、この2種類だけ見分けられるようにしておけば、たいてい事足りる。

幅が広いものは、水中で水流をよく受け、ヒラヒラと舞うように沈んだり、巻くだけで小魚のような動きを見せたりするものが多い。

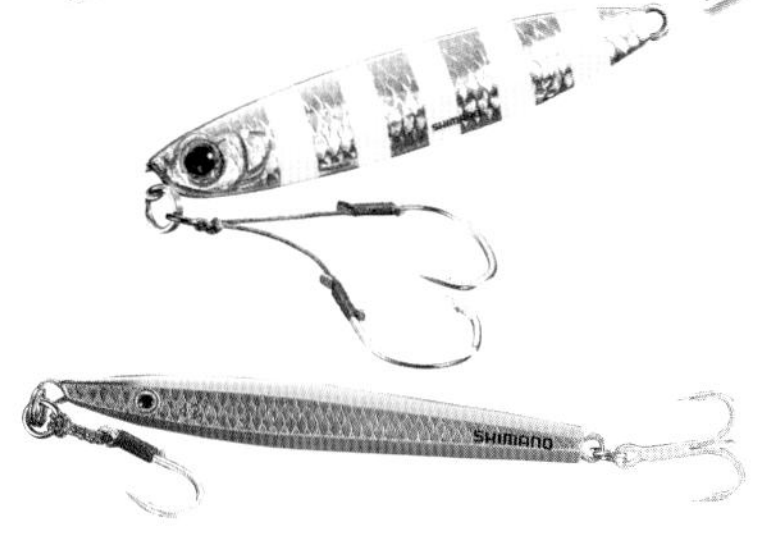

## 同シリーズの形状違い②

青物汎用のコルトスナイパー・アオモノキャッチャー（上）と、サゴシ（サワラ）専用のコルトスナイパー・サゴシジグ（下、ともにシマノ）。同じシリーズ名を冠しているが、見た目だけでなく、対象魚も違ってくるという例もある。

## 同一メーカー内の様々なタイプ

左からスロービー 20、スロービー 12、アフターバーナーミニ、ランウェイターボ（すべてゼスタ）。ヒラヒラとスローに沈んでいくスロービーと、素早く沈んで狙った泳層にすぐ到達するランウェイターボ、そしてその中間を埋めるアフターバーナーというラインナップでローテーションが組める。

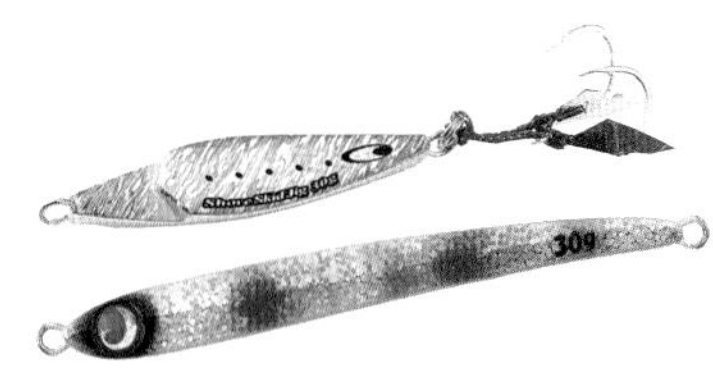

## 同じサイズでここまで違う！

ソルティステージ・ショアスキッドジグ（写真上、アブ・ガルシア）と、モモパンチ（写真下、ジャンプライズ）。明らかに違うメーカー・違う製品であるとわかるが、重量が同じなため、同じタックルでそのまま使い回すことができる。

## 同サイズ・違うタイプで飽きさせない工夫

前方重心のショアグライダーJr.（写真上、アルカジックジャパン）と、スリムな後方重心タイプ・ジャベリンジェット。小型回遊魚対応モデル（写真下、エバーグリーン）を使い分けることで、同じ場所で投げ続けていても、魚に見切られにくくなる。

一方スリムなものは、水中で水の抵抗をあまり受けないため、素早く動いたり沈んだりするのを得意とする。キャスト時に受ける空気抵抗も少ないので、飛距離が伸びるという利点もある。

## 重心の位置はどこ？

最後に、重心の位置だ。前方、後方、中央の3種類がある。

重心が前方にある「フロントバランス」は、水中での泳ぎに秀でたものが多い。

一方、後方にある「リアバランス」は、飛距離と沈下速度を優先した形状で、ポイントが遠かったり、足元の深場へいっきに沈めたいときなどに使う。そして中央にある「センターバランス」は、これら2つを兼ね備えた中間タイプだ。その日最初のキャストなど、慎重に様子見をしたいときに適している。

ライトショアジギング用に、ルアー負荷40～60ｇ前後のロッドを選ぶと、たいてい3m弱の長さになる。足場が高い堤防でも、ロッドの先端が海面につくぐらいの長さだ。

# ここに注目! ロッドのセレクト術

**メタルジグのセレクトに対し、ロッドのセレクトは意外と単純だ。釣りたい魚と投げたいメタルジグのサイズが決まれば、どんなスペックのロッドが必要か、ほぼ自動的に算出される。まずは自分で選ぶところから始めよう。**

## 1にパワー、2に長さ この順番で選んでみよう

広いサーフで一度でも釣りをすれば、ロッドは長いにこしたことはないことを実感できるはずだ。

ロッドのルアー負荷と投げるメタルジグの重量が合っていれば、このようにロッドを根元までガッツリと曲げたキャストで、メタルジグを思い切り遠投できる。

### 「ルアー負荷」に注目

ライトショアジギングに限らず、ルアーロッドを選ぶ際真っ先にチェックしたいのが、どのくらいの範囲の重量を扱えるのかを示した「ルアー負荷」と呼ばれる数値だ。たいていは最低×g、最大×gといった形で、カタログやロッドの表面に記載してある。これはいわば、ロッドのパワー、硬さを表す数値であるともいえる。

このルアー負荷次第で、扱えるメタルジグのサイズ、ひいては本書冒頭で紹介した3つのスタイルのうち、どの釣りができるのか？　が決まる。

### 大は小を兼ねる⁉

どのくらいのパワーがあるロッドが欲しいか絞り込んだら、次は長さだ。ライトショアジギングにおいて

## マイクロショアジギング オススメロッド

「碧」IUS-78L（ISSEI 海太郎）
長さ 7ft8in、ルアー負荷 5 ～ 21g。マイクロショアジギング～軽めのスーパーライトショアジギングで、思い切り遠投したいときに使いたい。

ソルティセンセーションスペリオル SPRS-83H-T マイティハンツマン（エバーグリーン）
長さ 2.51 m、ルアー負荷 1.5 ～ 30 g。大型アジに対抗するパワーと長さ、柔軟性を追求した結果、驚くべき汎用性を得た一本。

## スーパーライトショアジギング オススメロッド

アステリオン AST-101M（メガバス）
長さ 10ft1in、ルアー負荷最大 35 g。メタルジグ以外にも、ミノープラグやバイブレーションといった他のルアーを駆使したサーフの攻略用ロッド。

ブルースナイパー 103L プラグスペシャル（ヤマガブランクス）
長さ 3135㎜、ルアー負荷 15 ～ 40 g。40 gまでのメタルジグやプラグでショアから青物を狙うために設計された、柔よく剛を制す一本。

## ライトショアジギング オススメロッド

オーバーゼア 103MH（ダイワ）
長さ 3.12 m、ルアー負荷 15 ～ 60 g。軽量設計により、長時間振り続けても疲れにくい。初めてのライトショアジギングロッドとしてもオススメ。

ソルパラフリダシ SPXT-96LSJ（メジャークラフト）
長さ 9ft6in、ルアー負荷 15 ～ 50 g。簡単収納で移動時に便利な振出モデルながら、ライトショアジギングロッドとして十分なスペック。

は、ロッドの長さは「大は小を兼ねる」、これに尽きる。マイクロショアジギングで、数m先のポイントを細かく探るといった特殊な釣りでもしないかぎり、短くて難儀することはあっても、その逆はない。開けた空間をフルに使い、メタルジグを遠投することが多い釣りなので、使いたいルアー負荷の範囲内で、なるべく長いロッドを選びたい。

### 「調子」ってなんだ?

パワー、長さの次は「調子」に注目だ。これは「アクション」とも呼ばれるが、ロッド全体を曲げたとき、どこが一番曲がるか？ という違いを表したものだ。

ライトショアジギングでは、アタリを感知しやすく、こちらの操作もメタルジグに伝えやすい「先調子」「ファストテーパー」と呼ばれるものを選んでおけばいいだろう。

# ここに注目! リールのセレクト術

釣り具のなかで唯一機械的な要素が含まれるリール。スムーズな回転や耐久性、信頼性は、楽しい釣りを強力にバックアップ。

**ロッドのセレクト同様、リールもまた、やりたい釣りや投げたいメタルジグの重量によって、自動的に必要なスペックが決まる。ライトショアジギングそれぞれのスタイルに応じて、適切なリールを選ぶコツをご紹介しよう。**

## 小型・中型・大型のスピニングリールを使い分けよう

### 小型リールでマイクロショアジギング

ハンドルは1本、つまむ部分であるノブは、まっすぐのI字型。マイクロショアジギングに限らず、小さなルアーを使うほかの釣りでも重宝する。

### ダブルハンドルも

ハンドルが2本ついた「ダブルハンドル」と呼ばれるタイプは、一定の速度での巻き取りがやりやすい。巻き取り速度やパワーがあまり要求されないマイクロショアジギングでは、こちらを好んで使う人も多い。

### サイズは大まかに3つ

ライトショアジギングを含めた海のルアーフィッシングで使うリールは、スピニングリールが一般的だ。大きさは小型、中型、大型、この3つがあるということを覚えておけば事足りるだろう。

リールの大きさは、「×000番」という4ケタの数字で表記された「番手」という数値で分けられることが多い。小型なら500〜2500番、中型なら2500〜3000番、4000番以上なら大型と、大まかに覚えておけばいいだろう。

お察しの方もいらっしゃるかもしれないが、小型はマイクロショアジギング、中型はスーパーライトショアジギング、大型はライトショアジギングに、それぞれフィットするサイズになっている。

## ライトショアジギング

### オススメリール

**スーペリア（アブ・ガルシア）**
優れたコストパフォーマンスながら、実力は本格派。1000番から5000番まで10アイテムをラインナップ。

**ルビアス（ダイワ）**
軽量ながら強度に優れたカーボン素材「ZAION」を使用。写真のLT4000は、ライトショアジギング以外にも、大型プラグを使ったシーバスゲームにもピッタリ。

**ツインパワー（シマノ）**
耐久性に優れた定番モデル。写真の5000番には、大型青物が来ても安心のラウンドタイプノブを採用。

**中型スピニングリールでスーパーライトショアジギング**

番手は3000～4000番で、ハンドルノブは汎用性に優れたT字型。これでスーパーライトショアジギング～ライトショアジギングまで対応。

**大型スピニングリールでガチンコ一歩手前勝負！**

番手は4000～5000番、ハンドルノブは巻き取る際にもっとも力を込められる「ラウンドタイプ」と呼ばれる丸いタイプ。これで、80㎝を超える大型青物とも戦える。

## ギア比ってなんだ？

自分のやりたい釣りに応じた番手のリールを絞り込んだら、次は「ギア比」というスペックに注目しよう。これは、ハンドル1回転あたりで、ラインを巻き取るローターが何回転するか？　という数値を表したものだ。5～5・7付近が標準、それより低いものは「パワーギア」、高いものは「ハイギア」とそれぞれ称されることが多い。

ライトショアジギングでおもに使われるのは、ハイギアのほうだ。メタルジグを高速で泳がせ、また素早く回収することが多いライトショアジギングでは、高いギア比で速くラインを巻けるハイギアのほうが都合がいいからだ。標準に比べ「少しラクができるかもしれない」程度の違いではあるが、長時間の釣りだとその差を実感できることだろう。

ヒラメもまた、鋭い歯を持つ魚。攻略にラインシステムは不可欠だ。

# ラインとリーダーの役割を知ろう

**細くて引張強度に優れ、伸びも少ないため感度にも優れたPEライン。そして、摩擦に強く結束もしやすいリーダー。このラインとリーダーの組み合わせは、ライトショアジギングにおいて不可欠となるものだ。**

## ライトショアジギングの根幹をなす「ラインシステム」ってなんだ？

### 足元は危険地帯!?

敷石の角にはよく魚が着いているが、その周辺は、ラインにとっての危険地帯。ここも、リーダーを先端に接続して対処だ。

### 鋭い歯への対策

カマスやタチウオといった魚の鋭い歯は、少しかすめただけでもPEラインをボロボロにしてしまう。PEラインの先端に、摩擦に強いリーダーを接続することで、このリスクを軽減できる。

### 歴史を変えたPEライン

ライトショアジギングだけでなく、ルアーフィッシング全般で広く用いられているPEラインは、極細のPE（ポリエチレン）製原糸を、複数本より合わせてできた構造になっている。

このPEラインが普及したのは、2000年代初頭のこと。従来のラインよりも細いのにもかかわらず引張強度に優れ、伸びもほとんどないというPEラインは、あらゆる海釣りの歴史を変えたといっても過言ではないだろう。

ライトショアジギングも、その典型だ。PEラインのおかげで、従来よりはるかに軽量のメタルジグを、従来以上の飛距離で飛ばせるようになった。このおかげでタックルの制約、アングラーの負担とも一気に軽減され、現在に至ったというわけだ。

## ライトショアジギング オススメリーダー

**SALT MAX SHOCK LEADER TYPE-F（サンヨーナイロン）**

フロロカーボンながら、ナイロン並みのしなやかさを確保。丈夫で扱いやすいリーダー。

**バリバス VEP ショックリーダー［ナイロン］（モーリス）**

ナチュラルカラーのナイロン製ショックリーダー。スーパーライトショアジギング、マイクロショアジギングに最適。

## ライトショアジギング オススメ PE ライン

**ショアゲーム PE X8（ユニチカ）**

名前の「X8」は、原糸を８本編みにした証。スーパーホワイトカラーをベースに、25 mごとにパープルのマーキング入り。

**ソルティメイト キャストアウェイ PE（サンライン）**

比重 1.05 と、水にゆっくりと沈んでなじんでいく仕様になっている。ラインカラーは、昼夜問わずよく見えるパープル。

### ノットは3種類でOK

PE ラインとリーダーを結ぶ「FG ノット」、リーダーとルアーを結ぶ「ユニノット」と「クリンチノット」。この３種類のノット（結び方）を覚えておけば、ライトショアジギングの対象魚ほぼすべてをカバーできる。それぞれのノットについて、巻末の 180 ページよりイラスト付きで解説しているので、こちらもぜひご覧いただきたい。

### トゲもPEラインの天敵!?

鋭い歯を持つ魚のほか、カサゴのように、ヒレに鋭いトゲを持つ魚も多い。またシーバスのように、エラブタ付近が刃物のようになっている魚もいる。PE ラインを魚体に触れさせてはいけないのも、よくおわかりいただけるだろう。

## リーダーの役割

だがこのPEラインには、いくつかの課題がある。極細の原糸をより合わせているという構造上、摩擦によって破損しやすい点。またしなやかすぎてコシがなく、魚やルアーに絡みやすいという点だ。

これを解消するため、PEラインより摩擦に強い、ナイロンやフロロカーボンといった単一の繊維でできた「リーダー」と呼ばれる糸をPEラインと接続する、という手が編み出された。これをラインシステムと呼ぶ。

このラインシステムにより、PEラインの長所を生かし、短所を極力抑えることが可能になった。メタルジグをはじめとするあらゆるルアーを使い、あらゆるサイズの魚を釣るために、このラインシステムは欠かせないものになっている。

こんなタイプのグリップがあればハリ外しも安全に行なえる。

# 各種装備と安全対策を整えよう

**どんな静かな漁港やサーフであろうと、水際に立って釣りをする以上、必ず安全対策を整えておく必要がある。楽しい休日を台無しにしないためにも、装備や対策はきっちりと整えてから、釣りの現場に赴きたい。**

## 海は危険がいっぱい 対策を整えておけば大丈夫!

### ベストタイプでちょっと本格的

浮力材が仕込まれた救命具と、ボディバッグがセットになった、ベストタイプと呼ばれるものも人気。

### 膨張式救命具でお手軽に!

腰に巻いている黒いベルトは、膨張式と呼ばれる救命具。緊急時には、中の浮力体がガスで膨らみ、浮力を確保する。

### 救命具は必需品

静かな漁港や堤防、沖まで浅場が続くサーフ。こんな安全そのものに見える釣り場も、水際であることには変わりない。転んでしまえば顔が水に浸かるかもしれないし、足のつかない深場に落ちて溺れる可能性もある。

どんなに安全そうに見える釣り場、釣り物でも、水辺に立つ以上、必ず救命具は身に着けなければならない。

もっとも救命具といっても、そんなに大げさなものは不要だ。落水時、頭を水面から出せるものであればそれでいい。ボンベに仕込まれたガスで膨らむ「膨張式」と呼ばれるタイプであれば、ベストやベルトと同じような感覚で着用できる。

その一方で、救命胴衣に多くの収納スペースを付属させ、救命具とボ

## ライトショアジギング

### オススメ安全アイテム

プライヤーやフィッシュグリップは、ライトショアジギングだけにとどまらず、すべての釣りで必要なアイテムだ。しっかりと装備を整え、安全・快適に釣りを楽しもう。

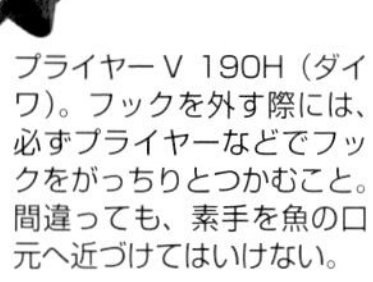

プライヤーV 190H（ダイワ）。フックを外す際には、必ずプライヤーなどでフックをがっちりとつかむこと。間違っても、素手を魚の口元へ近づけてはいけない。

クールネックガード（ジャッカル）。暑い季節、照りつける紫外線から首周りをガード。肌をさらさないほうが、かえって涼しいこともある。

E.G. グリップSL（エバーグリーン）。ランディンググリップ、あるいはフィッシュグリップと呼ばれる器具。写真左側にあるハサミ部分で魚の口を押さえ、動きを拘束する。

AC-136 テラヘルツ クールアームカバー（リトルプレゼンツ）。炎天下では、冷感素材を用いた各種ウエアを着込んだほうが、涼しく感じることも多い。両腕を覆うだけで日焼けも避けられるし、虫よけにもなる。

### ウエーダーは必要？

腰の上まで届く長靴といえるウエーダー。ライトショアジギングでは、これを着用して水中に立ち込むことはめったにないが、写真のようにサーフと磯が入り混じった釣り場を自由に歩き回れるという利点がある。防寒にもなるので、余裕があればそろえておきたい。

ディバッグを兼用したような釣り用ベストも、豊富な種類が出回っている。

膨張式でもベストタイプのものでもいい。落水時や転倒時、必ず頭を水面から上に出してくれる救命具を着用したうえで、釣り場に立ってほしい。

### 暑さ寒さに備える

暑い盛りに青物が釣れたり、寒さ厳しい折にメバルやアジが釣れたり、こと寒暖に関しては、魚と人間の都合は一致しないことが多い。さすがに熱中症の危険がある猛暑日の真昼や、吹雪が吹き荒れるような酷寒の日は最初から除外するとしても、どこかしらで暑さ寒さに耐えて釣りをするというケースも、いつか訪れる。

地域にもよるが、5月を過ぎたら暑さ対策、11月を過ぎたら寒さ対策

## 危ない対象魚たち

**ライトショアジギングで釣れる魚には、かなりの比率で「危ない」魚が混じっている。どこが危ないのか簡単にご紹介しよう。危険部位には、くれぐれも触らないこと！**

### クロダイ・キビレ

危険部位
背ビレ。いかにも危ないトゲが生えている。

危険部位　背ビレ。トゲのついたヒレに触らないよう注意。

危険部位　歯。ルアーを外す際には細心の注意を！

### シーバス

危険部位
エラブタ。ルアーが刺さっている付近が、鋭い刃物状になっている。

危険部位
背ビレとエラブタ。どちらにも鋭いトゲが生えている。

### マゴチ

危険部位
エラブタ。鋭いトゲが隠れている。

を、それぞれ想定しておこう。5月の連休が過ぎ、日差しがきついと思い始めたら、帽子をかぶる、首周りをタオルで覆う、各種日焼け止めを用意するといった、暑さ対策を整える。また、年末年始の話題が出始めた秋の終わりになったら、手袋、ネックウォーマー、防寒インナーを着用し、寒さ対策をする番だ。

　アウトドアショップや釣り具店まで出向かずとも、家庭にあるようなもの、あるいは近所の衣料品店やホームセンターで手に入るものを用意しておくだけで、暑さも寒さもかなり軽減される。

　もちろん専門店で入手できる本格的なものであれば、より効果が期待できるし、また長持ちもするので、トータルで考えると経済的だったりする。このあたりは、各自の釣行頻度やお財布の事情に応じて、うまく調整してほしい。

## 危ない特別ゲストたち

**ライトショアジギングの対象魚ではないが、堤防でよく見かける危ないやつらがこちら。**

### ゴンズイ

**危険部位** 背ビレ、胸ビレ。他の釣り人が捨てていった死体にも毒が残っているので要注意。

### ハオコゼ

**危険部位**

背ビレ。刺されると長時間痛む。

### アイゴ

**危険部位**

背ビレ、腹ビレ、尾ビレ。美味な魚だが危険。

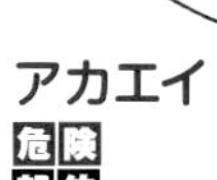

### アカエイ

**危険部位**

尾ビレの付け根。浅瀬によく入ってくるため、不用意に踏みつけて足を刺されるというケースが多い。

フィッシュグリップでしっかりホールドしたうえで、プライヤーやペンチでハリを外す。

## 危ない魚たち

ラインとリーダーの項でも軽く触れたが、海にはヒラメ、タチウオ、カマスといった鋭い歯を持つ魚、カサゴやメバルのようにヒレにトゲのついた魚、シーバスやマゴチのように刃物のようなエラブタを持つ魚など、素手で触ってはいけない魚が多数いる。そしてやっかいなことに、これらの多くはライトショアジギングでよく釣れる、人気の魚種でもあるのだ。

また、鋭い歯もトゲのあるヒレもないが、その肉体そのものが凶器になるケースもある。フックのついたルアーをくわえたまま首を振って暴れる青物は、ありとあらゆる魚のなかでも最も危険といっても過言ではない。

リリースするにせよキープするにせよ、魚が釣れた以上必ず拘束して、フックを外さなければならない。小さな魚は、フィッシュホルダーのような器具で体ごとつかむ。大きな魚は、フィッシュホルダーやフィッシュグリップといった器具で口周りを押さえつけ、そのうえでプライヤーを使ってフックをつかみ、そして外す。首を振って暴れる魚が、フックのついたメタルジグをガチガチと振り回すそのそばに素手を近づける……なんて行為は、絶対にやめよう。

# ライトショアジギング こんな地域で楽しめる

## 日本全国津々浦々 ご当地の魚が待っている！

**日本全国の海岸線には、メタルジグを食ってくる魚がどこかしらに隠れていたり、条件次第で寄ってきたりする。ライトショアジギングって釣りが、どの地域で楽しめる？　と聞かれたら、答えは簡単。「日本全国」だ。**

錦江湾の沖堤防でキジハタ！

鹿児島県南部、桜島を囲むように広がる錦江湾には、急深な岩礁帯が多い。ここに設営された沖堤防からは、まるで船からのような釣りができる。

静岡県西部の遠州灘沿岸には、サーフのところどころを堀って設営した漁港が点在する。カマスをはじめとする、多くの回遊魚の名所だ。

### 昔は地域限定だった⁉

北は北海道から南は九州・沖縄まで、ライトショアジギングは日本全国どこでも楽しめる釣り……というのは、現在の話。メタルジグといえば青物やシーバスといった対象魚しか知られていなかった１９９０年代は、ショアジギングは地域限定の、きわめて通好みの釣りだった。これは、まだ頭に「ライト」がつく前で、ショアジギングそのものの敷居が高かったせいもある。

そして時は流れ、２０００年代初頭のＰＥライン普及による、ライトショアジギングという釣法の確立。そして２０１０年代、それをさらに手軽にしたスーパーライトショアジギング、マイクロショアジギングといった釣法の普及により、ライトショアジギングは文字通り、日本全国どこでも楽しめる釣りとなった。

長崎県・壱岐のように、暖流の真っ只中に浮かぶ島々の堤防では、メタルジグを食うほど成長したイサキも多数生息する。

火山由来の岩礁帯と複雑な海岸線が広がる伊豆半島は、黒潮の影響も強く受けるため、以前から青物・根魚両方の人気フィールド。

なんとこのヒラメ、北海道の磯で釣れたもの。最近はアメマス以外にも、ヒラメのポイントもどんどん開拓されている。

## まだまだ広がる可能性

対象魚を選ばない、ときにはエサ釣り以上の「なんでもあり」な釣果を叩き出すマイクロショアジギングがもっと普及したら、現在よりさらに多くの地域で、見たこともない釣り方が確立されるかもしれない。

現状では、外洋に面しているところ、あるいはそこからの影響を受けやすいところなどに、ライトショアジギングのポイントは集中している。これがもし、シーバスやメバルのプラグゲームのように、都市部の真っ只中で釣れる方法が確立したら、現在以上の人気の釣りとして、多くのアングラーに親しまれることだろう。

意外な場所に、意外な大物が隠れている可能性もある。メタルジグの強みを生かし、新たに開拓してみてはいかがだろうか。

# ❶ ライトショアジギング こんなポイントで楽しめる

# サーフ

## 開けた空間で思い切りキャストメタルジグの強みが光るフィールドだ

砂や砂利、ときにはコンクリートの構造物も交じる浜辺・サーフ。外洋と陸、どちらからもアクセスしやすいため、多くの魚が集まってくる。とにかく広い場所なので、メタルジグの飛距離を最大限に生かしたい。

サーフでメタルジグを使う釣りといえば、やはりヒラメ。ポイントがわかりやすく、またいれば高確率で食ってくるところが人気の秘密。

地域や季節次第で、様々な青物も回遊してくる。カンパチの若魚であるショゴも、人気の釣り物だ。

堤防が隣接していたり、真っ只中から沖に伸びていたりするサーフも、よく見られる。こういったところでは、堤防に立って横向きに狙うことで、沖の深場を効率的に探ることができる。

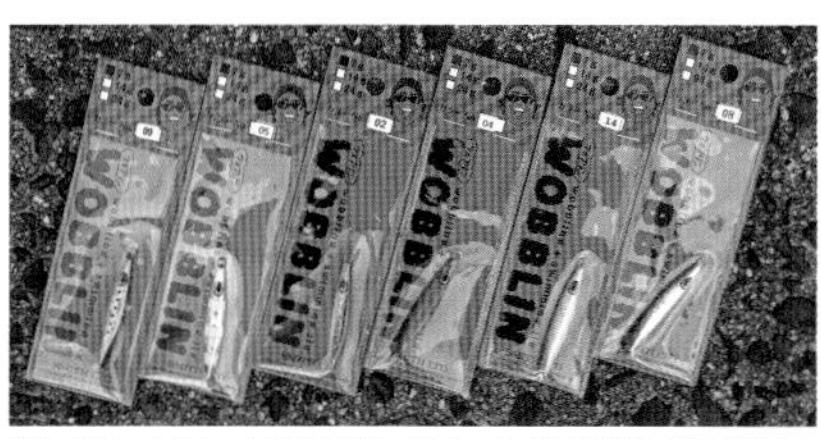

静かなサーフで、小型青物やヒラメ・マゴチを狙うのに最適な、ウォブリンＳ（スミス）。

遠浅で波が静か、そこかしこに地形的な変化が見られるようなサーフには、高確率でヒラメやマゴチ、シーバスが回遊してくる。

砂の流出を防ぐため、波打ち際に平たい敷石が敷かれたり、沖に消波ブロックで堤防が築かれることも多い。砂とコンクリートが合わさると、よく釣れるポイントとなる。

## わかりやすいポイント

ライトショアジギングが人気となる昔より、メタルジグを使ったサーフでの釣りは確立されていた。

今も昔も、おもな対象魚は青物、シーバス、ヒラメ・マゴチといった人気魚が多い。青物は回遊してくるベイトを波打ち際に追い詰めて捕食するためだ。いっぽうヒラメやマゴチは、陸から流れ込む真水を起点に形成される、食物連鎖の頂点に君臨していることが多い。

このように、サーフに集まってくる肉食魚は、その目的がはっきりしているため、こちらも狙いが絞り込みやすい。青物狙いであれば、ベイトの存在が確認できるところ、またはその兆候が見られるところ。ヒラメやマゴチ狙いであれば、流れ込みなどの地形的な変化があるところが、それぞれ狙い目となる。

# ② ライトショアジギング こんなポイントで楽しめる 漁港・堤防

## コンクリートのすぐ真下には弱肉強食の世界が広がっている

**元々は天然の海岸だった場所に基礎を打ち、その上にさらにコンクリートを盛って作られたのが、漁港や堤防をはじめとする水際の構造物だ。きわめて人工的に見える風景だが、それは水面より上だけの話である。**

まさかのマダイ。複雑な海岸線のなかに位置する漁港では、外洋で釣れるような魚が、港の奥まで入ってくることがある。

サーフ？ 漁港？

船を上げ下ろしするためのスロープ周辺は、サーフのようなゆるやかな傾斜になっている。漁港では珍しい浅場には、肉食魚がベイトを追い詰めるため押し寄せてくることがある。

静かな水面が広がる

船を係留しておくには、静かな水面が必要となる。この静かな一帯が、夜になって常夜灯が１つでも点灯しようものなら、一気に様変わりする。

暗くても OK！

足場がコンクリートで固められているので、安全面という点では、あらゆるフィールドを上回る。また、ある程度の規模であれば、港内のどこかに常夜灯が点いている。暗い時間帯はこれを目印にして移動してもいいし、腰を据えてその周辺を狙ってもいい。

マイクロショアジギングでシーバス

## アクセス至便！

漁港や堤防は、メタルジグ、いやルアー釣りに限らず、あらゆる海釣りで人気のポイントだ。サオが出せるぎりぎりの場所までクルマで移動できたり、内部は常夜灯で常に明るくなっていたりと、人間が動くには実に都合のいい条件が揃っている。

そして、この条件を好むのは、人間だけではない。港内の常夜灯には水中の植物プランクトンが寄り付き、それを捕食する動物性プランクトン、さらにそれを食う小魚、最後にそれらをまとめていただく肉食魚といった具合に、たったひとつの常夜灯が、食物連鎖の起点となることも多い。

アクセス至便で魚も豊富となれば、これはもう釣りにいくしかないだろう。ただし、ルールやマナーの遵守はお忘れなく。

# ③ ライトショアジギング こんなポイントで楽しめる

# 磯・ゴロタ

## 行ってみれば意外と怖くない!? リスクちょい増し、ハイリターンのパラダイス

**クルマぐらい大きさのある石を乗り越えたり、何10mもあるガケを上り下りしなくてもいい。ほんの数10mか数分、いつもの漁港やサーフよりちょっとだけきつい道を歩くだけで、いつも以上のリターンが、そこに待っている。**

ゴロタは急深になっていることも多く、青物もよく回遊してくる。底には障害物が多数あるため、速攻勝負が決め手となる。

## すぐ隣にこんなゴロタ

漁港のコンクリート堤防が途切れた先には、こんなゴロタが広がっていた。ここに足を伸ばすだけでも、釣果はずいぶん違ってくるはずだ。

ゴロタのなかには、砂利浜サーフとあまり変わらない大きさの石で構成されたものもある。サーフほど人は多くなく、ゴロタよりは釣りやすいという、合う人にはとことん合う釣り場だ。

## 隠れスポットがここに

背後が険しいガケになっている磯だが、なにもこのガケを上り下りする必要はない。ここにラクラク入れるルートを知っているアングラーだけが、ここでの釣果を手にできる。

## サーフ？ いいえ ゴロタです

## とんだ珍客も

磯場には多くの種類の魚が生息する。岸近くでは普通お目にかかれない、特別ゲストが出ることも珍しくない。

## 歩きやすい磯もある

比較的平坦で、足場の低い磯というのもある。潮位によって水面の位置が大きく変わるため、ある程度の事前調査が推奨される。

## 「すぐ隣」で十分

磯やゴロタには、行くのに危険が伴ったり、相応の準備が必要だったりする場所もある。また、そういった場所で釣るための、本格的なショアジギングという釣りもある。

だが、ライトショアジギングを楽しむ程度であれば、そんな厳しい場所へ行く必要はない。いつもの堤防やサーフよりちょっとだけ厳しい道を少し歩くだけで、いつものレベルをはるかに上回る釣果を手にすることだってできる。

よく釣りに行く漁港やサーフのすぐ隣に、今までなんとなく敬遠していた岩場、ゴロタの類があったりしないだろうか。勇気とほんのちょっとのやる気を出して、そこに足を踏み入れてみよう。ただし、スパイクブーツなどの足回り装備だけは万全に整えたうえでの話である。

# ④ ライトショアジギング こんなポイントで楽しめる
# 沖堤防

沖に浮かぶ堤防からの釣りになるため、陸っぱりでありながら、船釣りのような釣果が挙がることも少なくない。

**ちょっとの出費でラクラクアクセス**
**都会のそばにこんな釣り場が!?**

**堤防のなかには、渡船と呼ばれる船を利用して渡る「沖堤防」というものがある。船が出るのは大都会の真っ只中、そこからたった数分の航路を経た先には、外洋に匹敵するような釣果が待っていることもある。**

コンクリートで舗装された、足場がやや高めの堤防が多い。乗ってしまえば、あとは楽に釣れる。

昼間からこんな青物が出ることも珍しくない。

見慣れた風景を、いつもとは反対から見ることも。ここが都会だということを思い出す瞬間。

駅や都市高速ICのすぐ近くから出船する渡船宿もある。

## 都会に隣接した大自然

港内の安全確保や航路の維持などを目的として、大規模港湾の入り口付近にあたる沖に、大きな堤防が建設されることがある。こういった堤防は、そのまま「沖堤防」あるいは「沖堤」「一文字」とも呼ばれる。

この沖堤防には、渡船宿と呼ばれる業者が運行する「渡船」と呼ばれる船に乗って渡る。東京湾や大阪湾といった大都市に隣接した港にある沖堤防には、都会の真っ只中から出船する渡船に乗って渡ることもある。

もちろん渡船の料金はかかるが、それだけの価値はある。場所によっては、たった数分の移動で、外洋に面した磯並みの釣果が期待できるところもある。時間はないけど、ちょっと大型にチャレンジしてみたい……という方に、ぜひオススメしたい。

ゼロから始める

# ショアジギ入門

イラストと写真で基礎から解説

スピード感あふれる
メタルジグの釣りを
手軽に楽しんでみよう

CONTENTS

## 第1章 ライトショアジギング かんたんマニュアル

タックル入手から魚の取り込みまで一連の流れをおおまかに解説

## 第2章 魚種別釣り方ガイド 夏〜秋編

暑い季節の魚をライトショアジギングで釣る

# 第1章 ライトショアジギング かんたんマニュアル

## タックル入手から魚の取り込みまで一連の流れをおおまかに解説

ライトショアジギングという釣りに興味を持ったはいいけど、何を用意して、いつどこで釣ればいいのかわからない……という方もいるだろう。使う道具の調達、いつ釣りに行くかという釣行計画、そして現地へ着いたときの立ち回りといった、最初から最後までのおおまかな流れを簡単にご紹介したいと思う。

CONTENTS

初めて手にするものを、初めて行く店舗で探すのは、なかなか敷居が高い。ここは勇気を持って、一歩踏み出そう。

# 01 釣り具店でタックルを入手しよう

ロッド、リール、ラインといった釣りに使う道具を総称して「タックル」と呼ぶ。このタックルをそろえる段階で強い味方となるのが、身近にある釣り具量販店だ。まずはここで、初めてのタックルを入手しよう。

## 最初の1本はおまかせで2本目以降は自力もあり

### 希望を明確に伝える

知識ゼロの状態からタックル一式を揃えるのは、容易なことではない。身近に経験者がいれば頼ってもいいが、そんな人物がいなかったり都合がつかない場合は、自分でなんとかするしかない。

ここで頼りになるのが、近くにある釣り具量販店だ。それも、なるべく大きなところがいい。店舗が大きければそれだけ在庫が豊富だし、お店にいるスタッフの数も多いからだ。

まずは、ルアーコーナー、それも「ソルト」と書かれている、海用ルアーコーナーを探し、その近くにいるスタッフに、初めてのタックルをそろえたい旨を伝えよう。ここで予算、やりたい釣り、狙いたい魚、行きたい場所など、わかる範囲で明確に伝えるようにしたい。この情報をもとに、あとはスタッフがおすすめタックルを見繕ってくれるはずだ。

「なんとなくライトショアジギングという釣りを楽しみたい」というあいまいな希望を伝え、そこから相談を始めるという手もある。ライトショアジギングに精通したスタッフであれば、この時期はこのタックルでこの釣り場に行って、この魚を狙う……といった具合に、予算以外の選択肢について、トータルコーディネートしてくれることもある。

### 通販サイトを活用

最近は、各種通販サイトも充実してきた。品名や型番さえわかれば、

できれば、駐車場を完備するぐらいの大きな敷地と店舗を構えた釣り具店を選びたい。店が大きければそれだけ在庫も豊富だし、所属スタッフの数も多いからだ。

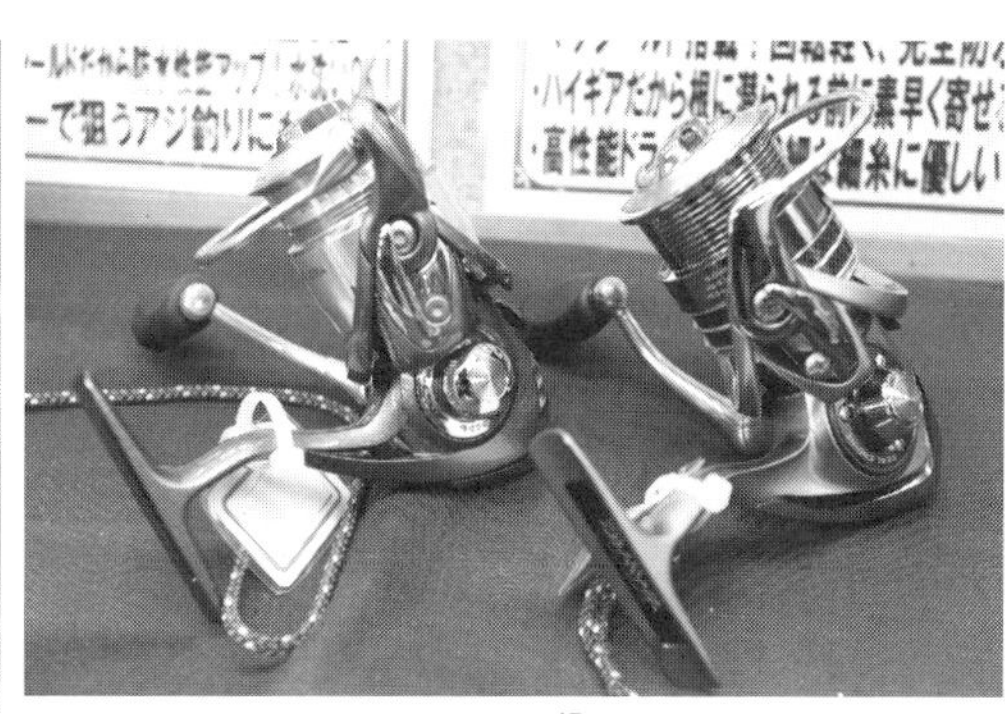

慣れないうちは、このリールが同じように見えるだろう。その違いや使い分け方、どちらを購入すべきかといった知識は、対面販売の店舗でないとなかなか得られない。

欲しいものが特定できなければ、なにはなくとも店舗スタッフに相談だ。

こんな感じで陳列されているルアーコーナー。店舗に入ったら、まずはここを目指そう。

複数の業者を見比べ、価格や納期をあれこれ選ぶこともできる。だがこれは、自分のやりたい釣りにどんなタックルが必要で、そのためにはどのメーカーのどの製品がほしいのか、特定できるようになってからのほうがいい。2本目以降のタックルを入手する際なら、積極的に活用すべきだろう。

**ワンポイントアドバイス**

## 情報も商品のひとつ

釣り場の近くにある釣り具店の店先には、その周辺での釣果情報がディスプレイされていることが多い。また、店舗が運営する公式サイトやブログなどで、その日の釣果を公開している場合もある。

本当に釣れる場所や時間帯、釣り方などは、高価なものを購入したり、何度も通ってその都度購入を重ねるような、いわゆる「お得意様」にしか、普通は教えないこともある。つまり釣り具店にとって情報というのは、実は商品のひとつなのだ。

もっとも、そんな高級な情報がなくとも、休日を楽しく釣りたいという程度であれば、全体公開されている情報だけでも十分だ。高級な情報入手を検討するのは、そのお店が何度も通うに値するかどうか、それを見極めてからでも遅くはない。

# 02 潮の動きを知り釣行計画を立てよう

あらゆる海の釣りは、潮の動きの影響を強く受ける。この潮の動きは天候や気候と違い、はるか先の未来まで計算で予測が可能だ。目当ての魚がどんな潮時、どんな潮位で釣れるかという情報を基に、釣行計画を立てるコツをご紹介しよう。

海の釣りでは、潮位や潮回り抜きでは計画もままならない。逆に潮回りを把握しておけば、かなり先まで見通した計画を立てることもできる。

## 潮時と潮回りを知れば釣れる日時もピタリ予測可能!?

### 数少ない確定要素

海には「潮」「潮汐」と呼ばれる水位の変化が生じる。これは海面が月の引力によって引かれることにより発生する。限界まで高くなった状態を「満潮」「上げいっぱい」、反対に低くなった状態を「干潮」「下げいっぱい」と呼ぶ。

この潮の動きは、天気や気候と違い、未来まで完全に予測可能だ。何年何月何日の満潮は何時何分……と、それこそ数百年、数千年先の未来のぶんまで予測できる。釣り場における、数少ない確定要素といえるだろう。

魚の種類や季節、ポイントによって、どの潮がよく釣れるのかはさまざまだが、どの魚にも、最適とされる潮位や潮時は存在する。これらの潮位や潮時が予測できるのであれば、それを軸に釣行計画を立てることもできる。

### まずは潮時をチェック

潮の動きにも、大小によっていくつかの段階がある。いちばん大きなものが大潮、その次に動く中潮、あまり動かなくなる小潮、最後にほとんど動かくなる長潮を経て、若潮と呼ばれる最初の状態に戻ったのち、中潮～大潮というサイクルに戻っていく。このサイクルは、およそ2週間で1周する。

この潮の動きは、釣り具店などで売っている「タイドグラフ」と呼ばれるグラフに、詳細に記載されている。またスマートフォンが普及して

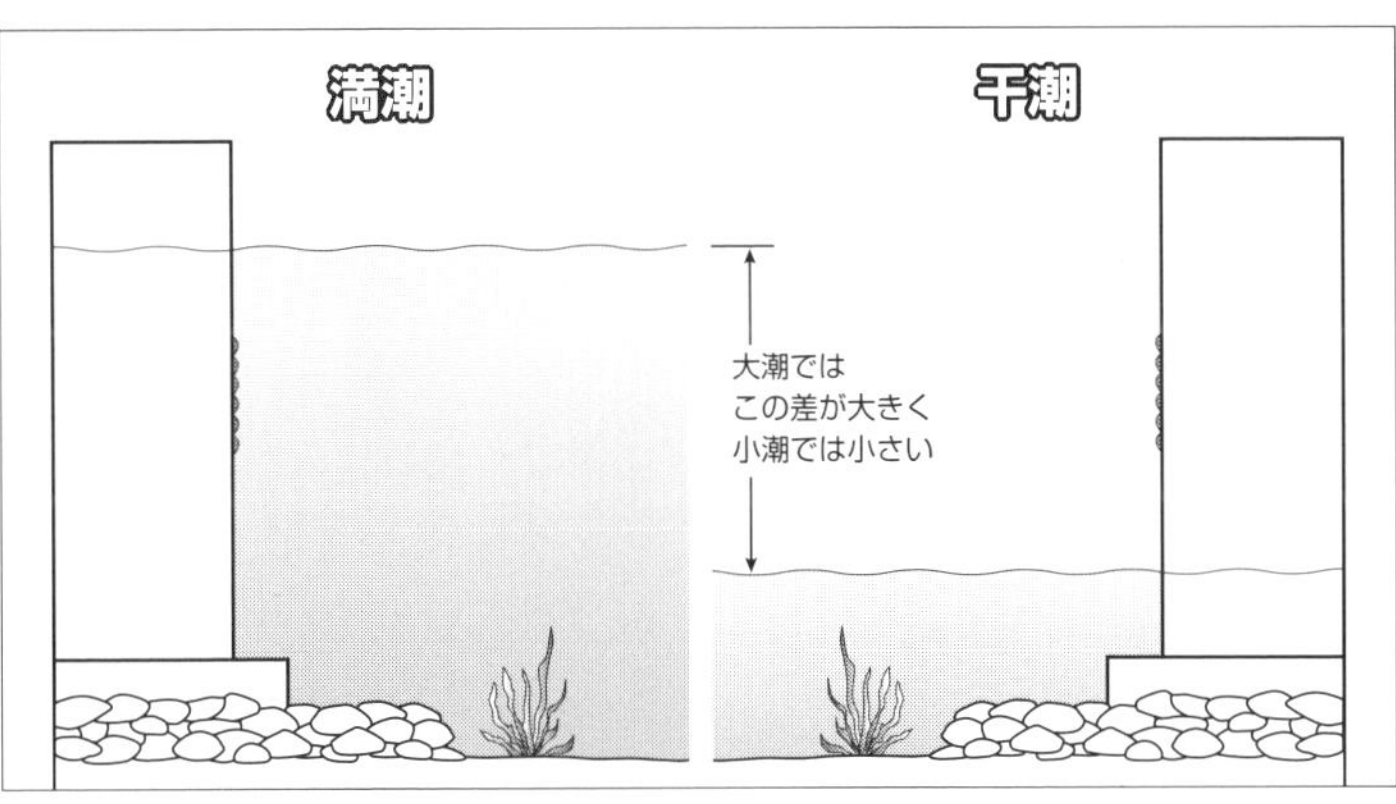


同じ釣り場でも満潮と干潮では、水位が大きく違ってくる。雨が降っていないのに濡れている場所、貝殻がびっしりとついているような場所は、満潮時には水に浸かる可能性がある。

からは、各種アプリで手軽に見られるようにもなっている。

釣りたい魚やポイントが決まったら、その魚、そのポイントにはどの潮が一番釣れるか、まず調べてみよう。そこで潮時や潮位が判明したら、前述したタイドグラフや潮時表を見て、それらの潮が何月何日に来るのか確認。それがすなわち、釣行するのに最適な日ということだ。

あとは仕事や学業、家族といった社会的な都合とすり合わせ、それらと差し支えないような日取りを選ぶ。選びに選んだ釣行当日の天気や気温・風向きが、ベストコンディションであることを祈ろう。

ワンポイントアドバイス

## どの潮回りが釣れる？

大潮から中潮を経て長潮・若潮・中潮と戻っていくサイクルを「潮回り」という。釣り場ガイドや魚種別の釣り方講座などでは、潮回りのどの部分にチャンスが到来するか明記してある。一般的には大きく動く日のほうが釣れるが、場所によっては釣りにならないこともある。

### 潮回りと干満による流れの速さ

潮回りと月の位置関係

太陽　地球　新月　満月　半月　半月　(海水)

潮の動きの大きいほうが活性も高くなる

潮の速すぎるエリアでは逆に小潮回りがチャンス

時間による流速の変化

最満潮　潮だるみ　下げ3分　潮が速くなる（上げ潮も同じ）　下げ7分　潮だるみ　最干潮

上げ3分〜上げ7分
下げ3分〜下げ7分がチャンス
潮の速すぎる場所は潮だるみが時合になることも

# 堤防・磯を歩いてポイントを探り当てよう

**いよいよ釣行当日、釣り場の目の前まで到着だ。どの立ち位置からどの場所に投げ、どのコースを引いてくるか？　ポイントの選定方法をご紹介しよう。まずはお手軽な漁港、そしてそこでの知識をほぼまるごと応用できる磯からだ。**

広い漁港、どこを探っていいか、最初はわからないかもしれない。まずは水深の変化を探そう。

## 水深の変化を探り当てその上を通るようコースを取る

### 堤防と磯の共通点

お手軽な釣り場の代表である堤防、ちょっとハードな印象の強い磯。このふたつはライトショアジギングでも人気のフィールドだが、どちらも「水深がある」という点で共通している。メタルジグを遠投するだけでなく、上下の動きも加えた誘いも有効になる点に注目しよう。

堤防も磯も、足場のコンディションが静かかちょっと荒いかぐらいの違いだけで、メタルジグを水に入れてからの動かし方は、実はかなり似通っている。ともに水深の変化がある場所を探り当て、その変化の上をなるべく長時間メタルジグが通れるよう、立ち位置やキャストする方向を調整するのがコツだ。

代表的な堤防・磯のポイントは、左のとおりである。水深のほかにも、突出したテトラ（消波ブロック）が作り出す地形の変化も、ポイントを作り出す要因になっていることがわかる。

### 様子見をしてみる

なにかしらの変化があるこういったポイントには、まずエサとなる小魚が先に寄ってきて、それを捕食するために肉食魚があとから押し寄せる、というパターンが多い。最初は反応がなくとも、風向きや流れの変化で小魚が寄り付き始めたら、もう少し粘ってみる価値はある。様子見というやつだ。初めての場所でこんな状況に出くわしたら、数分程度の様子見をはさんでみよう。

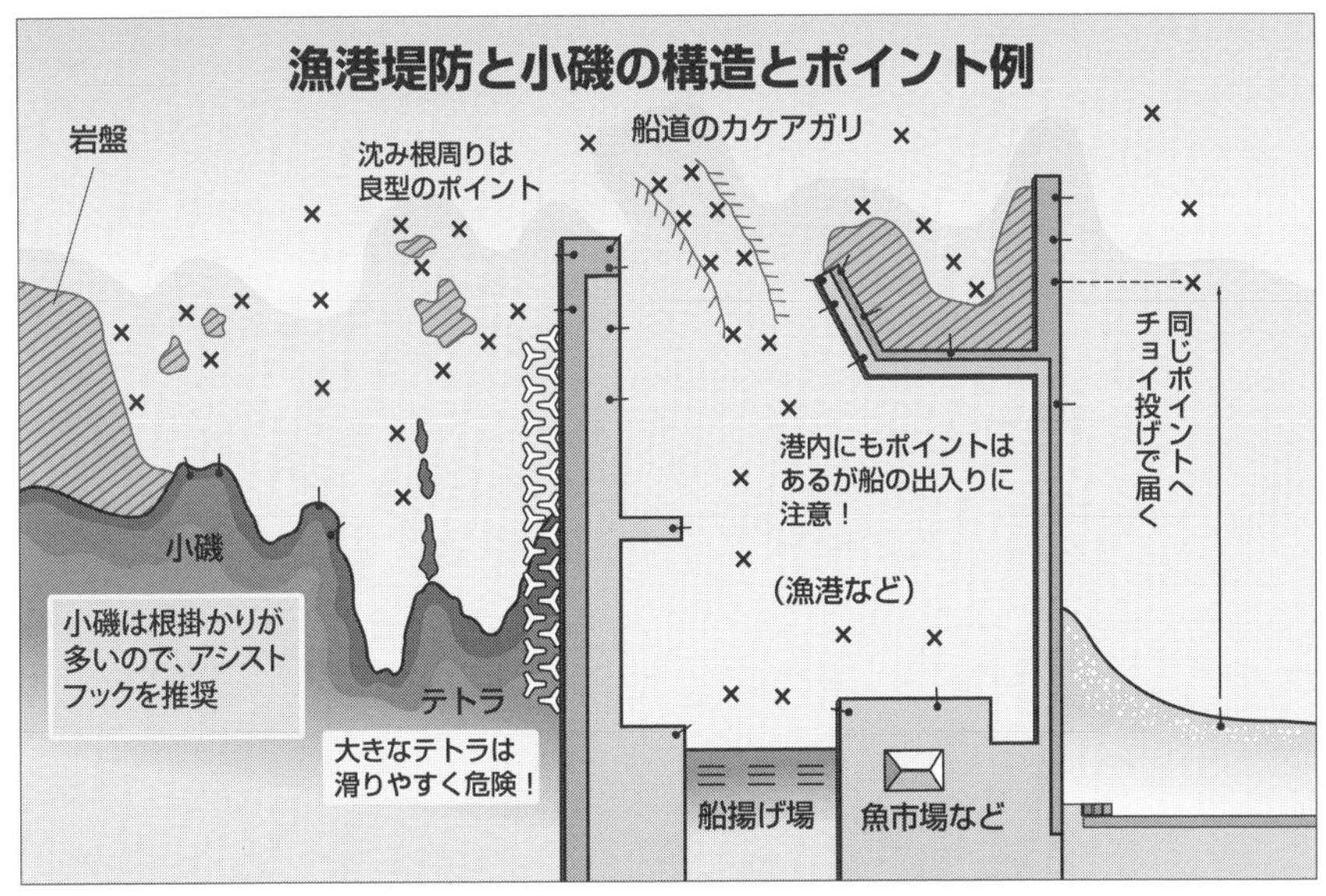


## 磯のこんなポイント見てみたい

## 堤防のこんなポイント見てみたい

磯で水深の変化がある場所は、海の色が明確に違っていたりすることが多い。色が濃いほうが深い。

漁港と磯が隣接しているような場所では、足場はコンクリートなのに目の前の海は磯、といった感じのポイントもある。両者は意外と近い存在なのだ。

岩に叩きつけられ、白く砕けた波を「サラシ」と呼ぶ。酸素量が豊富なこと、小魚も肉食魚も身を隠しやすいことから、磯で見つけたらまっさきに狙いたい。

都市部の小さな漁港まわりは、マイクロショアジギングで足元を探ってみよう。ここだけでもかなりの変化がある。

# 04

# サーフを歩いてポイントを探り当てよう

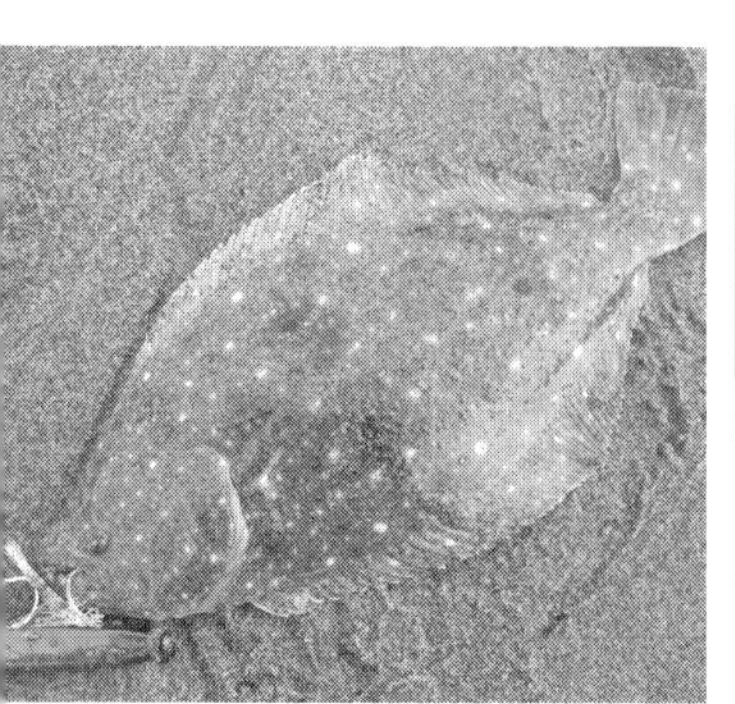

ヒラメやマゴチは、変化のある部分を好んで移動したり、身を隠したりする。

堤防や磯のように硬い岩やコンクリートではなく、波が寄せるたびに形が変わる砂や砂利でできたサーフだが、その変化には、ある程度の法則性がある。それがすなわち、どこにメタルジグを投げるべきかという答えとなる。

## 払い出しとヨブとカケアガリ ここでも水深の変化がカギだった

### 寄せた波はどうなる?

サーフに寄せてきた波は、岸際で崩れたのち、再び沖へと戻っていく。この戻っていく際の流れを「払い出し」と呼ぶ。

払い出しは、水深が深くなっているところを選ぶように発生する。また、払い出しによって海底が掘られ、スリットと呼ばれる沖に向かって伸びる筋が、新たに作り出されることもある。

いっぽう、流れの影響をあまり受けない場所には、払い出しによって削り取られた砂が堆積し、小さな盛り上がりが形成されることがある。この盛り上がりを「ヨブ」と呼ぶ。

ヒラメやマゴチのように、サーフの底を好む魚は、スリットに沿って移動したり、ヨブの近くに潜って身を隠すことが多い。スリットもヨブも、エサとなる小魚が移動の際に目印とするためか、他の平坦な場所より多く寄りつくからだ。

### カケアガリも狙い目

サーフの波打ち際からある程度沖へ進むと、急に水深が増す箇所がある。これを「カケアガリ」と呼ぶ。寄せてきた波が急に崩れたら、それはその近辺にカケアガリが広がっている目安だ。

カケアガリもまた、魚が好んで着く。平坦なサーフの海底において、ここだけは壁のように水深の変化があるため、青物・ヒラメ・マゴチとともに、ここにエサを追い込んで捕食することが多い。

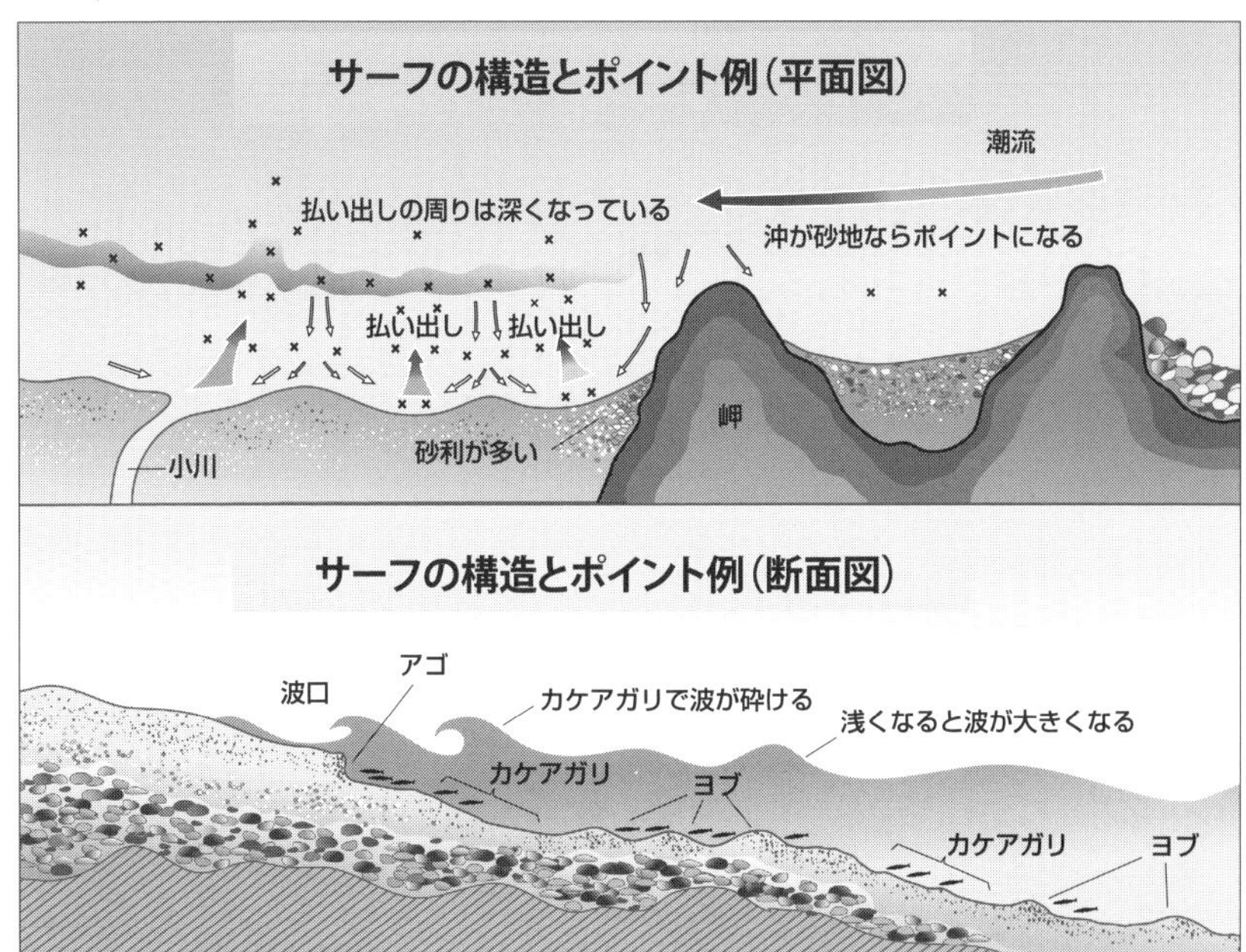


ワンポイントアドバイス

## 縦軸と横軸で立ち位置とコースを決定！

払い出しやヨブと違い、カケアガリはサーフの端から端に至るまで、岸と平行なラインで伸びている可能性がある。このラインすべてがポイントとなる可能性を秘めているが、全部探っていては日が暮れてしまう。そこで払い出しやヨブを横軸、カケアガリを縦軸のそれぞれの目安にして、立ち位置とメタルジグを通すコースを大まかに決めることになる。

波が白く砕けたあたり一帯が、カケアガリになっている。

陸からの流れ込みは、そのまま沖に向かって伸びるスリットと、しばしばつながっている。

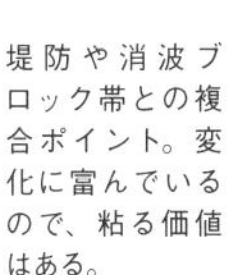

堤防や消波ブロック帯との複合ポイント。変化に富んでいるので、粘る価値はある。

端から端まで数10ｍ程度の狭いサーフであれば、一気に歩いて探りきってしまうのも手だ。

# 05

# メタルジグを思い切り投げてみよう

ポイントは決まった、どこを通すかも決めた。ならば、いよいよキャストだ。大海原に向かって、メタルジグを投げる。ここでより遠くに、より疲れないように投げるための秘策、それはロッドの「反発力」だ。

思いどおりにロッドを曲げ、狙いすましたコースにメタルジグが飛んでいく瞬間。これもまた、ライトショアジギングの楽しみだ。

## メタルジグの重量＋ロッドの反発力が圧倒的な飛距離を叩き出す

### ロッドを曲げよう

メタルジグのように重いルアーを投げる際は、ロッドの反発力を最大限に活かすのがコツだ。

まずは、投げたい方向に沿うようにロッドを構え、うしろにメタルジグが軽く移動するようふりかぶる。この際、すぐ手を返してキャストの動作に入るのは、まだ早い。うしろに移動したメタルジグの重量が、ロッドをうしろ方向に充分曲げるまで、ひと呼吸置く。

ロッドが充分に曲がったところで、ここで初めて構えた手を前に返す。この際、あまり力む必要はない。メタルジグを飛ばしたい方向に向けて保持していれば十分だ。メタルジグを飛ばすのは、アングラーの腕力ではなく、メタルジグそのものの重量、そしてその重量によって曲げられたロッドが、元に戻ろうとする際発生する反発力だからだ。

### 体力的な負担も軽い

余計な体力を使わずにキャストができれば、このアドバンテージは大きい。キャスト時に腕が疲れなかったぶん、メタルジグを引いてくるときのジャークに力を入れたり、ジャークに使う力はそのままに回数を増やしたり、フットワークを生かした釣りをしたりと、より効率的な釣りができるようなる。

負担が軽くなるのは、アングラーだけではなく、ロッドにもいえることだ。ライトショアジギング用にかぎらずルアーロッドというのは、

比較的軽いメタルジグを使うスーパーライトショアジギングでも、基本は同じ。メタルジグが軽いぶん、タックルバランスを考慮し、ややロッドを柔らかめにしておくのはいうまでもない。

マイクロショアジギングも！

タックルバランスが合っていれば、1g前後のマイクロメタルジグでも、ロッドをガッツリ曲げてのキャストが可能になる。

**まずは下準備**

ロッドを後ろ方向へ軽く送り、メタルジグをいったんうしろに移動させる。この際ロッドが曲げられ、反発力が蓄積されはじめる。

**キャスト本番！**

ロッドが曲がり切ったら、反発力が極限まで蓄積された状態。この反発力がアングラーの前方向に作用するよう。後ろに送っていたロッドを前向きに戻していく。

**いよいよ飛翔！**

曲がり切っていたロッドがまっすぐに戻ろうとするタイミングで、ラインを押さえていた指を離し、メタルジグをリリース。あとは狙った方向へメタルジグが飛んでいくのを確認しながら、ロッドを軽く保持。

キャスト時にロッドをルアーの重みで曲げ、その反発力で飛距離を出すよう設計されている。製作者が想定した本来の使い方を守ることは、釣り具に限らずあらゆる機械、道具を長持ちさせるコツだ。

別項で触れたタックルバランスを維持しつつ、ロッドを「曲げる」キャストを心がけておくことで、アングラーにもタックルにも優しいキャストを続けることができるのだ。

**ワンポイントアドバイス**

### 守ろうタックルバランス！

ロッドそれぞれに設定された適合範囲内の重量に収まったルアー、太さや強度の範囲内に収まったラインを使うことで、ロッド・ルアー・ラインそれぞれの性能は、はじめて発揮される。この、本来想定されたラインやルアーを使うことを「タックルバランス」と呼ぶ。

このタックルバランスを守っているかぎり、初期不良や経年劣化以外でロッドが折れたりすることはない。キャスト時、ロッドがグイッと曲がっているのを見て心配になるかもしれないが、適合範囲内のルアーを使っているかぎりは心配ない。

エサとなる小魚の居場所次第で、青物がヒットしてくる泳層も変わってくる。ときには底層で食ってくることも。

# 06 メタルジグの基本アクションを覚えよう

メタルジグは、水中でなんらかの動きを見せることで、はじめて魚を釣る道具となる。まずは細かいことを抜きにして、基本的な動かし方を覚えよう。タダ巻き、フォール、ジャークといった用語を知るのは、その後でいい。

## 表層、中層、底層のそれぞれに応じた3つのアクション

### 操作の基本

メタルジグは金属製の重いルアーなので、着水後にそのまま放っておけば沈むが、任意のタイミングでリトリーブ、つまりリールを巻く動作を入れたり、ロッドを大きくあおったりすることで、どの泳層を泳がせるかある程度操作ができる。

着水直後にリトリーブを開始すれば、そのまま水面近くの表層を、ぴょんぴょんと跳ねるように泳いでくる。この動きは表層を逃げ惑う小魚に似ているため、そういった小魚を好んで捕食する青物を釣るときによく使う。

着水後、何秒か数えたのちにリトリーブ開始、もしくはロッドをあおる動作を交ぜることで、今度は中層で逃げ回る小魚の動きになる。警戒心が上がって表層に出てこなくなった青物や、あまり表層では捕食しないシーバスなどの魚に有効だ。

さらにメタルジグを沈めさせ、底にいったんつけてからロッドを大きくあおる「ジャーク」という動作を入れることで、底についたメタルジグが急激に上方向に移動したのち、フラフラと弱々しく落ちていく（フォール）という動きを見せる。

このジャークとフォールの組み合わせは、青物から根魚まであらゆる魚に有効だが、最初からこれを使ってしまうと、表層を意識していた魚までもが沈んでしまうことがある。ただし根魚狙いの場合は、これでないとまず釣れないため、最初から使ってもかまわない。

第1章

## メタルジグの基本3アクション

表層用の高速リトリーブ、中層用のトゥイッチング、底層用のジャーク、この３種類を覚えておけば、さまざまな魚種や状況に対応できる。

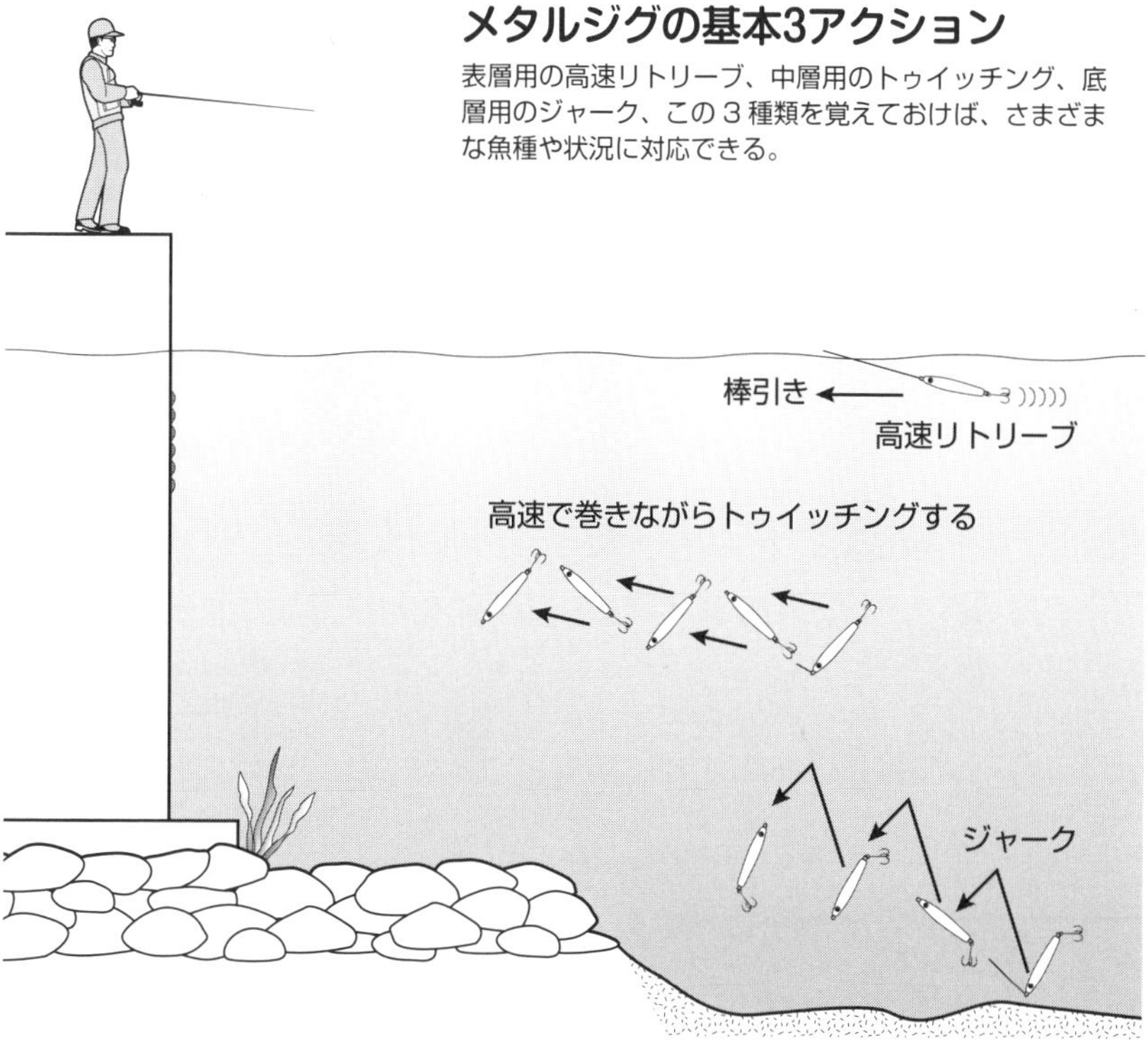

棒引き

高速リトリーブ

高速で巻きながらトゥイッチングする

ジャーク

ワンポイントアドバイス

## ロッドの角度で泳層も変わる

メタルジグのように沈むルアーは、リトリーブの際にロッドを構える角度によっても、どの泳層を泳ぐかある程度操作できる。

ロッドの角度を高めに構えると、メタルジグが沈もうとする動きにブレーキがかかり、結果的に上のほう、表層付近を泳ぐようになる。反対に寝かせるように構えると、ロッドで引っ張るぶんのブレーキが弱くなるため、メタルジグはそのまま沈み、底層付近を泳いでくる。

ロッドを低めに構えると、メタルジグは重力に引かれて沈んでいく。

ロッドを高めに構えると、メタルジグは表層近くの泳層を維持する。

# 07
# メタルジグの応用アクションを覚えよう

同じ泳層を違う動かし方で探ったり、キャストせず足元を上下に探ったりと、メタルジグの応用アクションは幅広い。ちょっとした操作を加えるだけで動きが多彩になり、より多くの魚種や状況に対応できるようになる。

水深のある堤防で釣る際は、同じ泳層を違う動きで探れるよう、様々なアクションを使い分けることが多い。

## タダ巻きとワンピッチジャーク これだけでバリエーションが倍増

### これぞ定番アクション

同じ泳層を引いてくる場合でも「タダ巻き」と呼ばれる控えめなロッド操作を伴ったものと、ワンピッチジャークと呼ばれる大きめの動きを入れたものでは、メタルジグの持ち味が大きく異なってくる。

ワンピッチジャークは、ロッドを1回シャクってジャークを入れたのち、リールを1回転させ、たるんだラインを巻き取るという動かし方だ。1回のシャクリでリールのハンドル1回転と非常に覚えやすく、また体力的な負担も比較的軽い。さらに多くの魚種に有効なことから、様々なポイントや状況で用いられる定番のテクニックである。

いっぽうタダ巻きは、その名のとおり、ただ巻いてくるという動きを基本にしつつ、ハンドルを回すスピードを変えたり、ときには止めたりしてメタルジグの泳層を調整し、足元まで引いてくるテクニックだ。

目当ての魚がどの泳層にいるか把握したら、そこまでメタルジグを沈め、タダ巻きかワンピッチジャーク、どちらかで探ってみよう。

### 足元の探り方

船でのジギングでは、真下にメタルジグを沈め、その場でロッドを大きくシャクって下から上へと探っていく「バーチカル（垂直）ジギング」という釣り方が主流だが、足元から水深のある場所であれば、ショアジギングでも同じようなことができる。

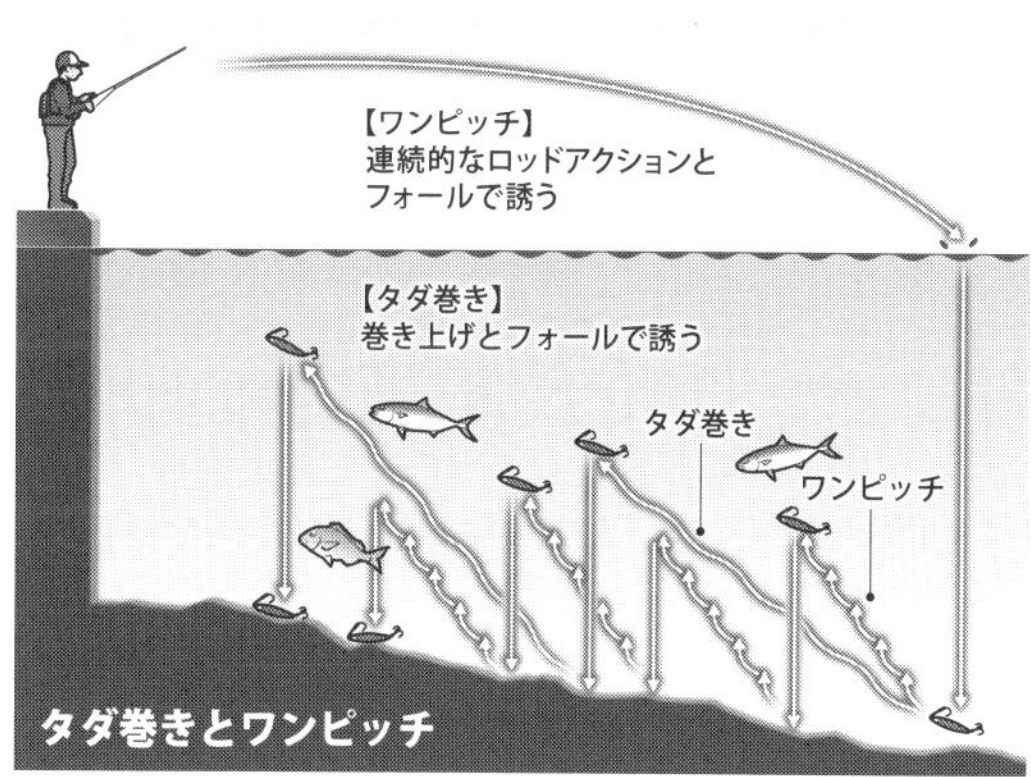


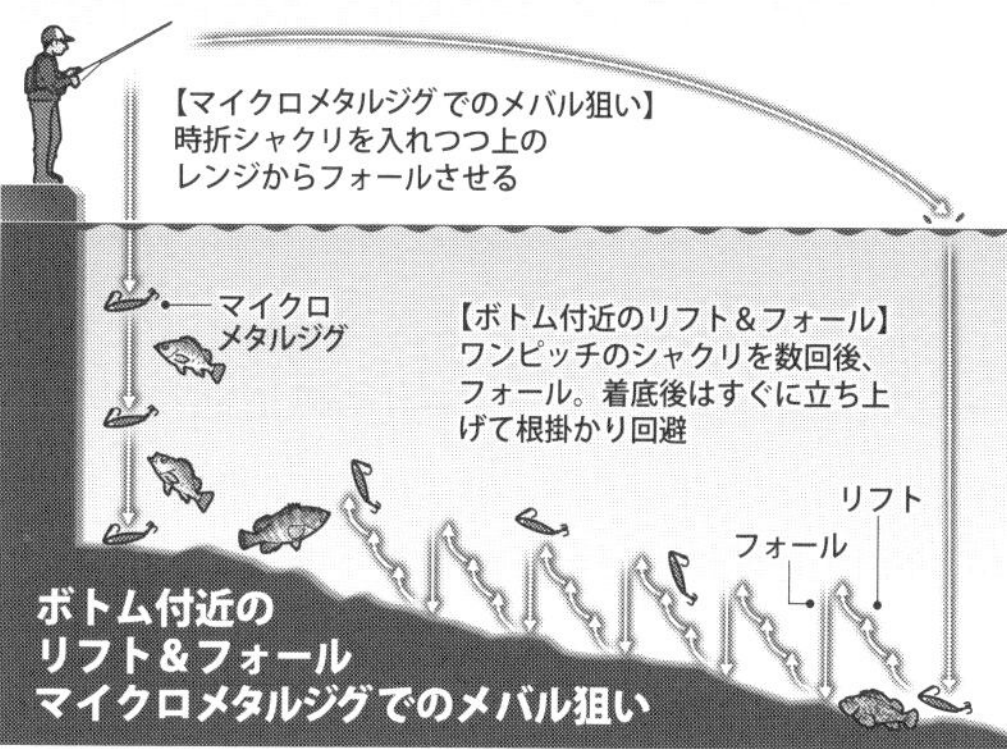

ロッドを下向きに構え、メタルジグが沈むのを待つ。

タイミングを見計らって、軽くシャクリを入れる。激しい動きは必要ない。

ほかの釣り人が釣れているのを見たら、その動きをマネしてみよう。その日の当たりパターンかもしれない。

足元から水深があったり、前方に障害物があってメタルジグを投げて引いてこれない場所では、真下に落として上下に探ってくるのも手だ。

堤防の足元にメタルジグを落とし、底まで沈めたらロッドを軽くシャクって底から少し離し、リールを巻いてラインのたるみを回収。そのまま底近くでしつこくシャクリを入れてもいいし、底から上まで順に探っていってもいい。マイクロメタルジグを用い、堤防の足元に居着いている様々な魚を釣るとき、よく使うテクニックだ。

# 08

# 掛かった魚を寄せて取り込もう

ロッドの曲がりを最大限に活かして、掛けたサカナを寄せてくる。これもまた、ライトショアジギングの楽しみだ。

掛かった魚を手元まで寄せ、完全に手中に収めるまで、釣りは完結しない。慌てず騒がずリールを巻いて徐々に距離を詰めていき、最後の最後は力技で一気に勝負を決めよう。一番緊張するが、一番楽しい時間でもある。

## 一部の例外を除き基本は力勝負&ぶち抜き

### タックルを信じる

ライトショアジギングで釣れる魚は、多くの場合サイズがそれなりに大きかったり、泳ぐのがとても速かったりする。そのためヒットすると、日常生活ではまず味わえないようなスリリングな引きを楽しめる。

この引きは、ときとして相当のショックを手元に伝えてくるが、慌てる必要はない。ロッドをはじめとしたタックルは、すべて魚が掛かったときの衝撃や負荷を前提に設計されているからだ。

### 力勝負でOK

大型の魚がヒットしたあとのテクニックというのは、たしかに存在する。「ライト」がつかないショアジギングでは丁寧なやり取りが必須になってくる。

だがライトショアジギングの場合は、そういったテクニックは特に必要ない。身も蓋もないいい方だが、特殊なテクニックがないと寄せてこられないような魚は、まず掛からないからだ。その場に合ったタックルを使い、無理のない重量のメタルジグを投げているぶんには、力勝負で寄せてこられるような魚しか掛かってこないものだ。

### 最後はぶち抜き

力勝負でなんとかなるのは、最後まで同じだ。細いラインを使って引きの強い魚と勝負するクロダイ釣りやヘラブナ釣りであれば、取り込みの際に「玉網」または「タモ」と呼

サーフでヒラメ、マゴチ、青物といった大型魚が掛かったら、寄せる波の力を利用して、一気に足元までズリ上げる。

40㎝前後のアジであれば、足場の高い堤防へそのまま抜き上げることで対処できる。

## ゴロタのシイラもゴリ押しで！

石があまり大きくないゴロタであれば、サーフと同じように、足元まで寄せてズリ上げることが可能。

手の届くところまで来たら、リーダーをつかむ。こうすることでリーダーに接続されたルアーが魚の口を拘束し、動きを抑えることができる。

ばれる網に魚を誘導し、その網をたたんで魚を手元に引き寄せる……という手順が不可欠となる。

だが、ライトショアジギングで使うラインとリーダーは、そういった繊細な釣りとは真逆のコンセプトで設定されている。ロッドを折るような超大物が掛からないかぎり、足元の浅場に誘導する、寄せた波に乗せてサーフへズリ上げる、足場の高い釣り場で水面から引き抜くといった、やり取りのときと同じような力技で、だいたい事足りる。

ただし、足場の高い釣り場で、想定外の魚が掛かったときだけは例外だ。堤防でワラサやシイラがヒットしたときなどが、これに該当する。ここまで大きいと、さすがにゴリ押しは効かない。別項で玉網を用いた対処法を紹介しているので、こういった魚がいそうな場所へ行くときは、ぜひ参考にしてほしい。

ワンポイントアドバイス

## 玉網活用法

足場が高い場所では、玉網と呼ばれる器具を使い、そのなかに釣れた魚を誘導してから取り込む。慣れれば片手にロッド、もう片手に玉網を保持して、やり取りと取り込みを一人でこなせるようになるが、最初のうちは同行者、もしくは居合わせた釣り人に玉網を担当してもらったほうがいい。

これが玉網。直径60cm前後の網と、伸縮する「玉の柄」と呼ばれる握り部分で構成される。

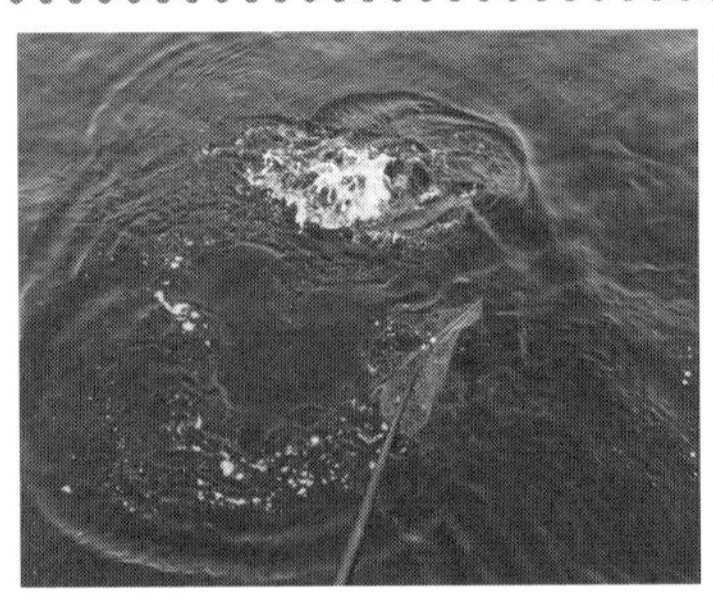

魚を追い回して尻尾から網に入れようとするのではなく、進行方向に網を入れ、自分から入ってくるように誘導するのが基本。

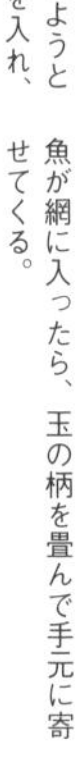

魚が網に入ったら、玉の柄を畳んで手元に寄せてくる。

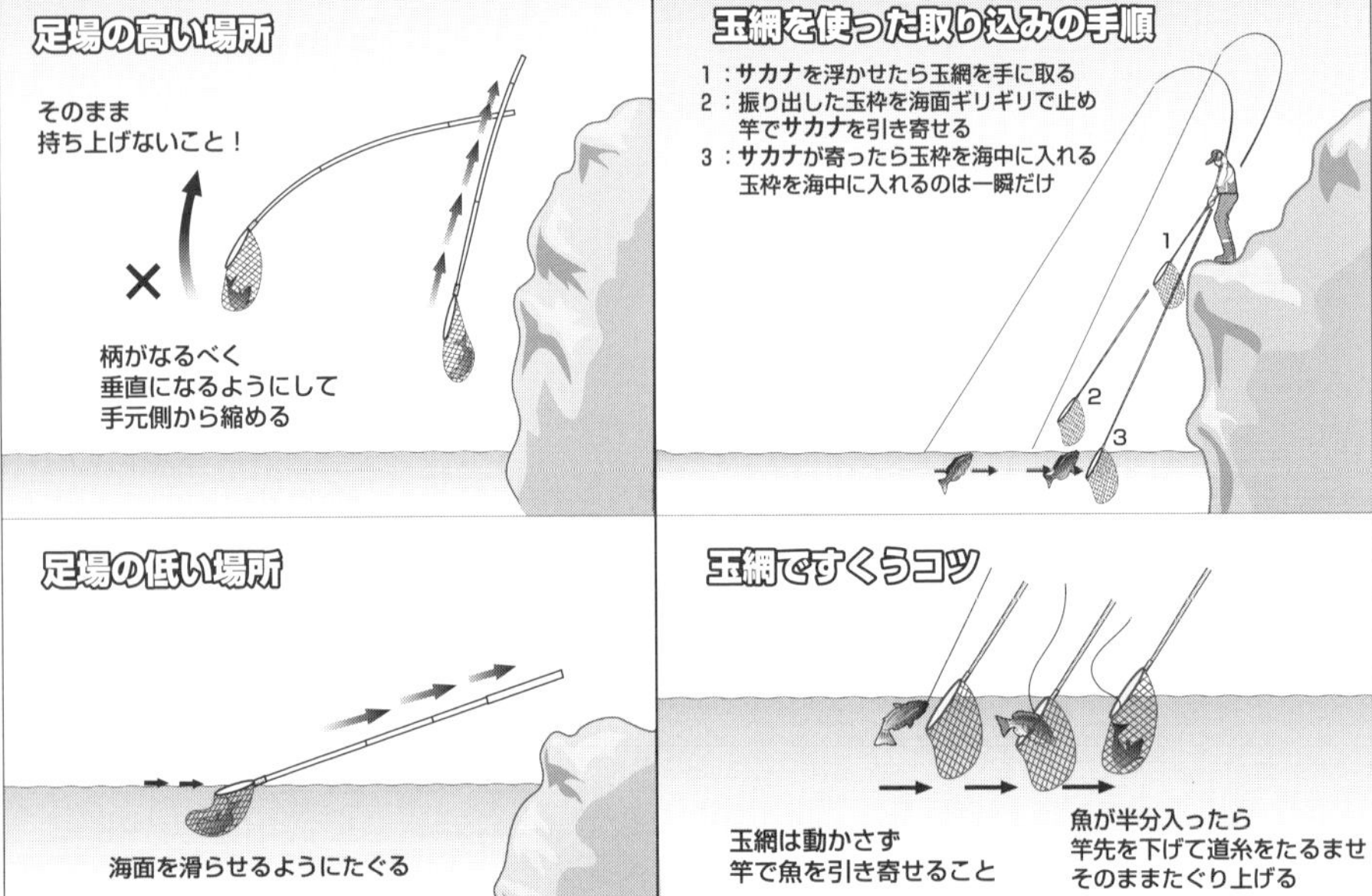

# 第2章

# 魚種別釣り方ガイド 夏～秋編

## 暑い季節の魚を
## ライトショアジギングで釣る

春夏秋冬、それぞれの季節に応じて、様々なポイントで様々な魚種が、ライトショアジギングで楽しめる。ここでは、青物を中心とした「暑い季節」に釣れる魚に焦点を当て、そのタックルやテクニックなどをご紹介していこう。魚種の多さ、釣れる数、そしてサイズと、どれも魅力的な魚ばかりだ。

CONTENTS

# 01 急深サーフの中型青物

足元から水深数mに落ち込む急深のサーフには、エサとなる小魚を求め、イナダ・カンパチといった中型の青物が押し寄せてくる。これをメタルジグで一網打尽だ。

## ライトショアジギングの超定番 チャンスがくれば誰でも釣れる！

### 急深サーフがおすすめ

静岡県・駿河湾のように、岸近くでも水深10ｍ、ときには30ｍに達するような急深のサーフには、様々な回遊魚が接岸してくる。

最も有望なのは5～11月だが、イワシやコノシロといったエサとなる小魚が接岸すれば、周年チャンスが到来する。40～50㎝前後のイナダ・ワカシといった中型までであれば、誰でも手軽に楽しめる。その一方で、ときには80㎝に迫る、ブリと呼ばれる大型まで狙える。

### チャンスは朝に到来

狙うタイミングは、夜が明ける前後の「朝マヅメ」と呼ばれる時間帯だ。これに潮位の上昇が重なる日は、チャンスはさらに増大する。休みが自由に取れる立場でないと、スケジュールを合わせるのはなかなか難しいが、理想をいえば、上げ潮七分程度、つまり満潮の少し手前で日の出を迎えるような日に釣行したい。

さらに贅沢をいえば、朝晩で大きく風向きが変わるような日であれば、なお望ましい。例えば、釣行前夜に北の風が吹いていたのが、翌朝の釣行時には南の風に変わっていた……というケースだ。一日のうちで風向きが大きく変わると、海水が大きくかき混ぜられ、エサとなる小魚が新鮮なものへと入れ替わった結果、回遊魚の活性が高くなるからだ。

### タックルは各自の都合で！

タックルは、ライトショアジギン

グ用・スーパーライトショアジギング用のどちらもで楽しめる。大型狙いであれば、メタルジグはライトショアジギングの上限に相当する60g前後がベストだが、小型・中型を手堅くヒットさせて数を釣りたい、あるいはより長時間手軽に楽しみたいという方は、それより軽い30～40gのメタルジグを使い、タックルもスーパーライトショアジギング用に持ち替えよう。

## ライトタックルでも大型に対応できる！

回遊魚が釣れるような急深のサーフは、目に見える消波ブロックや堤防などを除けば、水中に障害物が隠れていたりすることはめったにない。

スーパーライトショアジギング用タックルでも、ドラグを効かせながら魚をわざと走らせ、疲れたところを見計らって寄せるようなファイトをすれば、ブリクラスの大型相手でも十分対応できる。

よって使うメタルジグの重量、それを投げるためのタックルセレクトは、アングラー本人の都合を最優先していい。自分の体力で、釣行の間楽しくキャストし続けられるものを選ぶのがベストである。

広いサーフを歩き続けることもあるので、体力には余裕を持っておきたい。

ワンポイントアドバイス

### ナブラは絶好のチャンス！

青物に追われた小魚が、逃げ場を求めて水面近くに押し寄せると、岸からでも目で見てわかるくらい、水面が大きくざわつく。このざわつきそのもの、もしくはざわつきの原因である群れのことを「ナブラ」と呼ぶ。カタカナで表記されることが多いが、れっきとした日本語である。

このナブラがあるということは、青物のエサになる小魚が大量にいるということ、そしてその小魚を狙う青物が周囲に確実にいるということだ。朝マヅメと上げ潮にナブラが加わると、チャンスは最大限まで増加する。

典型的なナブラ。静かな水面の一部だけが波立っているのがおわかりだろうか。

急深サーフは、目の前で水深が10mにまで到達することも少なくない。よって、こんな岸近くにナブラが発生することもある。

コルトスナイパー・イワシロケット30ｇと、サーフでよく青物のエサとなっている小魚・コノシロの比較。形・大きさとも、かなり近いことがおわかりいただけるだろう。

## オススメルアー SELECTION

### スイミングに強いスタンダードタイプで

広いサーフで横方向にメタルジグを動かして釣るケースが多いため、横方向に動かした際もっともアピール力が強くなる、スイミングタイプと冠されたメタルジグがベスト。または、タダ巻き・ジャーク・フォールと状況を選ばない、スタンダードタイプと冠されたものでもいい。

サイズは本文中でも触れたとおり、上限を60ｇに設定し、そこから各自の都合に合わせて軽くしていく。1時間程度であればキャストし続けられ、かつ飛距離や沈下性能などを確保できる、30ｇ前後がおすすめだ。

コルトスナイパー・イワシロケット（シマノ）。製品名のうしろに「ロケット」「ジェット」といった用語がついている場合、たいてい飛距離を重視した形状となっている。

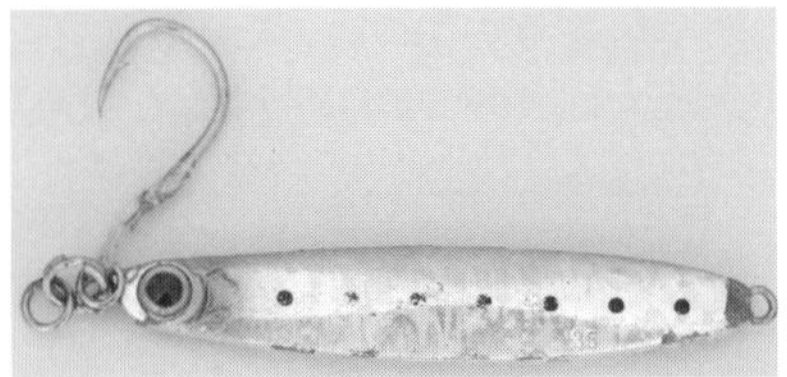

コルトスナイパー（シマノ）。迷ったら、製品名のあとにイニシャル類がつかない、こういったスタンダードなものを選ぼう。

コルトスナイパー・TGベルサーテ（シマノ）。製品名のうしろに見慣れぬ略語がある場合、それは新素材や新技術といった、一番の「ウリ」であることが多い。この「TG」は、一般的な鉛素材より比重の高いタングステンを全部、もしくは一部に使用しているメタルジグの名称で、しばしば目にする略語だ。

## ナブラがあれば表層狙いがこの釣りの基本だ

狙い方だが、前ページで触れた「ナブラ」が見られるようなら、まずは表層を探ってみよう。メタルジグをなるべく遠投し、表層近くを高速でタダ巻き、もしくはあまり潜りすぎないよう調整したワンピッチジャークなどで、テンポよく探っていく。

この際、ナブラそのものにメタルジグを投げ入れるのではなく、その隣、もしくは進行が予測される先に着水するよう、飛距離やキャストする向きを調整したい。ナブラにメタルジグを投げ入れてしまうと、せっかく集まった群れが散ってしまい、青物に対する集魚効果が半減してしまう。

また、本物の小魚のなかにメタルジグを混ぜてしまうと、すぐ偽物と見破られるおそれもある。

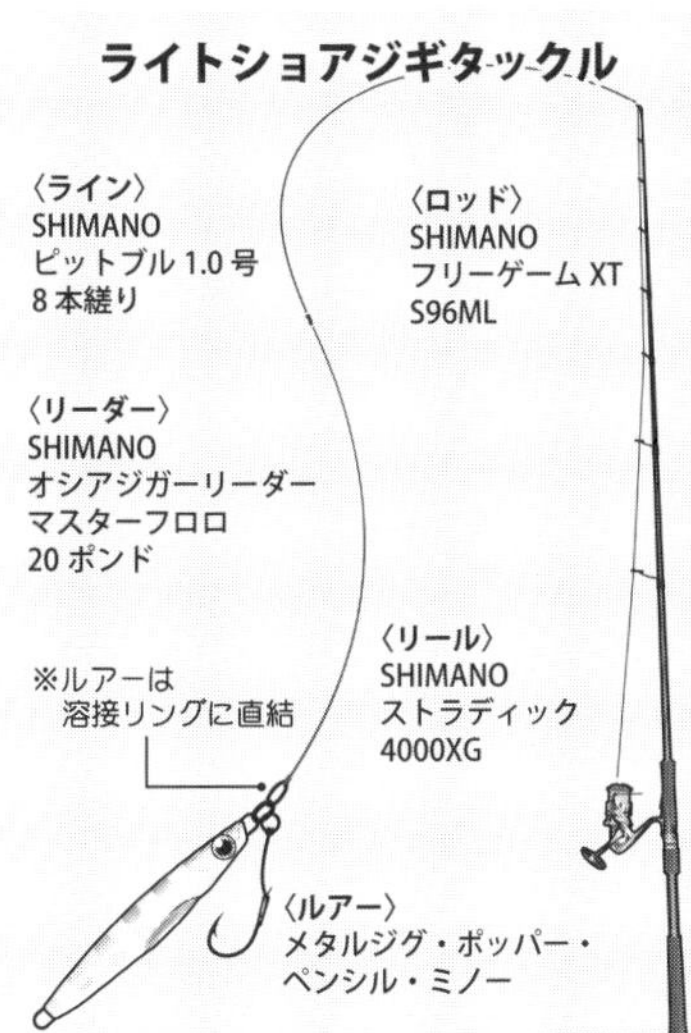


# オススメタックル SELECTION

## 優先順位は　体力→メタルジグの重量→タックル

本文中でも触れたが、少々ライトなタックルでも、サーフであれば大型に十分対応できる。よって、あまりパワーのあるものは必要ない。強すぎるタックルは、重いメタルジグしか十分に扱えないため、それを振ってキャストするアングラー側の負担も大きくなる。最優先すべきは、アングラーが疲れずに使い続けられるか？　だ。この条件の範囲内で最良となるメタルジグの重量を算出し、そしてそのメタルジグを最も扱いやすいパワーを持つタックルを選ぶ、という順序でいこう。

急深のサーフでは、波が白く崩れたすぐ下から深くなっている。サオ先が、この深くなっているところまで届くのが理想的。

広いサーフでは、ロッドは長ければ長いほど有利だが、取り扱いを考えれば、長くても 9ft 前後までが現実的な選択となる。

## 気配がなければ　ルアーを沈めて探る

表層にナブラが出ていなくとも、水面下の見えないところに小魚が群れを作り、それを青物が捕食している場合も多い。このような青物は、メタルジグを沈め、その沈めた際の動きで誘って食わせる「フォーリング」という技を使って仕留めたい。

基本は、アタリがあってもなくても、まずは底まできっちりとメタルジグを沈めきること。そして底についたら、ロッドを大きくあおってメタルジグを底から跳ね上げさせ、そこから斜め上に向かうコースで、タダ巻きやジャークなどを織り交ぜて狙っていく。活性が高ければ、最初にメタルジグを沈めている段階で食ってくるが、多くの場合、沈めきった直後、最初の1シャクリで食ってくる。

こんな小さくても、青物は青物。メタルジグを獰猛に追い回すし、掛かったあとは猛烈に引くし、なにより食べてうまい。

02

# サーフのワカシ・ショゴ

ワカシとショゴは、それぞれブリ・カンパチの若魚に相当し、サイズは20～40cm弱だ。スーパーライトショアジギングよりさらに軽い、マイクロショアジギングでも釣れるのが魅力である。

## いろいろな要求を同時に満たすので家族サービスに最適！

誰でも扱えるマイクロショアジギングでも釣れること。また個体数も多く、群れが入ってくれば、飽きることなく釣れること。釣りにさほど興味のない家族を連れて一緒に楽しむのに、実に都合のいい要素が揃った魚種といえよう。また、マイクロショアジギングで釣れるということは、アジやメバルなど、他の魚をプラグやワームで釣るときのタックルが流用できる。つまり、家計にも優しいというわけだ。

### 青物シーズンのトップバッター

梅雨明け前後から真夏にかけて、青物シーズンのトップを飾るように、ブリの若魚・ワカシやカンパチの若魚・ショゴが、サーフの岸近くまで押し寄せてくる。

サイズは最大で40㎝と、スーパーライトショアジギングタックルでやり取りするには、ちょうどいい相手だ。またマイクロショアジギングでも、十分楽しみながら釣ることもできる。さらには、同じポイントで、同じような大きさであるサバやソウダガツオといった他の青物も混じってよく釣れるため、アタリが続いているかぎりは、飽きるということがない。

### チャンスはやはり朝一番

手軽に釣れるワカシ・ショゴであるが、一日のうちで最大のチャンスは、成長後の姿であるイナダやカンパチ同様、朝マヅメの約1時間だ。よりたくさん釣りたければ、早起きは不可欠となる。

一方で、イナダやカンパチよりポイントの条件が緩いため、釣り場へのアクセスは格段に楽になる。イナダやカンパチが釣れる急深サーフは、慣れないうちは歩きにくく、キャストだけでなく移動にも体力を使うが、これがワカシ・ショゴであれば、道路のすぐそばから入れる小さなサーフでも釣れるし、サーフに隣接する堤防や敷石の上に立って釣ることもできる。場所によっては、クルマ横付けで釣れることすらある。

前述のように、使用タックルもきわめて制約が緩いため、各自の都合に合わせ、好きなように準備を整えておけばいい。さらには装備面も、落水時に備えた救命具こそ必須だが、足元が濡れることさえ気にしなければ、スニーカーでも十分楽しめる。このあたりも、イナダやカンパチに比べ、格段に敷居が低いといわれる所以といえよう。

アクセスしやすいサーフや、それに隣接するコンクリートの足場などからでも釣れる。またタックルも、さらにライトなものでOKだ。

ワンポイントアドバイス

## メタルジグのフックセッティング

メタルジグには、製品出荷時にフックがセットされていないものがある。これはコストカットのためではなく、フックセッティングという最後の工程をユーザーであるアングラーに委ね、好みの仕上がりにしてもらうためである。

最初からフックがついていないメタルジグを使う際は、まずこのフックセッティングがスタートだ。狙う魚やメタルジグに合ったものを、まず選びたい。そのうえで、水中での絡みを防止するため、フロントのアシストフックだけを装着する……アシストフックに魚皮や羽毛といった装飾を施して水中での抵抗を増し、メタルジグの沈下にブレーキをかける……といった、アングラーそれぞれの個性を生かしたチューニングを施すことになるだろう。

青物狙いはフロントにアシストフック１本が基本。

シュアーフック（スミス）。初期状態でフックがついていないメタルジグをパッケージから出したら、こういったアシストフックなどを好みに応じて装着しよう。

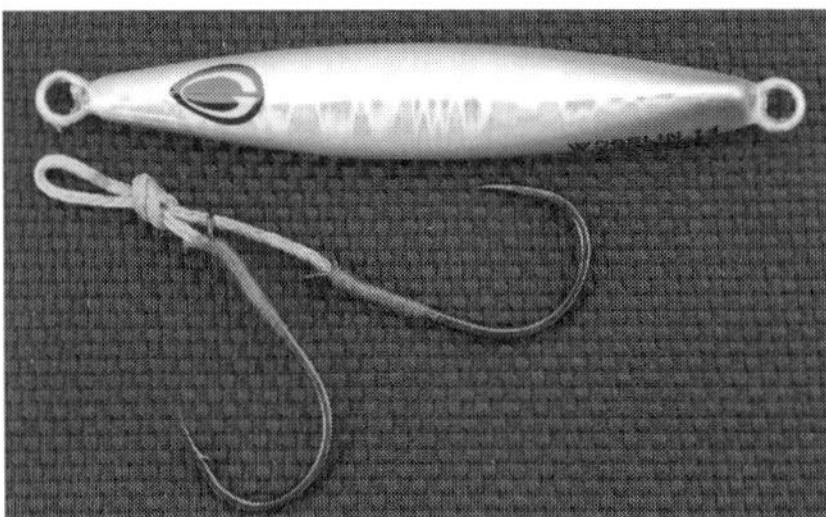

ウォブリンＳ（スミス）。「ウォブリン」とは、ミノープラグのように頭を左右に振って泳ぐルアーアクション「ウォブリング」の略。メタルジグながら、タダ巻きでミノーのようなウォブリングアクションを出してくれる。

## オススメルアー SELECTION

### タダ巻きに強いものを選ぼう

柔らかいロッド・細いラインを多用するマイクロショアジギングには、ロッドをあおってガンガンシャクリを入れて……という、タックルに負担のかかる釣り方は、あまり適していない。

というわけで、ライト～マイクロショアジギング用と銘打たれたメタルジグは、多くの場合、キャストからのタダ巻きだけでも十分サカナを誘えるようにできている。複数の平面が複雑に組み合わされた多面体だったり、ミノープラグのように水流を受けて抵抗を生み出す形状の頭部だったり、あえて左右非対称の形状だったりと、各メーカーが趣向を凝らした製品が数多く流通しているので、可能な限りいろいろと試してみたい。

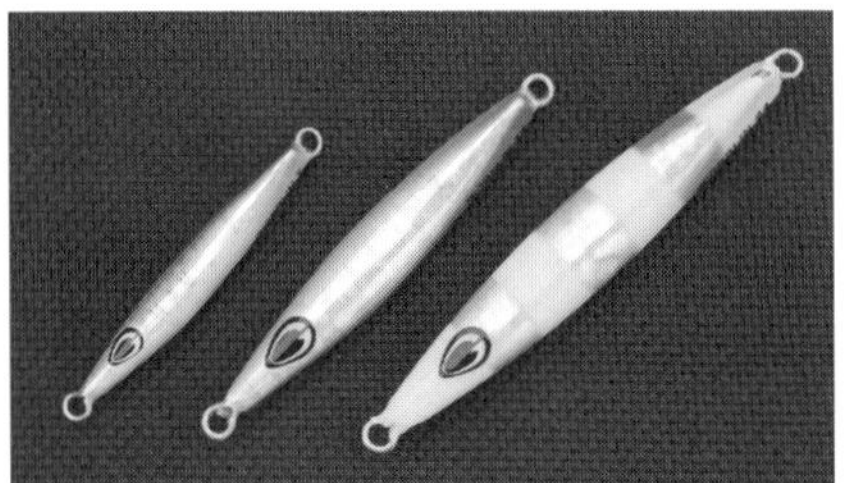

ウォブリンＳの７ｇ、14ｇ、24ｇ。このように、同じメーカー・同じモデルでも、大小のバリエーションが豊富なのもメタルジグの特徴だ。

これだけ小さくてもしっかり飛び、しっかり潜り、しっかり泳いでくれる。

## 小さなベイトにどう対処する？

一方で、ワカシ・ショゴならではの、ちょっとした難しさも存在する。メタルジグで釣れる一番小さな青物なので、口にするエサも当然小さい、という点である。５～６㎝にも満たないシラスやアユの稚魚など、きわめて小さなベイトを再現できるメタルジグを使う必要があるのだ。

また、メタルジグのサイズをベイトに合わせたからといって、必ず釣れるというものでもない。たとえば、カタクチイワシとシラスが同時にベイト候補になっている場合、青物は動きの遅いシラスばかりを狙い、カタクチイワシには見向きもしなくなる。こうなると、シラスが多い中層～底層でのアタリばかりが出るようになり、表層をいくら探っても釣れなくなってしまう。

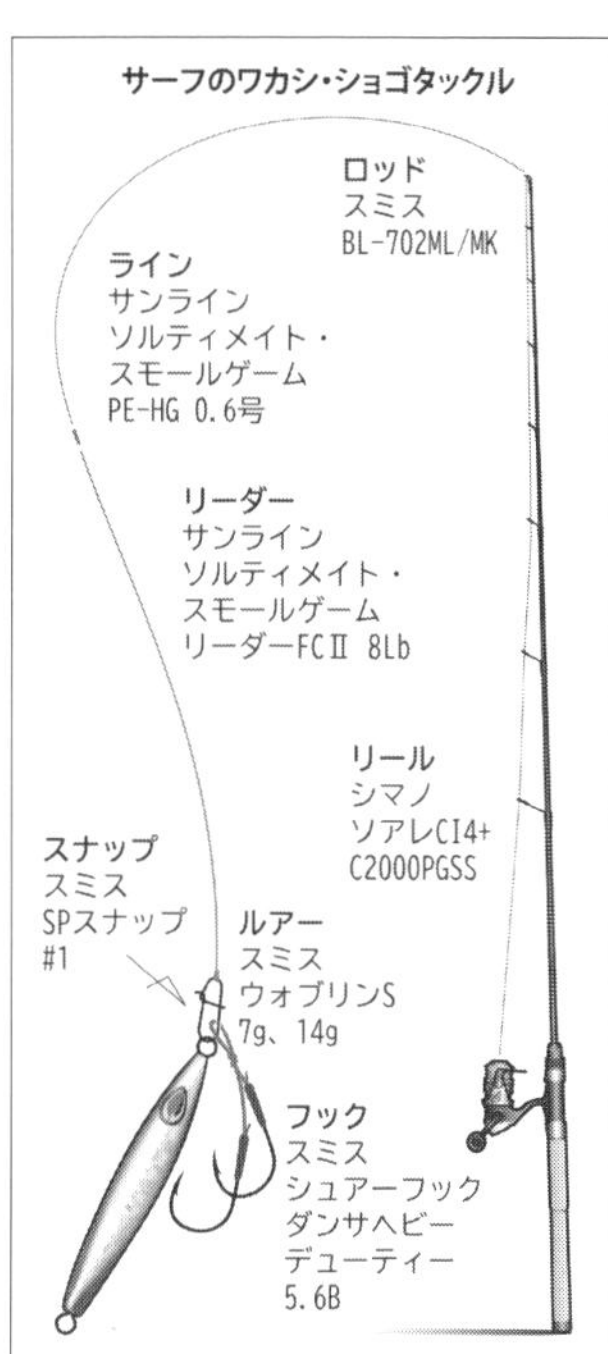


## オスス メタックル SELECTION

### プラッギング用ロッドでもOK！

ルアーの項でも触れたが、マイクロショアジギング用のメタルジグは、ミノープラグのようにタダ巻きで泳いでくれるものも多数ある。よって、メタルジグというより、プラグのような感覚で使ったほうがしっくりくる場合が多い。

一方で、まだ発展途上の釣りであるマイクロショアジギングは、ライトショアジギングやスーパーライトショアジギングのように、専用ロッドがあまり出揃っていない。というわけで、既存のプラッギング用、あるいはキャロ用といった、ややパワーのあるライトゲーム用ロッドを流用するというのが、現実的な選択といえよう。

ベイライナー MK BL-702ML/MK（スミス）。ロッドに施された意匠からもおわかりのとおり、本来はメッキやカマスといった秋の回遊魚をプラグで狙うためのロッドだが、マイクロショアジギングとの相性も抜群だ。

もっとも、マイクロショアジギングで狙うのであれば、この点はあまり気にしなくていい。多用される5～7g、ときには1～3gというマイクロサイズのメタルジグが、前述したような小さなベイトを自動的に再現してくれるからだ。

またメタルジグなら、表層から底層まで、自由に探ることができる。表層で反応がなければ、徐々に下へ探る層を変えていけばいい。臨機応変な探り方ができるのも、メタルジグの強みである。

カタクチイワシとシラスが混在する状態で、シラスの居場所である中層を重点的に探るとワカシが釣れた。

こんなサイズが、コンクリートの堤防からでも釣れる。いやむしろ、堤防だから釣れたサカナだった、ともいえる。

# 03 堤防のワラサ

この釣りに慣れてきたら、次は堤防で中〜大型をまとめて狙いたい。全国どこにでもある小規模なサーフも、そこに突き出た堤防が一本あるだけで、急深サーフと同じ条件になるのだ。

## 全国どこでもOK！ 堤防から深場を直撃しよう

### 「複合ポイント」がサカナを呼ぶ

真夏の暑さが一段落した8月下旬あたりから、太平洋岸の各地には、シラスなどの小型ベイトが大量に接岸してくる。これを追って、中・小型の青物も岸近くを回遊するようになる。

波打ち際から数m先で水深10mにも及ぶような急深のサーフであれば、波打ち際に立ってキャストするだけで、これらの青物が狙えるが、そのような条件に恵まれた地域は限られている。日本全国どこにでもあるサーフというのは、たいてい遠浅だったり、小規模だったり、堤防と磯が入り混じった複合ポイントだったりするものだ。

ならば、その堤防や磯を、逆に利用してやればいい。沖に突き出た堤防や、急深サーフと同様に足元から深い磯に立ち、そこからサーフへ回遊してきた青物を狙うのだ。これなら全国どこでも、青物の回遊さえあれば楽しめる釣りになる。

### チャンスは一日中!?

堤防などの沖に突き出た場所からメタルジグを投げるため、波打ち際に立って投げたときより、沖のポイントを効率よく探ることができる。これで、チャンスが朝マヅメの限定された時間だけでなく、朝マヅメから日没までのほぼ一日中にまで、一気に拡大される。

このとき、朝マヅメに使っていたメタルジグより、1〜2段階サイズを下げたものを使うのがコツだ。たとえば、朝に30gのメタルジグを投げていたとしたら、日中は12～15gと、半分くらいの軽いものに変える。スーパーライトショアジギング用タックルであれば、この範囲内のメタルジグを問題なく扱えるので、タックルを持ち替える必要はない。

昼間はベイトも青物も沈んでいることが多いので、メタルジグは一旦底まで沈めきる、フォールの釣りが基本となる。足元から深くなっている堤防からであれば、沈んでいくメタルジグをじっくりと見せ、アピールすることもできる。

この際、高確率でカサゴやエソといったサカナもヒットしてくるが、これは喜んでいい。メタルジグでベイトの居場所を探ることができた証拠だからだ。近いうち本命である青物から、何かしらの答えが返ってくるだろう。

ワンポイントアドバイス

## マヅメと日中、それぞれどう釣る?

昼と夜の境目、光量が大きく変化する時間帯をマヅメと呼ぶ。朝と夕方、一日２回訪れるチャンスタイムだ。このタイミングでは、その場のベイトより一回り大きなメタルジグを使い、より派手なアピールを入れることで、釣果アップが望める。

一方、マヅメ以外の日中は水中も明るくなり、青物をはじめとしたサカナの警戒心も強くなる。マヅメと違ってずっとチャンスが続くのではなく、ベイトの回遊や流れの変化といったきっかけで、ほんの一瞬だけ食い気を見せたのちにまた沈黙……という展開に、ほぼ終始するだろう。メタルジグも、ベイトのサイズに合わせたものを選ぶのが重要だ。

日の出前後の朝マヅメ。サカナの食欲が一日で最大となる、最高のチャンスタイムだ。

明るくなると、サカナは警戒心が勝ってしまい、なかなか食ってこない。少ないチャンスを逃さずものにしたい。

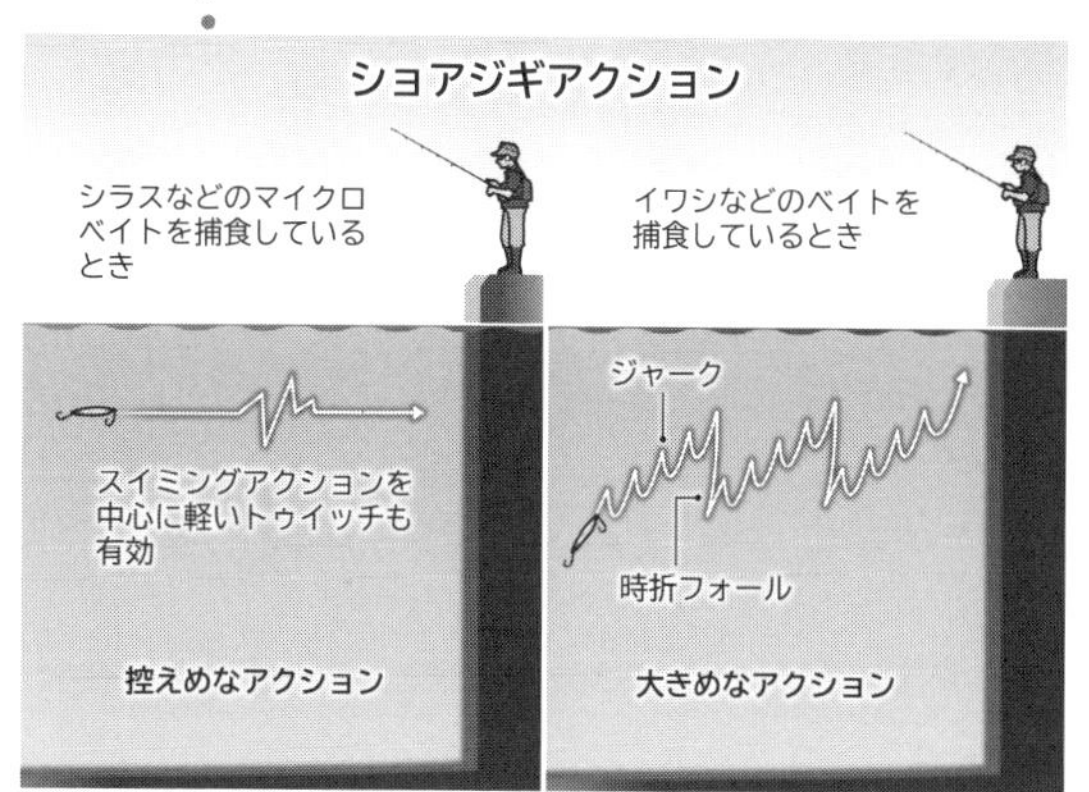


第2章

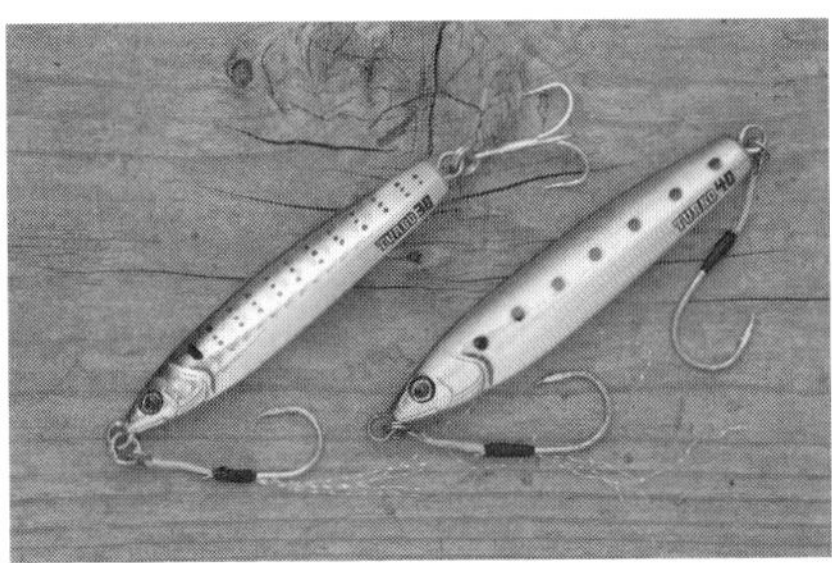
ランウェイターボ SLS チューンド 30g、ランウェイターボ 40g（共にゼスタ）。マヅメは大きめのメタルジグを使い、思い切り目立たせるのがコツ。

## オススメルアー SELECTION

### マヅメは大きめ、日中は小さめ

別稿でも触れたとおり、マヅメはより目立つ大きめのメタルジグ、日中はベイトのサイズに合わせたメタルジグを、それぞれ使うことになる。

またカラーも、マヅメであれば派手なアピール系、日中はベイト本来の色に近い、ナチュラル系を中心に使うといいだろう。ベイトの種類が把握しきれないようなら、たいていの小魚と似たような見た目になる、シルバー系のカラーを選ぶのが無難だ。

紫外線に反応する「ケイムラ」と呼ばれるカラーは、マヅメでは妖しく発光する一方、日中は水中に自然に溶け込むといった具合に、アピール系とナチュラル系のどちらの要素も兼ね備えているので、どのカラーがいいか迷ったときのお助けカラーとしても有効だ。

日中用小型メタルジグとワラサ、大きさはこのくらい違う。これなら丸呑みするのもうなずける。

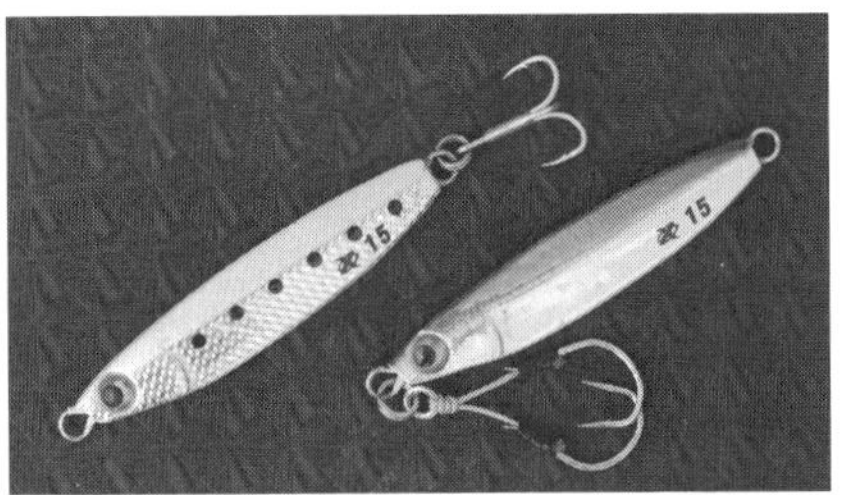
アフターバーナーミニ（ゼスタ）。日中におすすめの小型メタルジグ。カラーはシルバー系を中心に揃えておこう。

### 基本は上から探る

前述したとおり、表層でなんの変化も見られない場合は、メタルジグを底まで沈めて探ることで対処するわけだが、この際に忘れてはいけないのが、ショアジギングの基本は、あくまで上から順に探る、という鉄則だ。

表層にサカナがいるのがわかっているのに、いきなり底層から探ってしまうと、ヒットした際に暴れるサカナの動きやラインの水切り音が周囲にあっという間に伝わり、他のサカナが一気に警戒してしまうので、注意したい。

### 何秒で沈むか数える

深場を狙うメタルジグの釣りは、メタルジグが今どこの泳層にあるのか、常に把握しておく必要がある。この際有効なのが、メタルジグが着

# オススメタックル SELECTION

## 大は小を兼ねる!?

カタログスペックの「適合ルアー重量」が、下限10ｇ前後・上限が40～50ｇ前後になっているロッドであれば、マヅメ用の大きめのメタルジグと日中用の小さめのメタルジグを、まとめて扱うことができる。つまり一本のタックルで、朝マヅメから日没まで楽しむことも可能だ。

予算が許すようであれば、日中用に1ランクパワーを落としたタックルも、ぜひ用意しておきたい。10ｇ前後のメタルジグを扱う際、より的確な操作が可能になるだけでなく、小型が掛かっても派手に曲がってくれるため、釣っていてとても楽しい。

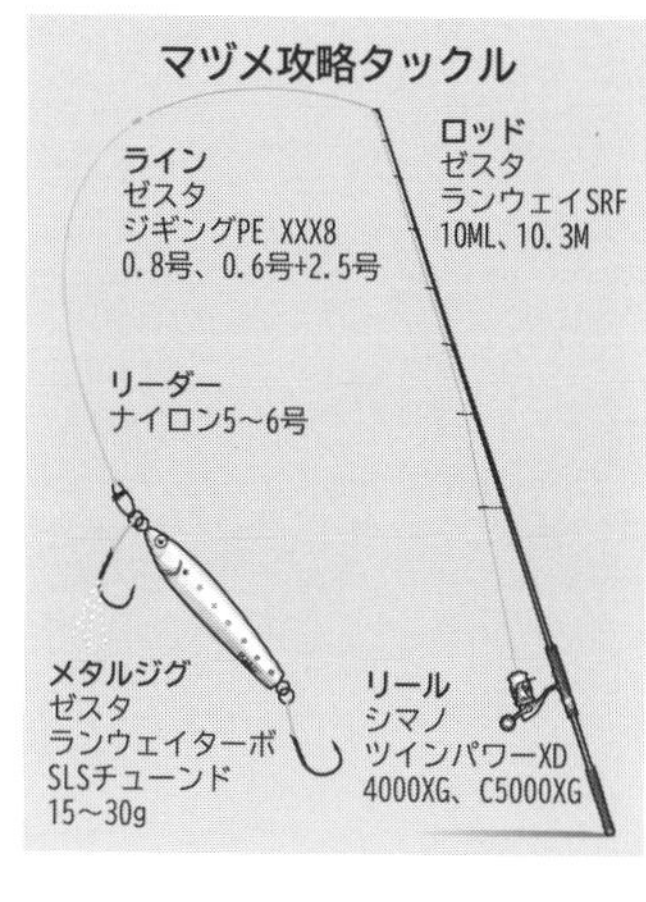

適合範囲内のメタルジグであれば、このようにロッド全体を曲げるくらいの勢いでキャストできる。この曲がったロッドが生み出す反発力こそ、メタルジグを遠投するための秘訣だ。

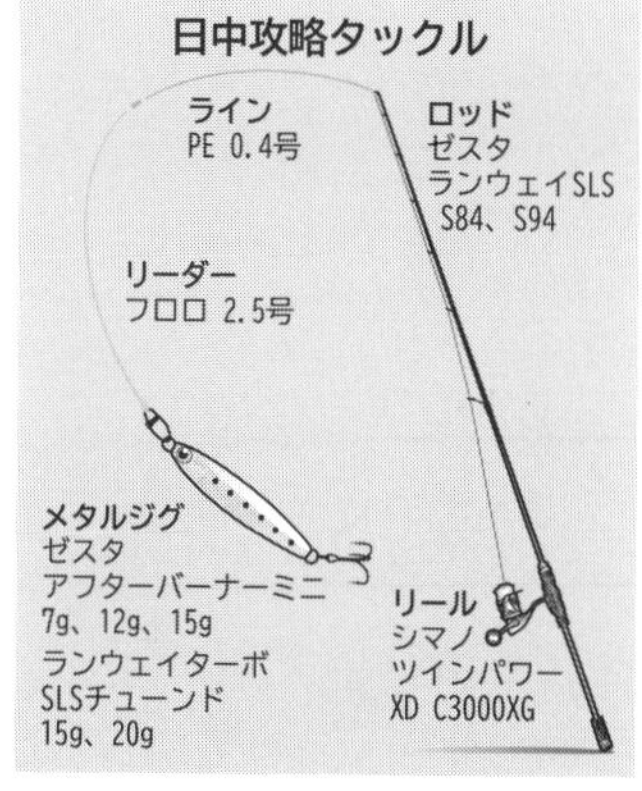


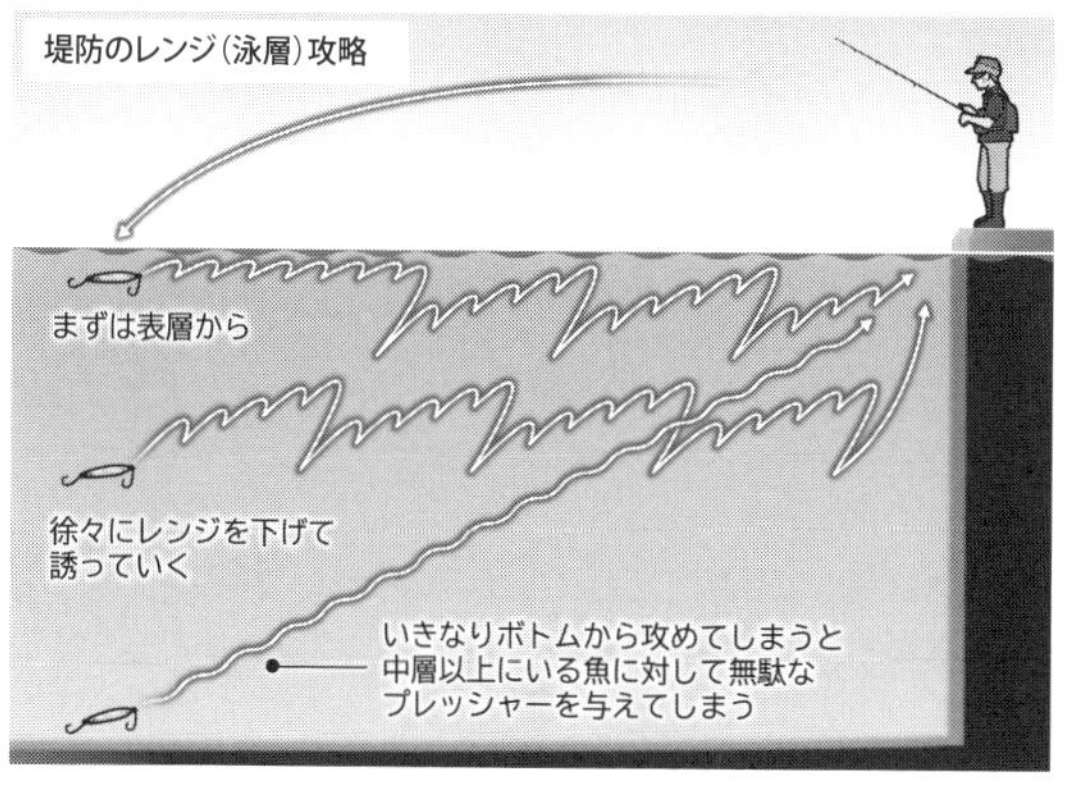


水してから底につくまで何秒かかったか数え、次のキャストの際はその秒数を基準にして、メタルジグの現在位置を把握するという方法だ。これは「カウントダウン」と呼ばれる。堤防のワラサ以外でも、水深のある釣り場全般で使えるテクニックなので、ぜひ習得しておきたい。

# 04 港湾部のブリ

簡単にはお目にかかれないブリだが、条件が揃えばライトショアジギングの釣り場、それも一番お手軽な港湾部で釣れることがある。その条件とはズバリ「ベイト」、エサとなる小魚の存在だ。

漁港の出口で、見事ブリ確保。足場がコンクリートの釣り場でも、ベイトが入ってくればブリを釣るチャンスは到来するのだ。

## ベイトあってのブリ狙い マヅメに懸けるか？　それとも長期戦？

### ベイトがたまれば青物もたまる

春から初夏にかけて、海のなかが一気に騒がしくなる。水温の上昇とともにベイトの接岸も活発化し、それを追って、青物をはじめとするゲームフィッシュたちが、頻繁に岸近くに立ち寄るようになるのだ。港湾部でのライトショアジギングでブリが釣れるのも、このタイミングとなる。

ブリをはじめとする青物狙いにおいて、ベイトの存在は欠かせない。多少潮通しが悪い場所でも、ベイトさえそこにたまっていれば、青物はその鋭い嗅覚でそれを嗅ぎつけ、時にはベイエリアの奥の奥までやってくることもある。

さすがにこれは極端な例だが、外洋に面した一帯にあり、かつベイトがたまりやすい、大きなワンド状の地形と隣接しているような漁港は、高確率で青物の回遊コースになっていると思って間違いはない。

こういった外洋近くの漁港に出向き、ベイトを追って岸に寄ってきた、ブリをはじめとする大型青物を狙うのだ。

### ベイトにもランクがある

さて、ベイトとなる小魚の種類にはいくつかあるが、その多くを占めるのがイワシ類。そしてこのイワシ類のなかでも、ブリをはじめとする肉食魚全般に最も効くのが、体長20～25㎝程度のマイワシだ。10㎝前後のカタクチイワシが、それに続く。

地域や季節によってはウルメイワシや、キビナゴ・サヨリといったイワシ以外の小魚も加わる。

このマイワシやカタクチイワシといったイワシ類、そしてその他のベイトが、群れを作って岸近くに回遊し、さらに進行方向を変えて漁港に隣接するワンドなどに入り込んだのち、そこからしばらく出てこない……こんな状態になったらチャンスだ。そのベイトの群れを追って、ブリもまた漁港のすぐ近くまで入ってくるからだ。

## 外を狙うか、中で待つか

ブリがベイトを追って岸近くに寄ってきたときの狙い方には、大きく分けて2つある。外洋に面した回遊コースと思われる場所の近くに陣取り、朝夕のマヅメに到来したチャンスに集中してキャストするというものと、ベイトがたまっているであろうワンドや港内の近くで日の出から日の入りまで待機し、ベイトが食われている兆候が見られたら即キャストする、というものだ。

前者はチャンスとなる時間も短く、万が一マヅメで釣れなければ、その日はそれで終わってしまう一方で、スケジュールはあらかじめ決まっているため、釣行計画を立てやすい。後者は逆に、一日中チャンスがあるといえるが、拘束時間も長く、釣行計画もほぼ立てられない。どちらが自分に向いているか、よく検討してから選びたい。

ワンポイントアドバイス

### ブリがベイトに気づくタイミングは？

港湾部に入ってきたベイトは、ずっと狭い港内から出ない場合もあるが、多くの場合は港を出て、その周辺で小規模な移動を繰り返している。ここで風の強弱、雨による真水の流入、潮の動きといった変化があると、その移動はいつも以上に大きくなる。この大きな移動は、ブリがそれらのベイトに気づくきっかけとなるため、それを機にブリもまた、岸近くへ寄ってくることが多い。

こうして寄ってきたベイトとブリは、周囲で小規模な移動を繰り返すものの、しばらくの間は港湾部の近辺で、逃げたり追ったり、食ったり食われたりといった食物連鎖を形成する。その間こそ、メタルジグで狙うチャンスである。

港の奥のこんな公園にだって、ベイトさえいれば大型青物が入ってくる。

港内に入ってきたマイワシの群れ。青物を狂わせる絶好のベイトフィッシュだ。

## オススメルアー SELECTION

### メタルジグと同じ感覚で使える各種ルアー

遠くでブリがベイトを襲っているときでも、メタルジグであれば、その近くまで届く場合がある。ナブラが遠かったり広範囲に散らばっている状況、あるいはブリが沈んでいるような状況では、よく飛びよく沈み、任意の水深を自由に探れるメタルジグを使うことで、狙う範囲が大きく広がる。

また、左ページで紹介したようなタックルの組み合わせであれば、メタルジグだけでなくメタルバイブ、重めのプラグといった他の種類のルアーを、そのまま付け替えるだけで使い回せる。メタルジグでの誘いにちょっとした変化を入れたいときなど、適宜ローテーションしてみるといいだろう。

広く、そしてときには深い一帯を手早く探る必要に迫られることもを多い。メタルジグを中心に、よく飛びよく沈むルアーをセレクトしよう。

スタンダードなメタルジグ。ブリ狙いであれば、40～60ｇがおすすめ。基本的にはワンピッチワンジャークで、底から表層にかけて広範囲に探っていく。

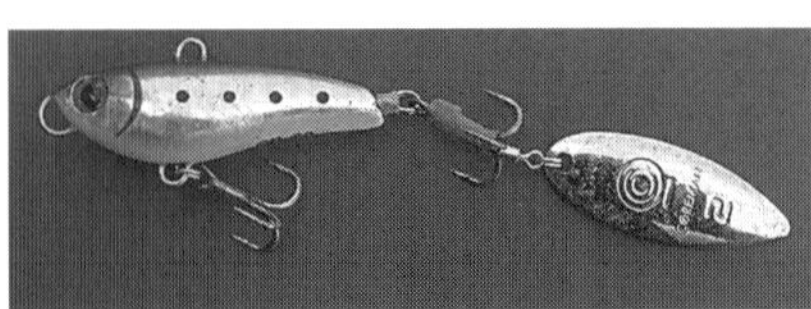

PB-30（コアマン）。メタルジグのような本体に、ベアリングスイベルを介して回転するブレードが装着された「ブレードベイト」と呼ばれるルアー。場合によっては、これもメタルジグ扱いすることがある。

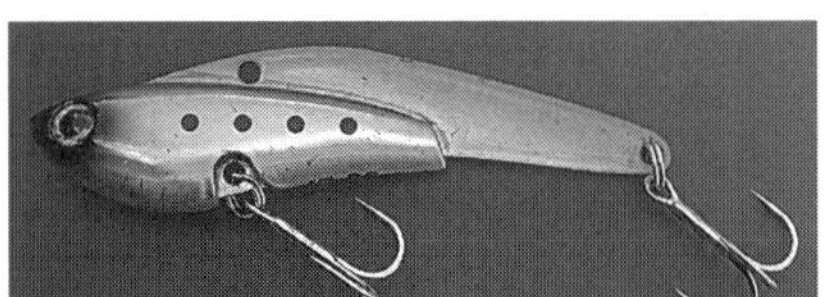

IP-26（コアマン）。厳密にはメタルジグではなく、メタルバイブというカテゴリーに属するルアーだが、タックルはそのまま、使い方もほぼそのままで、ライトショアジギングの釣行時にすぐ使い回せる。

### ベイトから目を離さない！

ベイトが岸際に回遊し、それをブリが襲うと、静かな水面が波立つ「ナブラ」、あるいは沸騰するお湯のようにボコボコと気泡が立つ「ボイル」といった現象が起こるが、実はこういった現象の前に、すでにチャンスタイムは始まっていることも少なくない。

フィールドに立ち、風もなく波もないのに、なんとなく一部分だけ水面がざわついているように見えたら、それは高確率で、回遊してきたベイトだ。この動きから目を離さないよう、まず注意しよう。

しばらくすると、ただざわつくだけだった水面の周囲に「ドカン！」という激しい水柱が立つことがある。先程からずっとつきまとっていたブリが、ベイトを襲い始めたサインだ。

# オススメタックル SELECTION

## ラインを決めるところからスタート

ブリのような大型魚を難なく寄せるタックルを組むには、まずラインの選定から始めよう。PE2 ～ 3 号を、150 ～ 200 mは巻きたい。これを巻けるスピニングリールとなると、だいたい番手は 4000 ～ 5000 番となる。そして最後に、このリールとラインに合うロッドを見繕う、という手順だ。

ときには 80㎝にも到達するブリを狙うということで、魚体と直接触れ合う可能性のあるリーダーも、よく考えて選ぼう。一番無難なのは、フロロカーボンリーダーの 40 ～ 50Lb 前後だが、40Lb より太いフロロカーボンリーダーは、張りが強くなりすぎる傾向がある。それが好ましくないようであれば、ナイロンリーダーを使うのも手だ。

ミュートス ソニオ 100M（ゼナック）。ショアジギングロッドに分類されているが、ルアー重量の下限が 10 g、上限が 100 gとかなり広く設定されているため、メタルジグをはじめとした各種ルアーを使う際、いろいろと潰しが効く。

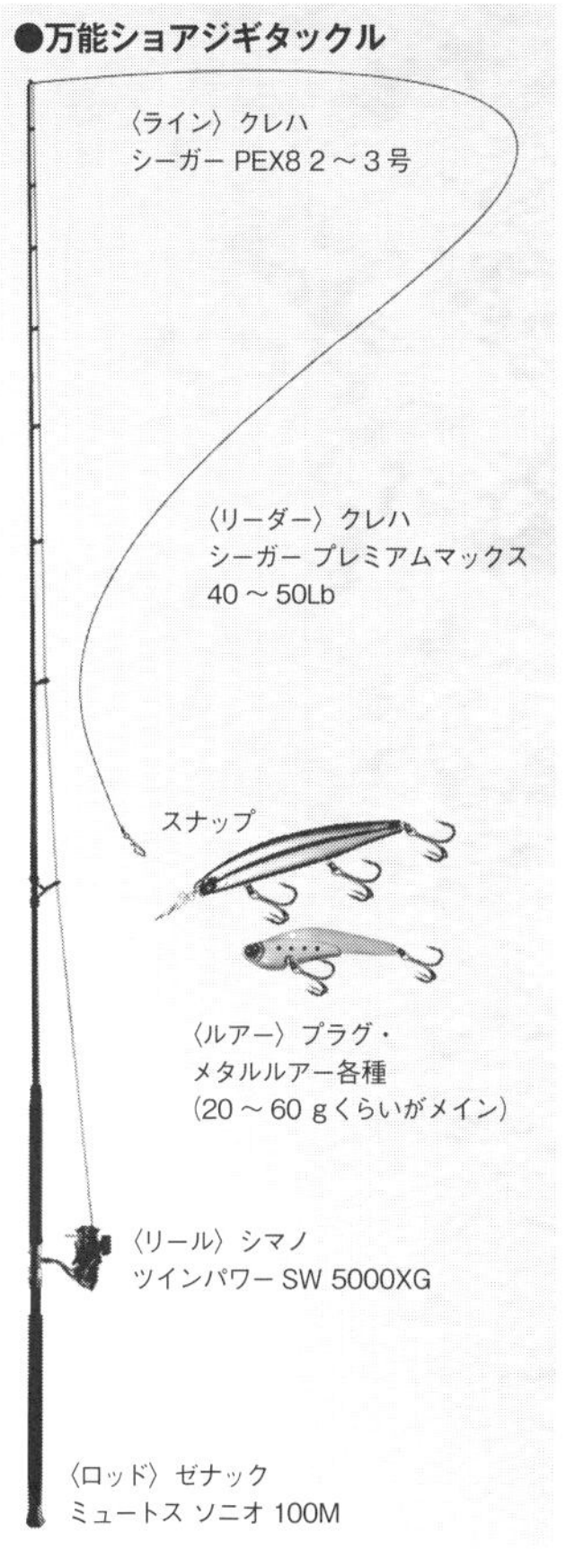


## ターゲットが近寄るまでじっくりと待つ

このブリの襲撃は、多くの場合メタルジグが届かない沖で始まるが、諦めるのは早い。ブリはベイトを水面や岸に追い込んで捕食することが多いため、ベイトの群れとそれを追うブリが、徐々に岸へ近づいてくることもよくあるからだ。

この際、ブリがベイトを追い込む方向を見極め、その進行方向にメタルジグをキャストしよう。群れを直撃したり、まったく関係ない方向に何度もキャストしてしまうと、群れはすぐ散ってしまう。

群れが進む方向と速度を見計らい、進行方向の数m先、さらにいえば数10㎝先にメタルジグを投入し、冷静に誘う。これが、ベイトについて入ってきたブリを狙うための奥義である。

# 05

# 堤防のアジ五目

**7g以下、場合によっては1g前後の超小型メタルジグを駆使し、昼の間は底層に潜んでいるアジを狙い撃つ。スピード感あふれる楽しい釣りだが、ひとつだけ難点があることに注意したい。**

アジもまた回遊魚、青物の一族だ。メタルジグの素早い動きとギラギラしたアピール、これらが大好きなことに変わりはない。

## 「何でも釣れてしまう」という唯一にしてぜいたくな悩み!?

### よく飛びよく沈むからできる芸当

マイクロメタルジグのなかでも、より小さな部類に入る3g以下のものは、これまでルアー釣りの対象ではなかった多くのサカナをもターゲットに見据えた、まったく新しいショアジギングの世界を開拓した。

また、これまでワームやエサ釣りで狙っていたアジやメバルといったおなじみのサカナも、マイクロメタルジグを使うことで、より効率的、そしてより楽しく釣ることができるようになった。

というわけで、これらのマイクロメタルジグを手に、漁港や堤防といったお手軽な堤防に向かおう。狙うのは、掛ける前も掛けたあとも楽しく、そして美味なあのサカナ、アジだ。

ワームを使った一般的なアジングゲームでは、ルアーの飛距離があまり稼げないため、ポイントが近場になる夜に釣ることが多くなるが、マイクロメタルジグを使えば、昼にアジが隠れている沖や深場を直撃できるため、昼の釣果も期待できるようになる。

ワームやプラグに比べて飛距離があり、また沈みも早いメタルジグならではの芸当といえよう。

### いろんなゲストもいらっしゃい!

マイクロメタルジグを使って足元、あるいは沖の深場を探っていると、アジ以外にも多彩なサカナが釣れる。というより、アジより先に、これらの豪華ゲストが釣れてしまうことも多い。

　プラグよりシルエットが格段に小さいマイクロメタルジグを使うと、これまでエサ釣りでしか釣れなかったベラ・フエフキダイ・イサキ・ネンブツダイといった堤防や小磯でおなじみの小物も、当たり前のようにこのルアーで釣れるようになる。また、ワームと違ってかじり取られたりしないため、フグなどのエサ取りにも強く、ときにはフグの小さな口をとらえてフッキング、普通に釣果として計上してしまうことすらある。

　マイクロメタルジグを使った昼間のアジ狙いにおける唯一の悩み、それは「なんでも釣れるせいで、アジだけを狙って釣ることが難しい」というものだ。これはもう、甘んじて受け入れるしかないだろう。何が釣れるかわからないというのも、五目釣りの楽しみといえば楽しみである。

ワンポイントアドバイス

## 底はリフト&フォールで

　底層に潜んだ昼のアジを狙うには、底近くまでメタルジグを沈めたのち、ロッドをあおって軽く跳ね上げさせ、また沈める。このロッドをあおってメタルジグを跳ね上げる動作（リフト）と、沈める動作（フォール）は、セットで「リフト&フォール」と称される。メタルジグに限らず、ワームや重いプラグでもよく使われるテクニックだ。

　あまり難しく考える必要はない。大事なのは、メタルジグを底まで確実に届けることだ。これさえできれば、あとはそれこそ適当にロッドをチョンチョンと動かしているだけでも、メタルジグが勝手に誘ってくれる。また、このロッドの動きがアワセの動作も兼ねるため、それこそ全自動で誘いからアワセまでつながる、というケースも少なくない。

開けた場所では、沖に深場があるか調べることも兼ね、まずは遠投して底を探ってみよう。

影を作り出すなんらかの障害物があれば、その真下にアジが隠れている可能性もある。足元近くも要注意。

アジの居場所さえつかんでしまえば、このように昼間でも釣果を挙げられる。そしてその居場所へ到達するために最も有望な手段が、マイクロショアジギングだ。

## オススメルアー SELECTION

### 「よりマイクロ」なマイクロメタルジグ!?

　マイクロメタルジグと冠されて販売されているものも多いが、その中でも特に「マイクロ」なもの、3ｇ前後のものがおすすめだ。このサイズであれば、20㎝程度のアジも、抵抗なく飲み込んでくれる。

メタルジグも３ｇとなると、指先に乗るような小さなサイズになる。このような小分けケースに入れて保管しておかないと、あっという間に紛失してしまうおそれがある。

　ただし、ここで注意をひとつ。本文中でも触れたとおり、漁港や堤防でマイクロメタルジグを使うと、どんなサカナが釣れてくるのか、皆目見当がつかない。アジのアタリが遠のいたからといって、５ｇのメタルジグを３ｇに、３ｇを1.5ｇに……とどんどん下げていくと、アジのアタリも戻ってくるかもしれないが、それ以上に豪華なゲストが、わんさかと押し寄せてくるようになる。こればかりは仕方がないので、まとめて相手をしてやろう。

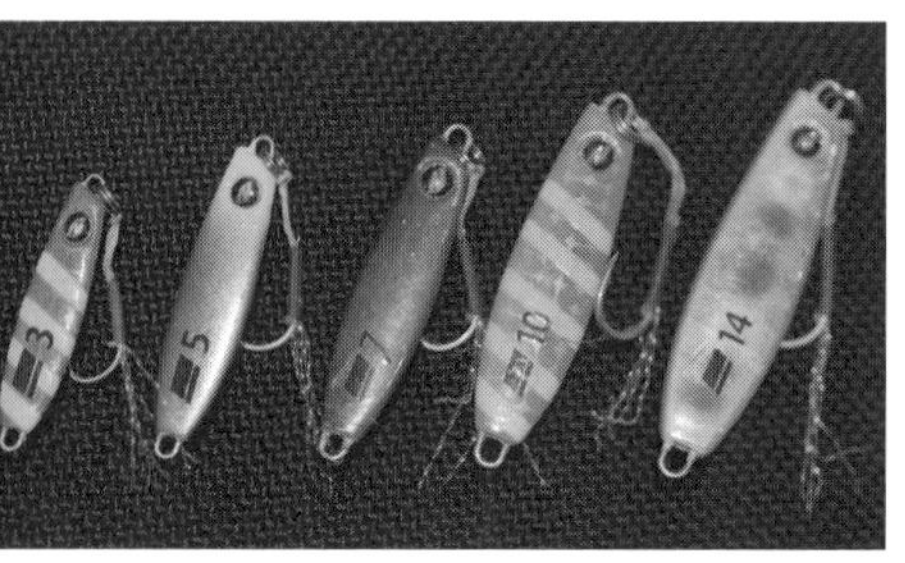

マイクロジグフラット（アブ・ガルシア）。このように、平たい本体にアシストフックが１～２本ついているような構造のメタルジグは、リフト＆フォールで底層付近をじっくり探るのに向いている。

マイクロジグスリム（アブ・ガルシア）。こちらも底層まで落とし込んで使うメタルジグだが、スリムな形状で、よりスピーディな誘いが可能。

## 沖だけでなく足元にも！

　狙い方だが、昼間でも岸から届くような距離に残っているようなアジは、底近くでじっと身を潜めて待っていることが多い。よってマイクロメタルジグで狙う際も、底狙いが中心になる。

　まず最初に狙うべきは、沖のポイント。漁港であれば出入り口付近や、外向きの堤防から沖へ向かって投げたあたりだ。周囲より少しでも深くなっている場所があれば、アジは高確率でそこにたまっている。

　また、漁港に係留された船の下や係留用ロープの下など、周囲より少しでも暗くなるような場所があれば、足元近辺にいることもある。この場合、キャスティングの必要はない。マイクロメタルジグを足元に落とし込んで底を取ったら、底から離れすぎないあたりで上下にシャクっ

# オススメタックル SELECTION

## あるとうれしい専用ロッド

３ｇ前後のメタルジグを扱う際は、アジングやメバリングといった他の釣り物で、大きめのワーム、またはプラグを扱うよう設計されたロッドを、そのまま流用できる。

だが、ワームやプラグよりもよく飛び、よく沈み、そしてさらなる大物との出会いも期待できるマイクロメタルジグを扱うなら、やはり専用ロッドが欲しいところだ。

マイクロショアジギングという釣りは、2010年代中盤から注目されるようになったが、それより少し経過した2020年代初頭より、ようやく専用ロッドが出回るようになってきた。アジングやメバリングロッドと同様の柔軟性と、ライトショアジギング用ロッド並みの長さを併せ持った専用ロッドがそれだ。機会があればぜひ手にしたいものである。

ソルティスタイル マイクロショアジギング（アブ・ガルシア）。8～9ftという長さで、適合ルアー重量が0.8～15ｇと、広い釣り場でマイクロメタルジグを扱うのに最適なスペックをほこる専用ロッド。

長いロッドがあれば、このような足元の際を、サカナから気取られない離れた場所から探ることも可能だ。

**マイクロショアジギタックル**

ロッド
Abu Garcia
SaltyStyle MicroShoreJigging
SMJS-862UL-KR、
SMJS-962UL-KR

ライン
Berkley
ナノフィル・カラード
0.5号

リール
Abu Garcia
Revo MGXtreme1000S

リーダー
バニッシュ
レボリューション
6～10Lb

ルアー
Abu Garcia
マイクロジグフラット1～7ｇ、
マイクロジグスリム1～7ｇ、
マイクロスキッドジグ 1.5～3g

マダイがメタルジグで釣れるのは昔から知られていた話だが、マイクロメタルジグを使うことで、まさかカワハギが釣れるほどになるとは……。

あまり知られていないが、マダイは小魚も大好きな肉食魚。そして幼魚のうちは岸近くに大量に生息し、エサもルアーも見境なく襲ってくる。

てみよう。

この際、船べりやロープにメタルジグを引っ掛けたりしないよう、細心の注意を払いたい。引っ掛けてしまったメタルジグを回収したいからと、係留された船に飛び移るなどという行為は論外である。マナーを守って、楽しい釣りをしたいものだ。

# 06

# 沖堤防の大型ロックフィッシュ

堤防でこのサイズが出れば、その日一日大満足のレベルだ。だが、ここは沖堤防。これ以上の大物が、必ず潜んでいる。

堤防は堤防でも、沖に設置されたものは沖堤防と呼ばれる。おなじみの堤防より魚影も濃いが、船で渡してもらわないと行くことができない。ちょっと敷居は高くなるが、釣果は有望だ。

## 沖に設置された堤防は根魚のパラダイスだった

堤防に比べて格段に魚影が濃く、またサイズも大きい。これは、回遊魚のように頻繁に移動しない根魚で、特に強く見られる傾向だ。

ということで沖堤防は、大型の根魚を狙うのに最適なフィールドといえる。漁港の根魚は、ワームやエサ釣り、マイクロショアジギングでないとなかなか釣れないが、沖堤の根魚なら、スーパーライトショアジギングでも余裕で釣れる。時には、ライトショアジギングタックルが欲しくなるほどの大型と出くわすこともある。

### 渡船宿を利用してアクセスしよう！

外洋からのウネリが港内に直接入り込まないため、または潮流を制御して常に海底が浚渫されるようにするためなど、様々な目的を持った堤防が、あちこちの港湾部の沖に設置されている。

この沖堤のなかには、上に乗って釣りができるものも数多い。だが「沖」堤防というからには、岸から直接歩いて出向くことはできない。そこで「渡船宿」という業者の船に乗り、沖堤防まで渡してもらうのが一般的なアプローチだ。

沖堤防は、このようにアクセスにひと手間かかるため、それだけ場が荒らされにくい。よって、陸続きの

### 足元からいきなりドン深なポイントも多い

沖堤防が設置された目的は前述したとおりだが、これはつまり、沖堤

防の周辺は常に潮や波の影響を受け、新鮮な海水が供給されているということだ。

また、沖に設置されているということで、その周辺も深くなっていることが多い。足元から水深5m・10mは当たり前、時には足元の壁際で、水深30mにまで落ち込んでいることもある。

回遊魚を狙うのであれば、広い範囲にキャストして探るところだが、根魚狙いであれば、この足元から深くなっている地形を利用しない手はない。釣り場に着いたらまず安全確認、波が自分の立ち位置までこないことを確かめたうえで、メタルジグを足元へスルスルと落とし、底層付近でリフト&フォールする。これで、その場にいる一番大きな根魚が、真っ先に食いついてくるはずだ。

沖にキャストして底層まで落とし、そこでリフト&フォールでも釣れるが、この釣り方は、足元をあらかた探り終えてからでも遅くない。

足場自体は、普通の堤防と変わりないところも多い。ただし、強風や雨、暑さ寒さといった悪条件に見舞われると、いつもの釣り場以上に厳しくなる。

**ワンポイントアドバイス**

## 船のジギングと一緒!?

足元から深くなっている堤防の際に沿うようにメタルジグを落とし、底を切って根掛かりを回避したら、あとは下から上にシャクりながら探る……これは、船に乗って行なうジギングで、サバなどの小型回遊魚、あるいは根魚を狙う際の基本動作と一緒だ。

船と違って、自分の立ち位置は常に固定されているため、船の揺れを計算してシャクリのピッチを変えたり、メタルジグの投入位置を調整したり……という面倒な工程もない。目の前の釣れそうな足元にメタルジグを落とし、底を切ったらシャクる！　これだけで、十分すぎる釣果が挙げられるはずだ。

**沖堤防でのメタルジグ操作**

## オススメルアー SELECTION

### 底が取れるぎりぎりの軽さで

船でのジギングは、同船者全員の仕掛けが同じペースで流れるよう、ラインの太さやメタルジグの重さが、あらかじめ指定されている場合がある。これを守らないと、一部の釣り人の仕掛けだけがおかしなペースで潮に流され、互いの仕掛けが絡みついてしまう「オマツリ」という事態に発展しかねない。

一方ショアジギングは、そこまで厳密なルールはない。各自がベストと思えるタックルで、一番使いやすい重量のメタルジグを投げればいいだけだ。

では、一番使いやすい重量のメタルジグは？　と聞かれれば、その選択肢は文字通り無限だが、こと沖堤防で足元を狙うショアジギングであれば、底が取れる範囲内で、ぎりぎり軽いものだろう。目安として、釣り場の水深m＝メタルジグの重量gと思っていい。水深 10 mなら 10 g、20 mなら 20 gといった具合だ。また、本文中で触れた「ワンランク上の事態」に備え、もっと大きなものを用意しておいてもいいだろう。

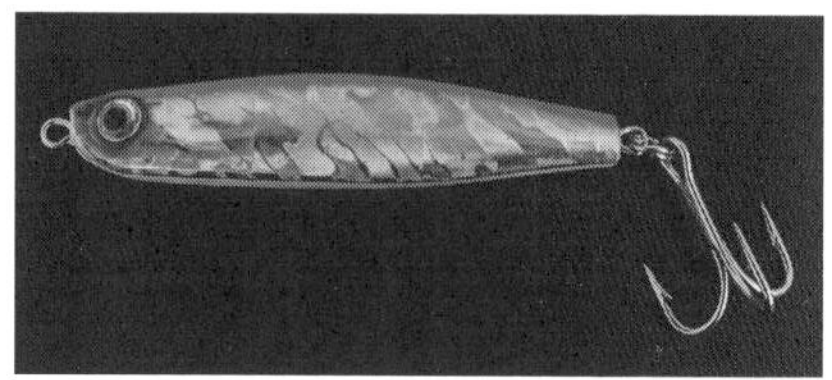
ムーチョ・ルチア（マリア）。本来キャスティングしてからタダ巻きで引いてくるタイプだが、その反応のよさは、縦方向の釣りでも生きる。

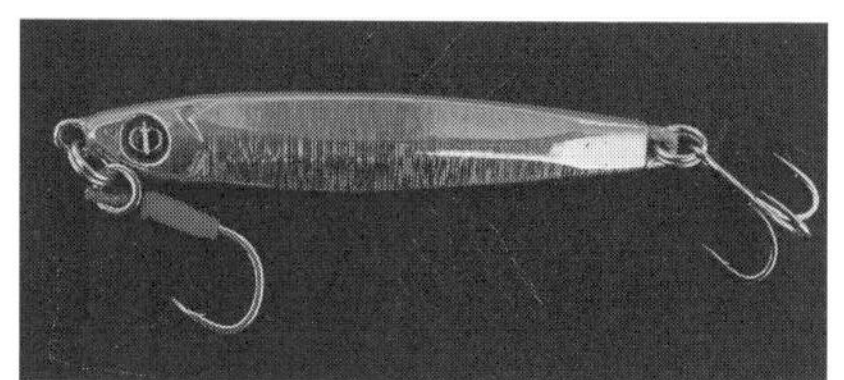
ガンガンジグⅡ（オーシャンルーラー）。投げてよし、落としてシャクってよしのオールラウンダー。

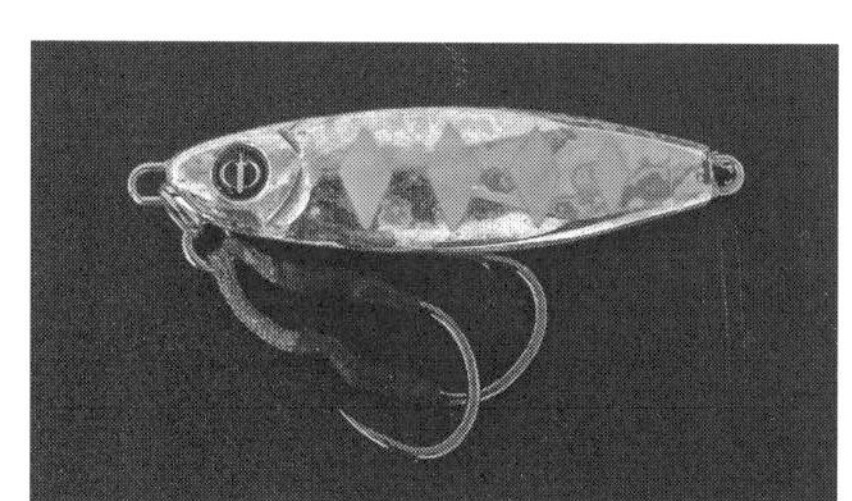
ガンガンジグ SJ（オーシャンルーラー）。末尾の SJ は「スロージギング」の略。ゆっくりと沈み、底に潜む根魚にじっくりアピール。

### 「ワンランク上の事態」を想定

沖堤防は地続きのポイントより、サカナのサイズも大きく、また魚影が濃いことは前述したとおりだ。また、外洋と直接つながっている釣り場ということで、いつ想定外の大物が入ってこないとも限らない。いくら根魚の移動が頻繁でないとはいえ、まったく移動しないわけがない。30㎝のカサゴが出ればいいや、と気軽に構えていたら、いきなり40㎝以上のハタと出くわし、段違いのパワーとスピードに苦戦することも珍しくない。

サカナ以外にも、様々な自然現象も、ワンランク上の事例を想定しておくべきだろう。風が強い日は、陸続きの釣り場より、さらに激しい風に見舞われる。周囲にさえぎるものがないため、夏の暑さと冬の寒さも、ともにより厳しいものになる。

## オススメタックル SELECTION

### エギングロッドでオーケー！

別稿で触れたとおり、メタルジグの重量は水深のメーター数と同じが目安となるが、たいていの沖堤防は深いとはいっても、足元の水深はせいぜい 10 ～ 20 ｍだ。これに潮の速さを考慮しても 20 ～ 30 ｇあれば足りる。

この重量であれば、ライトショアジギング専用ロッドのほか、ちょっと強めのエギングロッドやシーバスロッドも代用できる。エギングロッドであれば、適合エギが 3.5 号（20 ｇ相当）～ 4.0 号（25 ｇ相当）に設定してあるものでいいだろう。

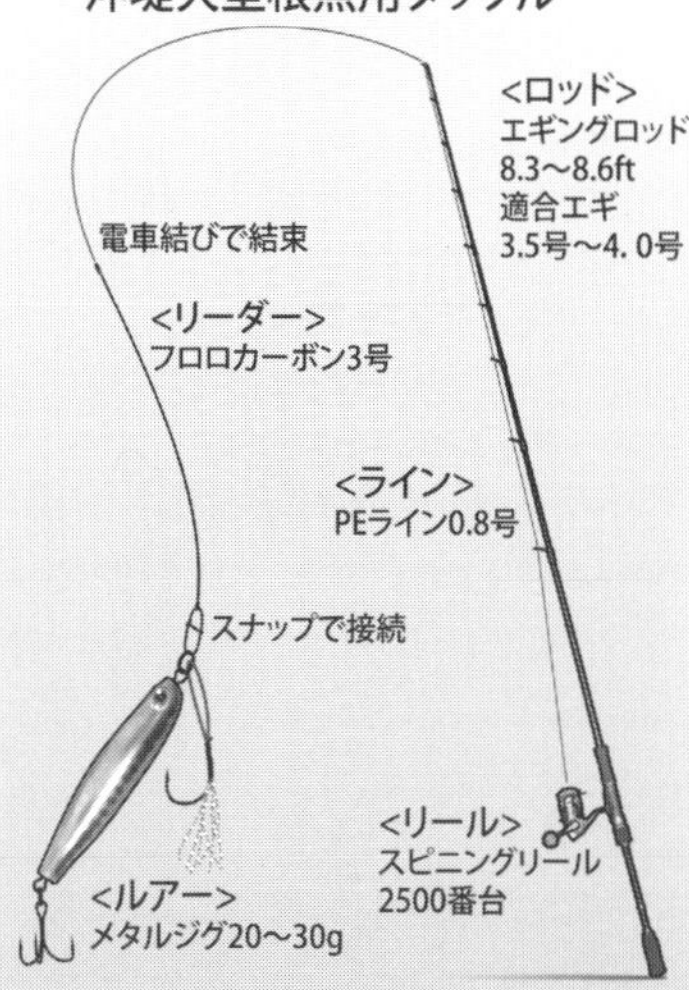

メタルジグを足元に落としてシャクる釣りなら、エギングロッドの長さとパワーでも十分。ただし大物が掛かったときは、この限りではない。

エギングロッドは、ショアジギングロッドと似たような味付けがされていることが多く、また普及率も高い。流用するなら、真っ先に候補に挙がる。

さらには、予想以上に速い潮流の中で釣りをすることになり、メタルジグで一向に底が取れなくなってしまった、なんて事態すらある。こういったワンランク上の事態を想定し、装備は万全に整えておくことだ。またルアーも、さらなる大物・いつも以上に速い潮流に備え、「これは使わないだろう」と思いたくなるような、大きく重いメタルジグを用意しておいたほうがいいだろう。

こんなキジハタが、昼間から当たり前のように釣れる。これが沖堤防の底力だ。

# 07

# 堤防のオオモンハタ

根魚らしからぬ行動パターンを持つ不思議なサカナ・オオモンハタ。まだ小さいうちは、堤防と砂地の境目ぐらいでよく釣れる。

根魚でありながら砂地を好み、また根魚でありながら青物のような行動パターンを持つサカナ・オオモンハタ。その生態やポイント、シーズンの解明が進んだ現在、ライトショアジギングで狙える格好の好敵手となった。

## ヒラメ？　青物？　いいえ、オオモンハタです

### 幻のサカナも過去の話

複雑な海岸線、急深の岸際、そして黒潮の影響を受けた高めの水温。こういった条件が揃った西日本の太平洋岸では、しばしばオオモンハタという不思議なハタが釣れることがある。

このオオモンハタ、ハタと名がつくからには、ハタの仲間である根魚の一種であるはずなのだが、ゴツゴツした岩場や消波ブロックなどの障害物が多い場所より、あまり凸凹していない砂地を好む。つまり根魚というより、ヒラメが好むようなポイントでよく釣れるのだ。

これはオオモンハタが、障害物の有無や規模といった一般的な根魚基準ではなく、ベイトの有無・多い少ないで生息場所を決めているからだ。ベイトで居場所や行動パターンを決めたり、ベイト次第で釣果が左右されるところは、これまた根魚というより青物だ。

ハタなのに、居場所はヒラメ、行動パターンは青物。このちょっと変わった生態のせいで、かつては幻のサカナとも呼ばれたりもしたが、逆に言えば、青物と同じような条件の日に釣行し、ヒラメと同じようなポイントを探ればいいのだ。また小型であれば、あまり難しいことを考えず、堤防の敷石と沖の砂地、この境目付近を探ればすぐ釣れる。これらがわかってしまえば、もう幻ではない。あとは釣るだけである。

ただひとつ残念な点は、地域限定のサカナであるということだ。冒頭

底まで沈めたメタルジグを再び中層まで巻き上げたら、このサイズが下からドカンと襲ってきた。

ワンポイントアドバイス

## 現状での最適解がコレ！

本文中で触れたとおり、オオモンハタはウォブリングとスライドフォールというアクションを好む。このアクションの両方を出せるメタルジグを選択し、ラインテンションをかけた状態でメタルジグを沈める「テンションフォール」、ラインテンションを抜いた状態で沈める「フリーフォール」を使い分けることで、より効率的に誘うことができる。

メタルジグが着水したら、まずフリーフォール。この際、前述した条件を満たすメタルジグであれば、フォールそのものがアピールとなって、この段階からオオモンハタを誘う。

底についたら、ロッドを大きく、そしてゆっくり持ち上げ、再びフリーフォール。この際発生するスライドフォールが、いわばクライマックスだ。そして着底、ロッドをあおる、スライドフォール、以下はこれの繰り返しで誘っていく。メタルジグを用いたオオモンハタ狙いの、これが現状での最適解である。



で述べたような条件を満たす海岸線の多くは、千葉県の房総より西に限られてしまうのだ。

全国どこでも釣れるわけではないが、もし釣れる地域にお住まいだったり、遠征釣行するチャンスがあるようなら、真っ先に狙いたいサカナであることに変わりはない。だいぶ解明されたとはいえ、まだ釣れるパターンすべてが判明したわけではない。これからが楽しみなサカナであるといえよう。

### ウォブリングアクションが効く

ヒラメのような居場所を好み、青物のような行動を見せるオオモンハタは、ヒラメも青物も大好きなルアーのスイミングアクションに、同じような好反応を見せる。なかでも、ルアーが頭を左右に振るアクションであるウォブリングが、特に好みの

# オススメルアー SELECTION

## 根掛かり対策も忘れずに！

　メタルジグを水中に沈めて底を取り、それを起点にして組み立てたアクションで誘う釣りなので、出向いた釣り場で確実に底を取れる重量のメタルジグが必須となる。本州の太平洋側であれば、だいたい14～24ｇのメタルジグが使いやすい。

　また、底近くで頻繁にメタルジグを動かす釣りなので、根掛かり対策も整えておきたい。具体的には、フックセッティングにひと工夫加える必要がある。

　フッキング率を優先すればトレブルフックだが、これは根掛かりが多いので、候補としては後になる。一方、根掛かりを避けることを最優先すれば、前にアシストフックをひとつ。だがこれはこれで、フッキング率がやや物足りない。

　これらの折衷案として、前と後ろの２カ所に、それぞれアシストフックを装着するというものが挙げられる。これでフッキング率と根掛かり回避を、それぞれ満足できるレベルまで持っていくことができる。

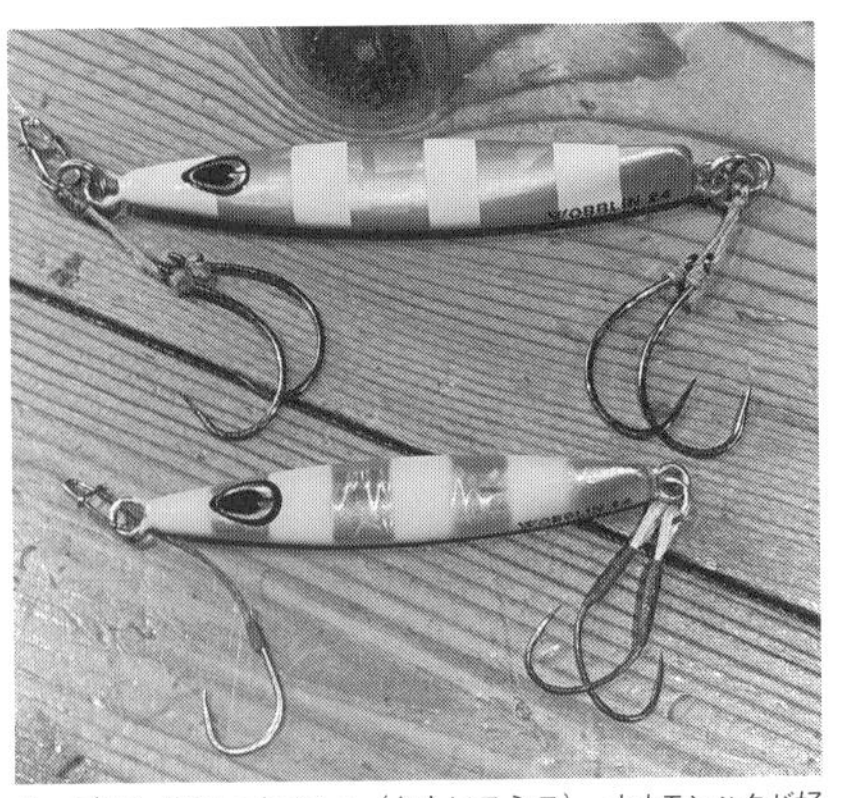

ウォブリンS24ｇと14ｇ（ともにスミス）。オオモンハタが好むウォブリングとスライドフォールの両方を自在に繰り出す、新感覚メタルジグ。

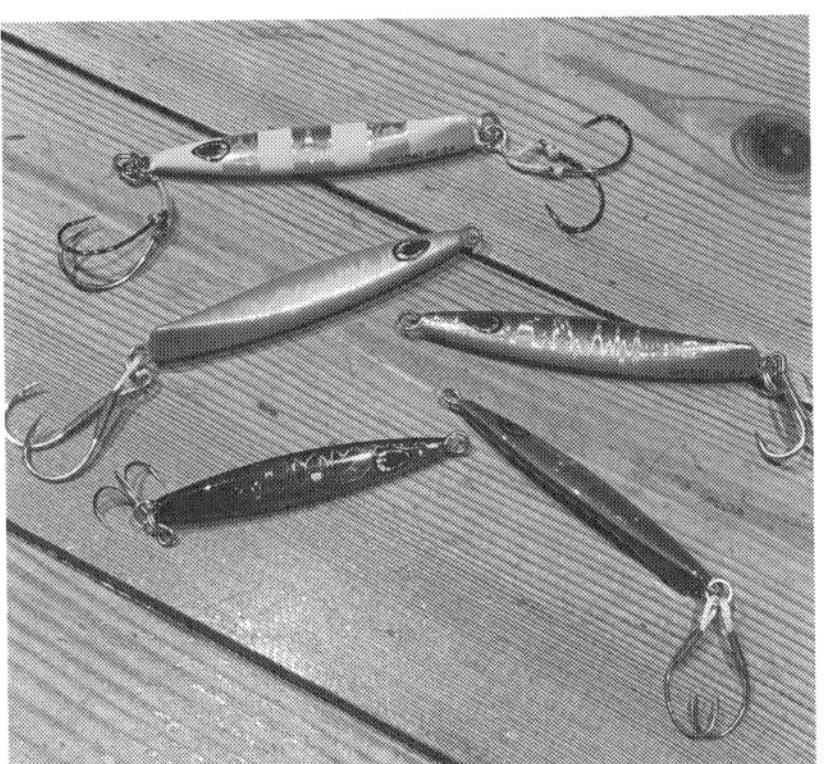

フッキングを優先するか、根掛かりを徹底的に回避するか、どちらも立てつつ、そこそこのラインで妥協するか。フックセッティングにも迷うところだ。

ようだ。

　メタルジグで狙うのであれば、このウォブリングをタダ巻きで出してくれるものを選ぼう。最近は、タダ巻きだけでしっかりとアクションしてくれるメタルジグもだいぶ増えたので、選択する際もあまり困らない。

　また、後方に重心のあるメタルジグを沈めた際、尾部から落ちていくアクションである「スライドフォール」にも好反応を示す。ウォブリングとスライドフォール、この両方を出してくれるようなメタルジグを使うことで、オオモンハタへの道は大きく切り開かれるはずだ。

　メタルジグに付けられた2本のアシストフックに、2尾のオオモンハタが同時に掛かるという光景も、しばしば目にする。それだけ貪欲で怖いもの知らずということだ。こんなサカナ、いつか思う存分釣ってみたい。

## オススメタックル SELECTION

### バーサタイルロッドの出番！

扱うメタルジグは 14 ～ 30 g前後、狙うサカナは大きいことは大きいが、腰が抜けるような大物ではない。その一方で、水中でのメタルジグの現在位置や動きを敏感に察知し、的確な操作を加えられる……オオモンハタ狙いで求められるのが、こんな条件を満たすロッドだ。それを満たすロッドを探す際に注目したいのが「バーサタイル」という用語である。

このバーサタイル、簡単にいえば「万能」という意味だ。メタルジグはもとより、プラグにワーム、さらにはチョイ投げのエサ釣り仕掛けすらも念頭に置いた万能タイプのルアーロッドは、その人気もあって、各メーカーとも商品ラインナップがかなり充実している。予算と相談して、じっくり腰を据えて選ぼう。

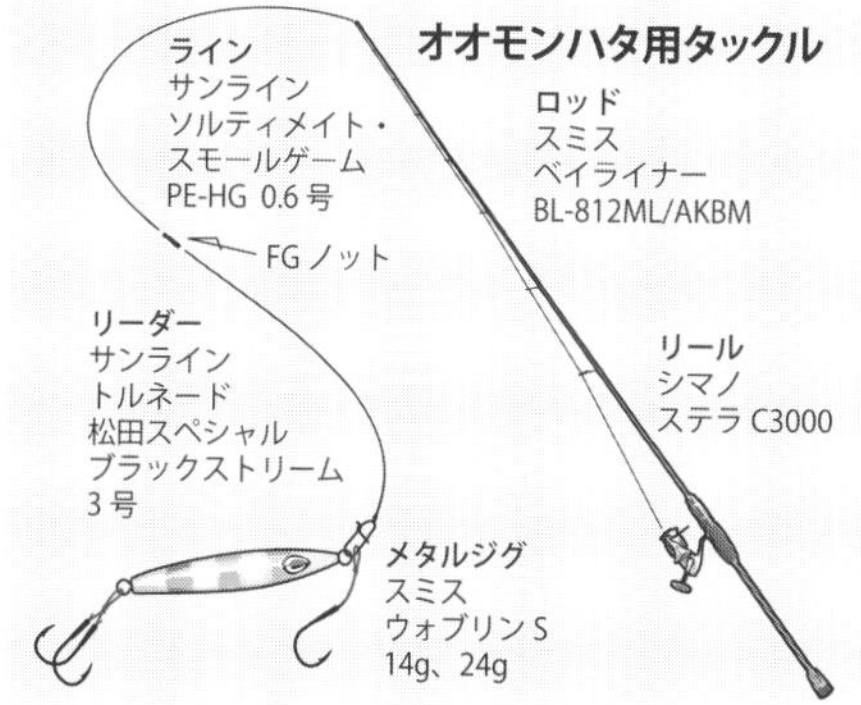


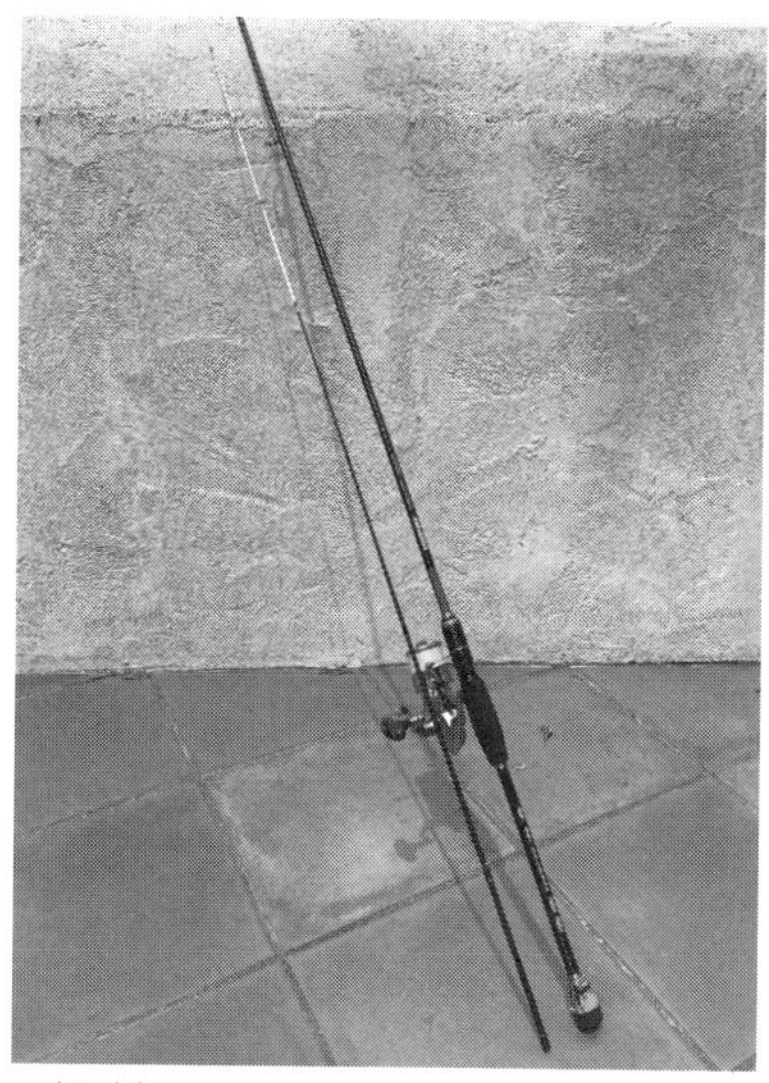

ベイライナー BL-812ML/AKBM（スミス）。高い感度と大物にも負けないパワーを併せ持った、これも「バーサタイル」モデルだ。

PE ライン 0.6 号と、フロロカーボンリーダー 3.5 号という組み合わせを揃えておけば、たいていのスーパーライトショアジギングゲームに対応できる。

前後につけたアシストフックに、２尾同時にヒット。この貪欲さ、やはり根魚だった!?

# 08

# 堤防のカサゴ

メタルジグで釣れるカサゴは、もれなくデカイ。これだけでも、メタルジグを使う価値はある。

**ワームで釣れるカサゴを、なぜわざわざメタルジグで狙うのか。それは、ワームでは届かないような深く遠いポイントを、確実に探ることができるからだ。根掛かり対策を万全に整え、誰も仕掛けを入れたことのないポイントを、メタルジグで直撃しよう。**

## 根掛かりのリスクと釣果のリターンどっちが重いかよく考えてみよう

### ハイリスク・ハイリターンなメタルジグ

カサゴはおもに、根周りや起伏の激しいエリアに生息しているため、通常のライトゲーム用のリグと比べてウエイトのあるメタルジグでは、根掛かりのリスクはどうしても高くなる。

その一方で、メタルジグは重いぶん風や潮流に左右されにくく、また遠投性能もあることから、手付かずの竿抜けポイントを攻めることができるという大きなメリットがある。

このリスクとメリットを自分なりの秤にかけ、メリットが勝るようなら、いよいよ計画実行だ。まずは、メタルジグを用意しよう。

カサゴを狙うなら、水深は深くても15m前後の場所となる。この水深に合わせて、メタルジグは7～20g前後のウエイトのものを使用する。

### 前シングル、後ろダブルで!

ここで肝心なのが、フックシステムだ。砂地に岩礁帯が点在している程度なら、トレブルフックで問題ないが、少し入り組んだ地形を攻めるのであれば、フロントにシングルフック、リアにはダブルフックというセッティングで挑むことをおすすめしたい。この組み合わせは、根掛かりの危険を少しでも避けるためのものだ。

一般的なメタルジグは、フリーフォールである程度の水深まで落ちると、ラインの浮力などによる抵抗で、尻下がりの姿勢になる。つまり、テール部分から先に下へ沈んでいく。これはつまり、最初に底につくのは、テール部分とテールフックということになる。この際、お互いのハリ先が内側を向き合っているダブルフックがテールフックであれば、着底時の根掛かりを回避しやすくなるのだ。

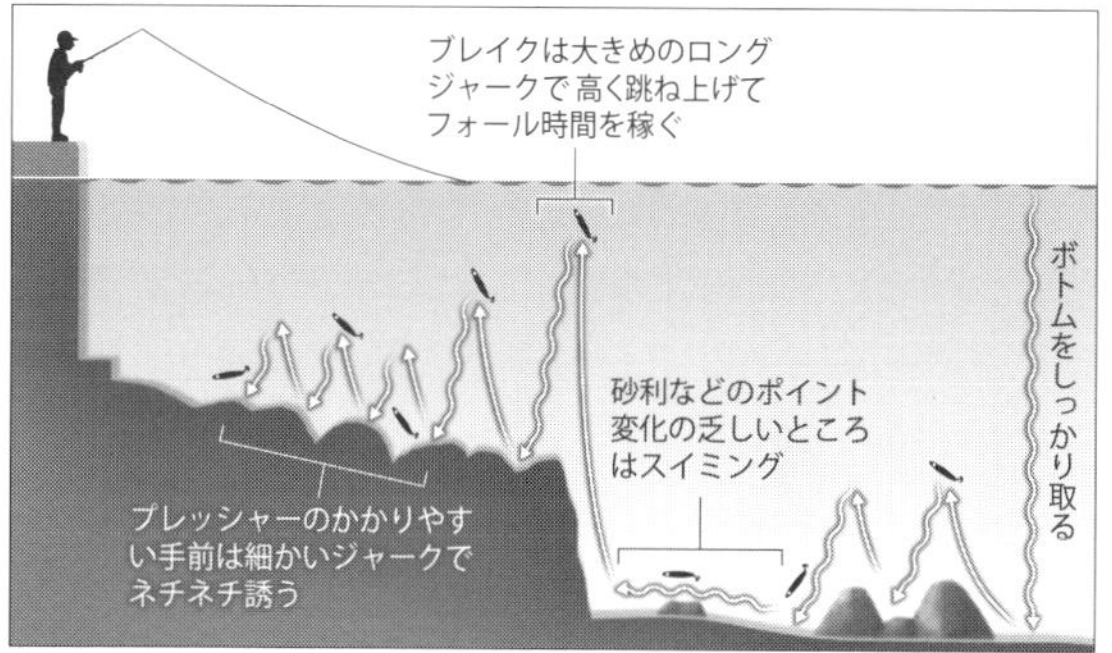




## ワンポイントアドバイス

### 着底がわかるとこれだけ捗る！

カサゴを狙う場合は、地形をしっかりと把握し、いかにメタルジグを狙ったポイントに的確に落とし込むかが、釣果の差が付くポイントとなる。

メタルジグの着底をしっかりと把握するためにも、ロッドの感度も重要だ。感度に優れたロッドで着底を瞬時に把握し、すぐにアクションを入れることで根掛かりを回避しつつ、カサゴに反射的に口を使わせる「リアクションバイト」を誘発することもできる。

ダブルフックにすることで、根掛かりへの備えはさらに盤石となる。

ハリ先が隠れてしまうようにも見えるが、心配ない。メタルジグがカサゴの口に入った時点で、ダブルフックのハリ先は向かい合うのをやめ、カサゴの口にガッチリと刺さってくれる。

ゴロタのような起伏の激しいフィールドでは、カサゴがいるのに誰も狙っていない「竿抜け」と呼ばれるポイントが、あちこちで見られる。メタルジグで、その竿抜けを狙うのだ。

# オススメルアー SELECTION

## なるべく軽いもので根掛かり回避

比較的浅場を狙うこの釣りでは、水深にもよるが、だいたい20ｇ以内のメタルジグが適切だ。

重ければ重いほど底をとりやすく、状況を把握しやすくなる一方、根掛かりの危険が増えてしまう。底を感知できる範囲内で、できるだけ軽いウエイトで攻略するのがベストだ。

アフターバーナーミニのヒラ打ちフォールに、思わずバイト!!

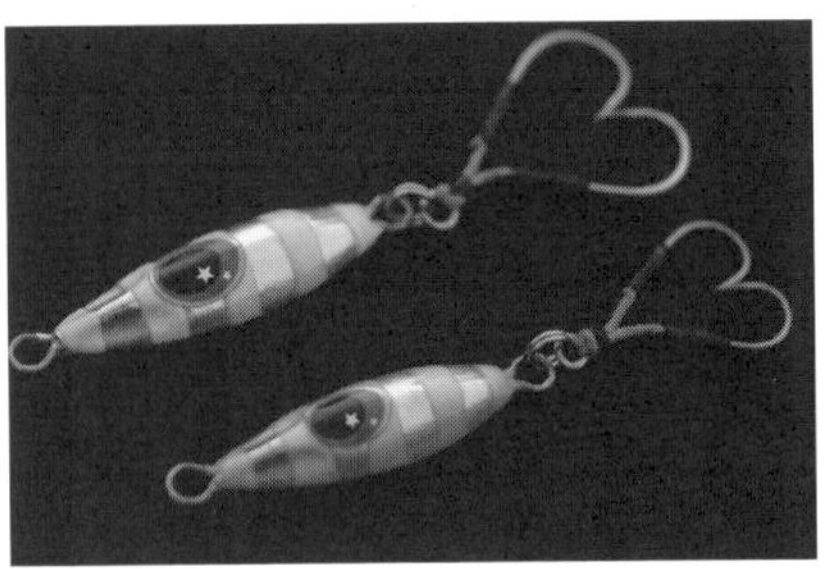

ショアスロー用メタルジグでシルエットが小さく、素直にボトムへフォールするため、ピンポイントの根周りを攻めやすいスロービー（ゼスタ）。

イレギュラーなヒラ打ちフォールとウォブンロールアクションを発生させる、アフターバーナーミニ（ゼスタ、写真上）。強風下でも安定した飛行姿勢を維持して飛ぶため、飛距離が欲しいポイントで活躍するランウェイターボSLS（ゼスタ、写真下）。

## フォールで誘って食わせる

カサゴは肉食魚だが、泳ぎ回ってエサを追ったりはせず、目の前に落ちてきたエサだけを捕食する傾向が強い。

というわけで、メタルジグを着底させたら大きくロッドをあおり、メタルジグを再びフォールさせる「リフト&フォール」が有効となる。

このフォールは、ラインテンションを抜いたフリーフォールではなく、負荷をやや掛けた、いわゆる「テンションフォール」のほうがいい。適度なテンションを掛けたほうが、ティップや手元でバイトを感じやすく、即アワセも可能となるからだ。

アワセが決まったら、瞬時に根から引き剥がそう。もたもたしていると、ルアーをくわえたまま穴に潜られ、いくら引っ張っても出てこなくなる。こうなると、カサゴとアングラーのどちらが根負けするか、掛かったハリが外れるか、ラインかリーダーが切れるかといった変化がない限り、延々と綱引きを続けることになる。

## この釣りを長く楽しむためにも必要以上のキープは避けよう

このように、メタルジグで広範囲に楽しめるカサゴゲームだが、必要以上のキープは避けたい。

定着性が強いサカナゆえ、同じ場所でキープを続けてしまうと釣れるサイズがどんどん小さくなり、最終的には釣れなくなってしまう。

そのため、いろいろな場所へラン&ガンする、ポイントを釣り切らずに、ある程度間隔を置いて釣行する、または手を触れないでリリースをするなど、ちょっとした配慮を心がけてほしい。これで、長く楽しめるゲームになるはずだ。

## オススメタックル SELECTION

### 長めのライトゲームロッドで

ワームにはない飛距離という長所をとことん活かすためにも、メタルジグでカサゴを狙う際のロッドは、なるべく長いものを使いたい。飛距離だけでなく、一度のロッドアクションで動かせる距離も、長いロッドのほうが増す。この飛距離とアクションの自由度に関しては、まさに大は小を兼ねるの典型といっていいだろう。

だがロッドの長さが増せば、そのぶん感度が鈍くなるおそれがある。メタルジグの着底を瞬時に感知し、次のアクションにつなげるためにも、感度に優れたロングロッドを使いたい。長さは最低8ft、できれば8.4ftは欲しいところだ。

ロッド
ゼスタ
ランウェイ SLS S84

ライン
PE 0.3号

リーダー
フロロ 8Lb

リール
ダイワ
セルテート
2510PE-H

リグ
ゼスタ
アフターバーナーミニ、
スロービー、
マイクロビー、
ランウェイターボSLSチューンド

青物から根魚まで楽しめる、ランウェイ SLS シリーズ（ゼスタ）。
テクニカルに攻めたいときは「S84」がおすすめ。

メッキとマイクロメタルジグは、サイズ・泳層・スピードなどあらゆる要素がかみ合った、最高の組み合わせといえる。

# 09 堤防のメッキ

南の海には、ロウニンアジ・カスミアジ・ギンガメアジといった大型のアジが生息しているが、その幼魚の一部は北上し、日本列島に接岸してくる。ありとあらゆるルアーを食ってくるこれらの幼魚は「メッキ」と呼ばれる。

## 表層、中層、底層 あらゆる層で貪欲にルアーを襲う

### メッキというサカナの正体

南の海を生息域とする、ロウニンアジ・カスミアジ・ギンガメアジといった「トレバリー」と呼ばれる大型のアジは、アジのような色とウロコ、そしてタイのように平たい体型を持つ。青物ならではの強い筋肉が、タイのように上下の幅がある体にたくさんついているので、その引きは当然強烈だ。これを20㎝以上のプラグ、100gにも達するメタルジグを投げて狙う釣りは、海のルアーフィッシングにおける最高峰とされる「トレバリー・ゲーム」と称される。

これらトレバリーのなかには、幼魚のうちに黒潮に乗って北西し、九州より北の日本列島に接岸してくるものがいる。夏の終わりから秋にかけ、東は房総半島、西は九州南部の太平洋側という広い範囲で、これらの幼魚は盛んに釣れるようになる。まるで金属メッキを施したかのようなギラギラした魚体から「メッキ」と称されるようになったのが1990年代初頭。それ以来、夏から秋にかけての風物詩として、各地のアングラーに親しまれるようになった。

### なんでも釣れる！ すごく引く！

これらのメッキだが、本来の生息域は南の海のため、日本近海における冬の低水温には耐えられず、ほとんどが死滅してしまう。夏には体長数㎝から手のひらサイズ、秋の終わりごろには30㎝前後にまで成長する

が、そこまで成長する時期になると水温の低下が始まって徐々に数を減らし始め、年末になるとほぼ全滅してしまう。よって8～12月と、シーズンは短めだ。

　その一方で、人間でいえば小学生～高校生という成長期に相当するため、ルアーを目にすれば見境なく食ってくる。プラグ、ワーム、そしてメタルジグと、あらゆるルアーで釣れるといっても過言ではない。

　また、あらゆる魚種のなかでもトップクラスの遊泳力を持つトレバリーの子供だけに、小さいうちから瞬発力、持続力ともに優れた身体能力を持つ。手のひらサイズのうちから、手元にビシビシと伝わるような激しいアタリを見せたあと、グイグイとラインを引っ張っていくほどだ。ルアーを選り好みせず、一度掛かれば鋭い引きで楽しませてくれるとあれば、これはもう狙うしかないだろう。

小河川の河口部は、メッキの定番ポイント。風・潮・ベイトなどなんらかの変化があれば、昼間でもチャンスは到来する。

**ワンポイントアドバイス**

## メッキの泳層を直撃！

　明るい時間帯は停泊船の陰や岸壁の際、沖の底層などを狙っていく。底層までメタルジグを沈めたら、リーリングやジャークで誘いを入れ、その後のフォールでバイトを取っていく。

　夜間の常夜灯周りでは、表層を意識しつつ、常夜灯や岸壁が作り出した明暗の境を中心に探っていく。ベイトが追われていれば、ティップをチョンチョンとアクションさせながら、表層をリトリーブすると効果的だ。

　昼・夜とも、どの泳層でヒットしてきたかを意識して探っていくことが肝心だ。

昼間、メッキが見えているようなら表層、そうでなければ底層を、まず探ってみよう。

夜は岸壁の際に生じた「明暗の境」が狙い目。これはメッキに限らず、多くのサカナに共通している。

3cm前後のメタルジグなら、20cmに満たないメッキの口にも余裕で入る。

## オススメルアー SELECTION

### 指先サイズのマイクロメタルジグで

狙うメッキのサイズにもよるが、秋の盛期に15～20cmの個体を狙うのであれば、マイクロメタルジグのなかでもさらに小さな、1～3ｇのものがおすすめだ。このサイズなら、ロッドを立てて巻けば表層を探れるし、底層まで瞬時に沈めきることもできる。

Ｚビット（Zeake）。名前の頭についた「Z」は「zinc」、つまり亜鉛を素材に用いている証だ。一般的な鉛素材より比重が軽いため、沈下の際じっくりと誘うことができる。メッキ狙いであれば、1～3ｇがちょうどいい。

### メタルジグの強みが生きる

だが、いくらルアーを選り好みしないとはいえ、それはあくまでメッキが見える位置までルアーを持っていけたら、という条件があってのことだ。これはメッキに限った話ではないが、サカナがいないところ、見えないところにルアーを投げたところで、サカナは思うように釣れない。

少し厄介なことに、メッキは泳層を選ばないサカナである。表層から底層まで、エサがいる層にならどこでもいるし、どこでも食ってくる。そしてその泳層を、コロコロと変えるサカナでもある。

この上下に忙しく動くメッキを仕留めるのに最適なルアーがメタルジグだ。それも、日本近海に回遊してきたサイズがひとくちで食べられるような、7g以下のマイクロメタルジグがいい。

# オススメタックル SELECTION

## ライトゲーム用をほぼ流用

マイクロメタルジグでメッキを狙うにあたっては、5フィートから7フィートのライトゲームロッドが必須となる。これに、2000番から3000番クラスのドラグ性能に優れたリールをセットする。

マイクロメタルジグのフォールスピードや飛距離を考慮し、メインラインはPEの0.4号がベスト。良型のメッキ、そして思いがけないサイズのゲストが来ても、無理なく攻略できるタックルバランスといえる。

ラインとリーダーは、細いPEとフロロカーボンショックリーダーを組み合わせる。

5～7ftのライトゲーム用ロッドであれば、たいてい使い回せる。一方リールは、ドラグ性能がそれなりに求められるため、できれば予算面で妥協したくない。

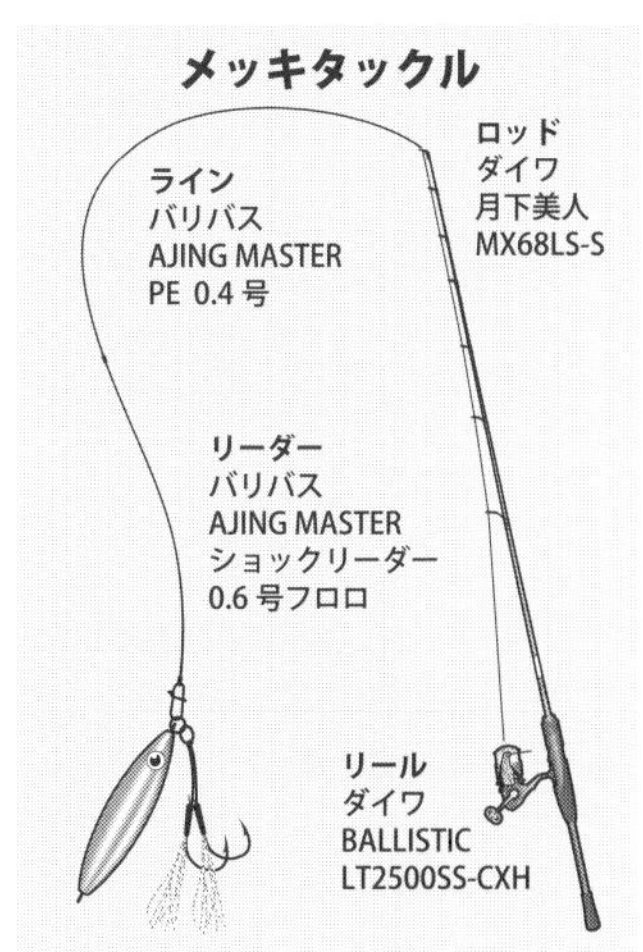


メタルジグであれば、表層を探ろうとして投げたあと、予定を瞬時に変更して中層、底層と柔軟に探ることもできる。また、メッキが好むスピーディーな動きは、メタルジグが最も得意とするところだ。

なおメッキは、朝マヅメから日没以降まで、丸一日がチャンスとなり得るという点も、うれしいサカナである。マヅメに集中して勝負してもいいし、散歩がてら一日歩き回ってチャンスを待ってもいい。各自好きなペースで楽しめるのがメッキゲームという釣りだ。

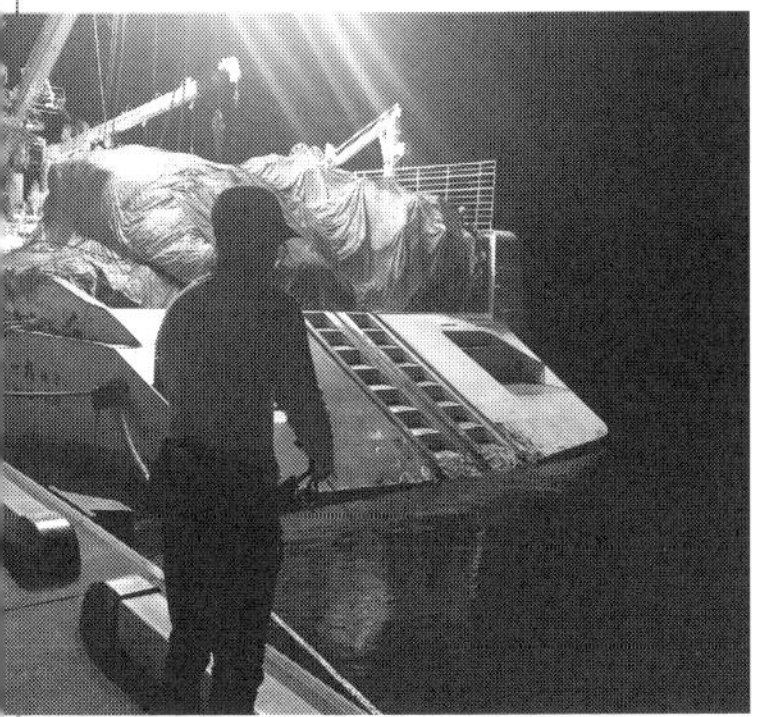
アジの仲間だけに、アジングでよく行くような夜の漁港でも、よく釣れる。

小気味いい引きで我々を楽しませてくれた、あのかわいいメッキの面影はすでにない。ここにいるのは、40ｇのメタルジグを丸呑みするような怪物だ。

# 10 磯の大型メッキ

**南の海から日本近海に回遊してきたメッキのなかには、冬になっても死滅せず成長を続け、親である「トレバリー」と呼んでもいい大きさとパワーを持ったものが出始める。こんな怪物を仕留めよう！**

## 「ライト」と呼べそうなぎりぎりのタックルと装備

### 生き残る条件とは？

夏から秋にかけ、南の海を生息域とする「トレバリー」と呼ばれる大型のアジの幼魚はメッキと呼ばれ、マイクロショアジギングをはじめとするライトルアーゲームで楽しめる恰好の相手だということは、他のページでも述べた。そしてそれらのメッキは、秋が深まるにつれ、本来の生息域より低い日本近海の水温に耐えられなくなっていき、やがてはそのほとんどが死滅してしまうという点にも触れた。

だが、九州南部のように、本来の生息域と水温がさほど変わらない温暖な地域にたどり着いたり、それ以外の地域でも、工場や発電所などの温排水に居場所を確保できたメッキは、その限りではない。冬でも死滅せず成長を続け、やがては親であるトレバリーを彷彿させるサイズとパワーを持つモンスターとなる。

### それなりの運動も時には要求される

この成長した「元メッキ」のサイズは、だいたい50～60㎝。こうなるともはや、メッキ相手に使っていたマイクロショアジギングタックルでは手に負えない。30～40ｇのメタルジグをスムーズに扱える、ライトショアジギングタックルが欲しい。

またポイントも、堤防で釣れないこともないが、ゴロタやサーフ、小規模な磯といった、メッキに比べてやや難易度が上がる場所が中心になる。本格的なショアジギングのよう

ワンポイントアドバイス

## メタルジグの形状に応じたアクションで

メタルジグの形状に合わせて、ロッドをどう動かしてメタルジグを水中でどう動かすか、それも変わっていく。

スロー系のメタルジグは、フォールアクションで誘うのがベストだ。一方リアバランスのメタルジグは、巻いた際に発生する泳ぎが最大の武器になる。

いずれの場合も、狙ったレンジを長くキープできるリトリーブスピードを維持することで、より釣果が挙がるようになる。

それぞれの形状に合わせたロッドアクションで、メタルジグの性能をとことん引き出してやろう。

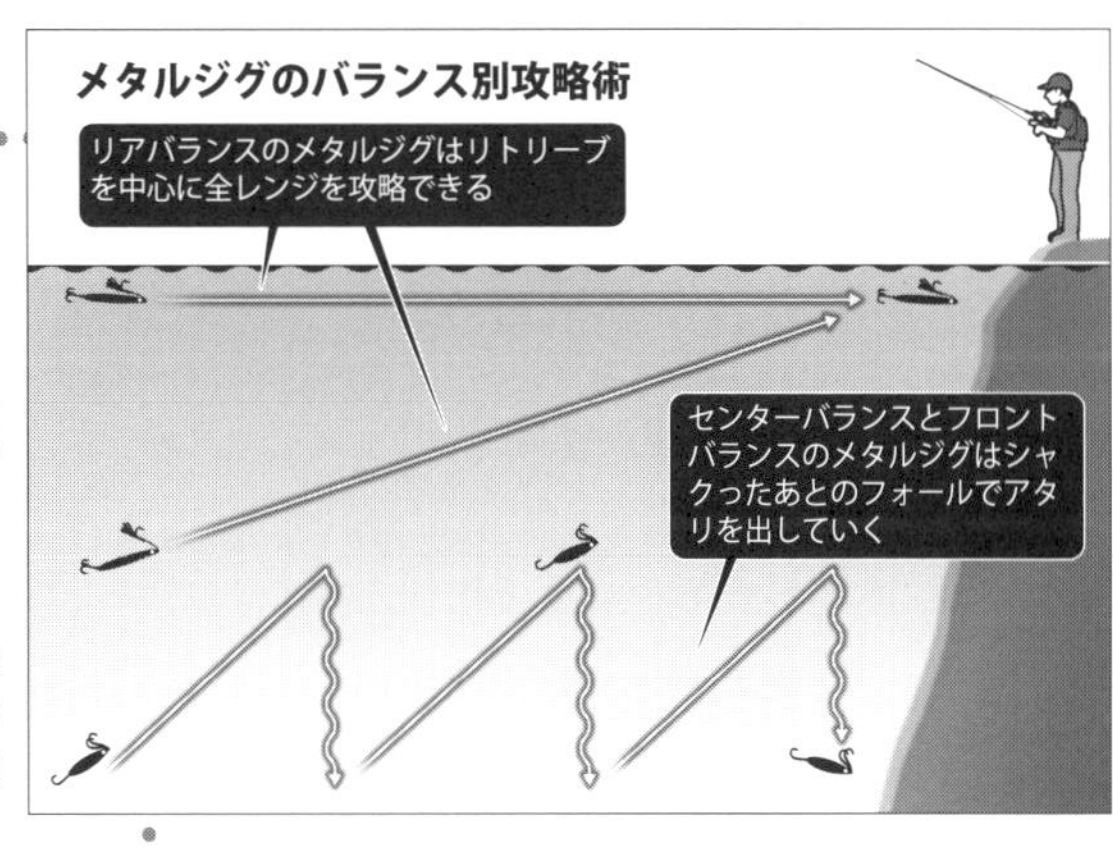


堤防でも釣れないことはないが、ちょっと足を伸ばして、磯やサーフ、ゴロタといった場所で釣るのがおすすめ。

な装備やトレーニングはさすがに必要ないが、普通の体力を持つ大人が、休日を楽しめるぎりぎりのキツさとなる運動が要求されることは、しばしばある。本格的なショアジギングと、お手軽なライトショアジギング。ちょうどその境目に位置するのが、この大型メッキ狙いのライトショアジギングだ。

なお、この大型メッキが狙えるような時期とポイントは、ワラサやサワラといった、日本在来の青物もよく釣れる。これらの中～大型青物が回ってきた際に対処するためにも、「ライト」と呼べるぎりぎりの範囲のパワーを持ったタックルを手にしておくことが望ましい。また、いつ予想外の大物が掛かっても冷静に対処できる心の準備も、忘れず済ませておきたい。相手は、ライトショアジギング最強のサカナ。くれぐれも油断は禁物である。

大型メッキは口も大きく、メタルジグにも威勢よく噛み付いてくる。

## オススメルアー SELECTION

### メタルジグをタイプ別に分けてみよう

大型のメッキをメタルジグで狙う際は、メタルジグをタイプ別に分け、それぞれに応じた状況や使い方を整理しておくことをおすすめする。重心バランスの違いによる使い分けが、その典型だ。

前方に重心があるフロントバランスなら、巻き始めの立ち上がりの動きがよく、着底すぐのバイトに対応できる。中央に重心があるセンターバランスなら、フォール時にバイトが集中する。そして後方に重心があるリアバランスは、素早いフォールと小刻みなアクションを得意とするので、高活性な魚とのやり取りで、手返しよく誘っていくことができる。

リアバランスで圧倒的な飛距離を生み出すジグパラジェット（メジャークラフト）。

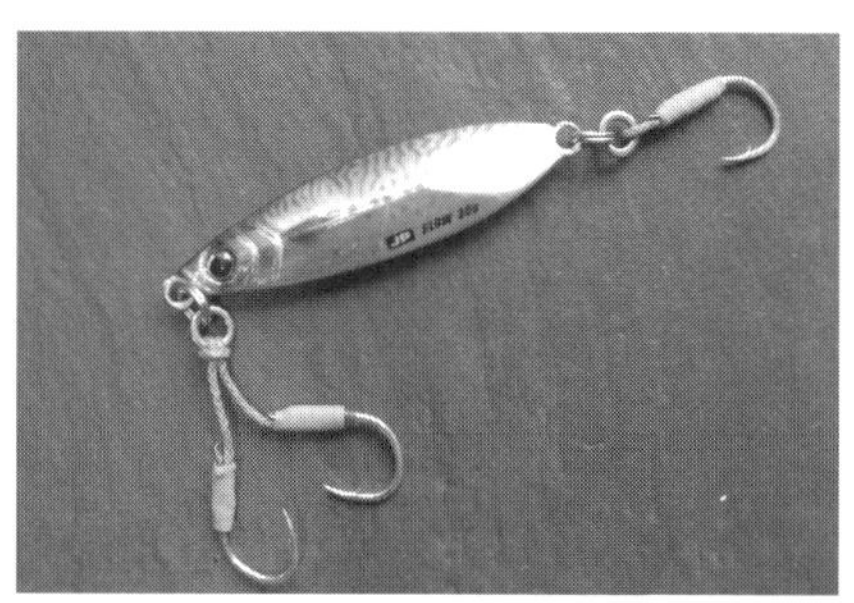

スロージギング用に開発されたセンターバランスのジグパラスロー（メジャークラフト）。

### 2つの系統を使い分ける

この大型メッキを狙うにあたって、使用するメタルジグのコンセプトは、大きく2つに分けられる。ゆっくりフォールしていくもので、サカナにメタルジグをじっくり見せて探るか、それともよく飛びよく沈むメタルジグで、沈みも泳ぎもスピーディにこなすかというものだ。

大型メッキは、小型のときと同様、表層から底層まで泳層を選ばない。よって、その場でどの泳層にいるか、すぐ把握できない場合も多い。こんなときは、ゆっくりフォールするメタルジグを使い、表層から順に探っていこう。これは、サカナの活性が低いとき、あるいは水温や水質の急激な変化があったときにも有効だ。

一方、居場所や泳層がわかっているときは、後方重心でよく飛ぶタイプのメタルジグを選び、より速く、

## オススメタックル SELECTION

### ガチ仕様一歩手前!?

扱うメタルジグは30～40g、狙うサカナは50～70㎝前後となれば、ライトショアジギングタックルのなかでも、最大級のパワーを持つものが欲しい。

ロッドは、ライトショアジギング専用のものが、ほぼ必須。またリールも4000番前後と大型で、ドラグが高性能なものが望ましい。

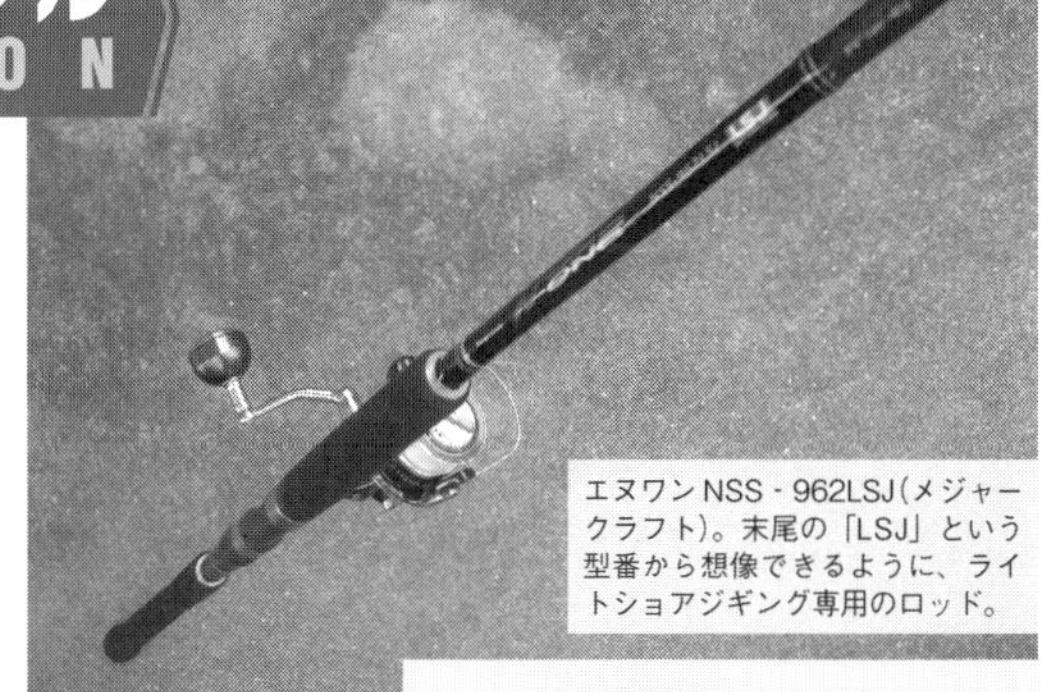

エヌワンNSS-962LSJ(メジャークラフト)。末尾の「LSJ」という型番から想像できるように、ライトショアジギング専用のロッド。

ステラSW4000（シマノ）。数字の前についた「SW」はSalt Water、つまり海の釣りに完全対応した仕様を表す。海水によるサビ対策、大型魚が掛かったときの確実なドラグや巻き取り性能などが、通常のモデルより強化されている。

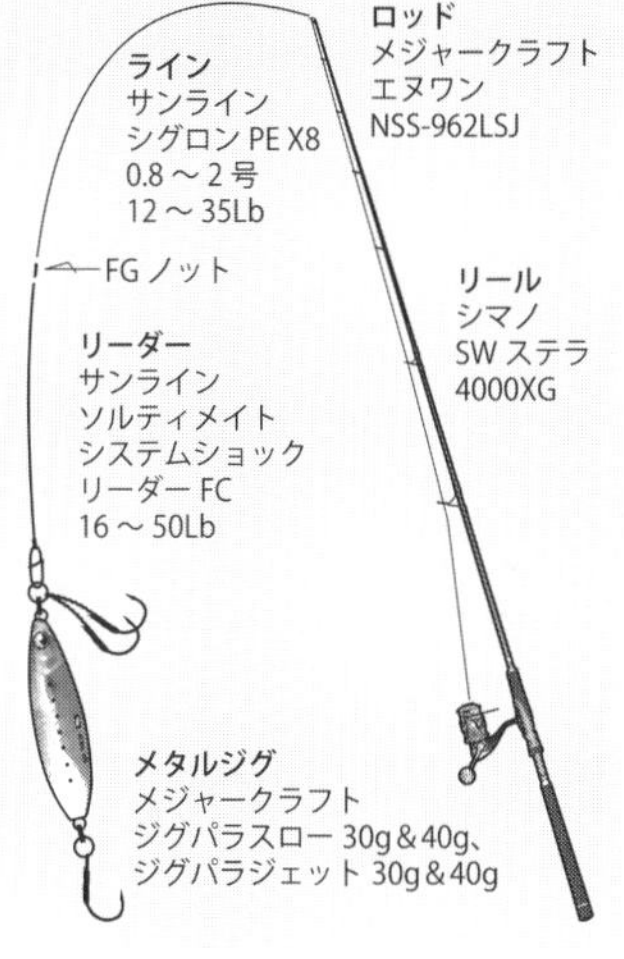

大型を狙っていたら、本来のサイズ（？）のメッキが同時に食ってきた。季節によっては、このように大型と通常サイズが混在することもある。

より遠くを探るという釣り方でいいだろう。後方重心のメタルジグには、泳ぐ際にあえて重心を微妙に崩し、生命感あふれる動きを出せるように設計されたものもあるので、もし目にしたら積極的に試してみたい。

メタルジグの重量は、スローなものなら30g、スピード重視のものなら40gが、それぞれベスト。これ以上のサイズでも釣れるが、そうなると前述した「一般的な大人が、休日に楽しめる範囲内」を越えるおそれがある。翌日以降に支障をきたさないためにも、このぐらいの重量で抑えておいたほうが無難だ。

# 11 ゴロタのシイラ

いかにも肉食魚という、この面構え。このいかつさに恥じない暴れっぷりと積極性が、シイラが人気である秘密だ。

梅雨入りしたあたりから、太平洋岸の各所では、ライトショアジギングによるシイラの釣果が聞こえ始める。日本列島の沿岸で釣れる青物のなかでも、突出した遊泳スピードを見せるサカナだ。縦横無尽に走り回る金色の魚体を、どう仕留めるのか？

## 岸でも沖でも大人気 ガンガン食ってとにかく走る！

### 梅雨入り前後が開幕戦

毎年梅雨入り前後になると、海の中も冬の低水温から脱し、完全に夏の高水温へと移行する。このタイミングで、イワシや小サバといった小魚が、漁港回りやワンドなどを回遊しはじめるが、これを捕食するため、同じく岸近くまで押し寄せてくるのが、ここでの主役・シイラだ。

シイラは、他の青物であるイナダやカンパチより個体数は少ないものの、貪欲さに関しては、一歩抜きん出ている。他の青物が食うのをためらうような大きなルアーでも、目の前に落とせば、ものすごい勢いで食いついてくるほどだ。複数の青物が混在する状況で、最初に食ってくるのはシイラ、と断言してもいい。

### 縦横無尽ということは……⁉

このシイラ、一度ヒットすると、それこそ縦横無尽に暴れまわる。ときには水面から飛び出し、金色の魚体を派手に空中へさらすこともある。この豪快な暴れっぷりから、船のジギングやキャスティングゲームでも大人気のサカナだ。

だがこのシイラには、ひとつだけ弱点がある。それは縦横無尽の「縦横」に、上下の動きが含まれていない、という点だ。暴れることは暴れるが、時折水面から飛び出す程度で、アングラーにとっては一番してほしくない行動である「海底に向かって突っ込む」という暴れ方を、まず見せないのだ。

よってヒットしたら、カンパチ相

手のように、速攻の力勝負を仕掛ける必要はない。最初はドラグを出されて走り回られるが、極端な話、なんの障害物もない水中を走り回っているだけなので、ラインやリーダーを切られる心配はない。ある程度好きに暴れさせ、疲れたところを見計らってこちらから仕掛け、寄せたのちに取り込む。これで、こちらの完全勝利だ。

ワンポイントアドバイス

## 潮目を意識した狙い方で

シイラの回遊ルートは潮目に沿っているため、外洋を流れる潮目の先に向けてフルキャストし、表層から中層にかけてルアーをトレースしながら誘っていくといいだろう。

ベイトがいれば、跳ねながら追いかけているのが見える。その時こそチャンスだ。着水してからカウント５ぐらい入れたのち、速引きジャークアクションで誘いを入れていく。ヒットすれば確実にジャンプするので、その瞬間を見逃さないようにしたい。

バット（根元）まで曲げるつもりで、メタルジグの重量をロッドに乗せてからキャストしよう。

メタルジグが着水したら、まずロッドが45度前後になるよう構える。こうしておけば、上にも下にもロッドティップを動かせるので、臨機応変にアクションが入れられるようになる。

ライトショアジギングでも、80㎝までなら普通に釣れる。このサイズが海面近くで暴れまわる様は、まさに圧巻のひとことだ。

R-サーディン（Zeake）。シイラ狙いなら、メタルジグが底につく前にアクション開始。着水後５～10数えたあたりで、ジャークとリーリングを入れて誘う。

## オススメルアー SELECTION

### 飛距離を稼げて、かつコントロールしやすいルアーで

ライトショアジギングでは標準的な40ｇを起点に、ポイントが遠い場合、あるいは想定サイズが大きい場合に備えて、60ｇのメタルジグを用意しておくのがおすすめだ。

表層から中層を好むサカナなので、一般的な青物狙いのように、メタルジグを底まで沈めきる必要は、あまりない。よく飛ぶこと、ロッドアクションで自在に操作ができること、タダ巻きでもなんらかのアクションを出して誘ってくれること。これらを満たしたメタルジグが、シイラには効く。

また、同じタックルでそのまま使い回せる、トップウォータープラグを持っていってもいいだろう。

20～40ｇのメタルジグを、プラケースにまとめて収納。似たようなサイズのメタルジグは、同じケースに入れておけば、現場で迷わずすぐ出せる。

## ポイント到達が一番の難関

ライトショアジギングでのシイラ狙いで最大の難点、それはポイントの選定だ。ベイトを追って岸近くに寄ってきているとはいえ、シイラは本来外洋に生息するサカナである。ベイトが大量に接岸しないと、なかなか岸からのキャスティングで届く範囲には入ってこない。

ならば、こちらから近づいてやればいい。沖に向かって大きく突き出した堤防の先端部や、同じような形状で沖に近くなった磯などに、自分の足で歩いていくのだ。

あまり歩きたくない……という方は、クルマなり公共交通機関なりで、とにかく南、とにかく外洋近くを、まず目指そう。そして現地に着いたら、釣り座まで歩かなくて済むような急深サーフ、ゴロタ、空いていそうな堤防を探して、そこで釣ればい

い。陸の釣り場でも、船の釣りと同じような水質・水深・流れになるような場所は、探すと意外と多い。そこまでたどり着くのは楽とは断言できないが、着いてからシイラの魚影を発見しようものなら、もう釣れたも同然と思っていい。

あとは、青物のなかでも突出した積極性と身体能力を、とことん堪能するだけである。釣り場に着いて、キャストで届く範囲にシイラを見つけた段階で、この釣りは半分完結している。メタルジグを思い切り投げ、ウイニングランを楽しむ感覚で、気軽に待とう。

ポイントにようやく到達。あとはシイラの魚影が確認できれば勝ったも同然だ。

## オススメタックル SELECTION

### これぞ王道 ライトショアジギングタックル

シイラが回遊してくるようなシーズンとポイントでは、シイラ以外にも多くの大型青物が回遊してくる。シイラと違い、底へ突っ込もうとする正体不明の相手が、いつくるかもわからない。ときには強引なファイトも要求されるため、それに対応する強靭なロッドと、そのパワーに合ったライン、そしてリールが必要不可欠となる。

40～60ｇのメタルジグをストレスなく扱えるロッドであれば、この条件はたいてい自動的に満たされる。あとはラインとリーダーの組み合わせを間違えなければ、あまり深く考える必要もないだろう。

ぜいたくをいえば、小型の青物や根魚を釣ってお土産を確保するための、小型～中型用ライトタックルも用意しておきたい。

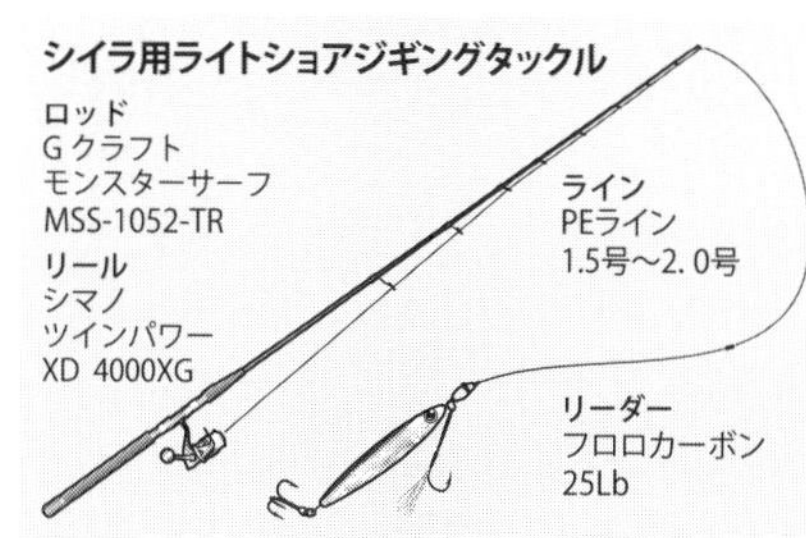

ラインは、シイラ狙いのライトショアジギングであれば、PE1.5～2.0号。小型・中型相手なら、1ランク細い1.0号が合う。

持ち運ぶ手間はかかるが、本命用のライトショアジギングタックル、お土産確保用のスーパーライトショアジギングタックルの2本があると、より楽しく一日を過ごせる。

# 12 急深サーフのカンパチ&ハタ

青物でありながら、底のストラクチャーが大好きなカンパチ。根掛かりとラインブレイクをうまく避けてヒットさせた。

**急深のサーフは、それ自体がエサとなる小魚を呼び寄せ、そして定着させる役割を果たす。その小魚を狙って青物が寄り、さらには根魚であるハタまでもが、いつの間にか定着することすらある。青物と根魚の豪華二本立てを楽しむ秘訣を大公開！**

## ストラクチャーがサカナを寄せて居着かせる

### サカナが集まる場所、「ストラクチャー」とは？

サーフはエサとなる小魚、いわゆるベイトもよく回遊し、それを狙って青物などの肉食魚も寄ってくる。だが、こういったベイトの回遊以外にも、急深サーフでカケアガリができていたり、水中にゴロゴロと岩が転がっていたり、海藻がまるで森のように生い茂っていたりといった具合に、何らかの地形的な変化があれば、そこに肉食魚が集まってくる可能性がある。

この地形的な変化をまとめて「ストラクチャー」と呼ぶ。ストラクチャーはサーフに限らず、漁港や堤防、磯といった、あらゆる釣りのフィールドに存在する。ただしその規模や密度によって、ベイトがたまに足を止める程度に留まるか、それとも肉食魚が大量に居座るか、集魚力がだいぶ違ってくることは覚えておこう。

### 青物と根魚。欲張りプランでまとめて狙ってみよう！

急深サーフ、あるいは遠浅でも障害物が多数点在するサーフは、ストラクチャーが形成された状態といえるようになる。ベイトの回遊がなくとも肉食魚が寄ってきて、そのストラクチャーに居着くことも、よくある。青物でも特に、根魚と同じくらい底層を好むカンパチは、その代表といえる。

一方、根魚であるキジハタ・オオモンハタをはじめとしたハタ類も、

ワンポイントアドバイス

## 時間と流れに合わせてレンジを変える

マヅメ時はベイトの活性も高く、青物も頻繁に岸近くに寄ってくる。こうなると、ストラクチャーに頼らなくとも、十分チャンスは作れる。ブレイクなどを意識せず、表層から中層をメインに、カウントダウンを入れながら、レンジを変えて攻めていこう。表層でベイトが追われて波紋が出たり、ベイトがうろうろしていたら、これはもう釣れたも同然だ。

一方、日が昇り、潮の動きが遅くなったら、本格的にストラクチャーを意識する番だ。ブレイクを中心に、そこについているであろうハタ狙いに切り替えてみよう。ブレイクの壁面に沿ってメタルジグを沈めたり、底から２ｍ前後の泳層を中心に、リフト&フォールで探っていくといいだろう。

マヅメの表層狙いでは、カンパチやハタより先に、ワカシやイナダといったブリの幼魚が釣れてくる。このワカシが釣れなくなったら、いよいよストラクチャー狙いだ。

根魚でありながら砂地を好み、ベイトを追って頻繁に移動するオオモンハタは、カンパチと生息域がよく重なる。つまり、二本立てが可能ということだ。

ストラクチャー狙いが基本となる。

つまり、こういったストラクチャーを中心に狙えば、カンパチのような青物、ハタのような根魚が、同時に狙える可能性もあるということだ。

たとえ同時に狙えなくとも、ベイトの存在という不確定要素ではなく、ストラクチャーの有無、規模、密度で釣果が左右されるのであれば、より計画も立てやすくなる。これを利用しない手はないだろう。

Sビット（Zeake）。名称の頭にある「S」はスローのこと。ゆっくりと、不規則な軌道を描いて沈んでいく。塗装の強度も抜群。

## オススメルアー SELECTION

### 信頼できる メタルジグを積極登用

砂利の多い急深サーフでは、メタルジグは常にボロボロになる危険と隣合わせだ。底に広がる砂利にこすろうものなら、あっという間に傷つき、そこから塗装が剥げてしまう。

というわけで、急深サーフで底近くを狙いたいなら、表面の仕上げに一工夫加えたり、あるいは強力なコーティング力を持つ塗装が施されていたりといった、表面保護に信頼のおけるメタルジグを、積極的に使いたい。

20 ～ 40 gのメタルジグがあれば、40㎝前後のカンパチ、30㎝前後のハタ類をまとめて狙える。

こんな感じの砂利が、波打ち際から水中までびっしりと敷かれているようなサーフでは、メタルジグだけでなく、ラインやリーダーのこすれにも注意を払いたい。

## ブレイクの存在に注目

青物と根魚を同時に狙ううえで理想的なフィールドは、やはり急深サーフだ。急深サーフの「急深」になっているところ、つまり浅いところと深いところの境目付近には、急角度で水中にそそり立つガケのような壁面が形成されている。これを「ブレイク」と呼ぶが、肉食魚はこのブレイクにベイトを追い詰め、捕食することが多い。

根魚は、ブレイク近辺で身を隠せそうなところで、じっとチャンスを待つ。一方青物は、ベイトの存在を察知すると、回遊をやめてブレイクに急接近し、捕食行動を開始する。さらにカンパチのように、青物でありながら底層を好むサカナであれば、ブレイク付近をぐるぐると泳ぎながらチャンスを待つこともある。

つまり、急深サーフのどこにでも

こんな消波ブロックが、水中にも同じように隠れている。こんな穴に逃げ込まれたら、まずこちらの勝ち目はない。速攻あるのみだ。

20〜40gのメタルジグを扱える範囲で、一番パワーのあるものを使いたい。

## オススメタックル SELECTION

### パワータックルでゴリ押し勝負！

カンパチもハタも、強烈なファイトで楽しませてくれるが、それは同時に、ラインを切られる危険が常に発生しているということだ。特にストラクチャー近辺でやり取りする際は、ブレイクの角でラインを切られたり、水中の岩礁帯や海藻帯に逃げ込まれたりといったリスクも生じるため、難易度が一気に上がる。

かといって、水中のストラクチャーがどのくらいの規模なのか、多くの場合、アングラーは知るよしもない。となれば答えは一つ。ストラクチャーがあろうがなかろうが、ヒットしたサカナがカンパチだろうがハタだろうが、一瞬でも速く底から引き剥がし、こちらが主導権を握るしかない。ゴリ押しのできるパワータックルで、速攻勝負を決めよう。

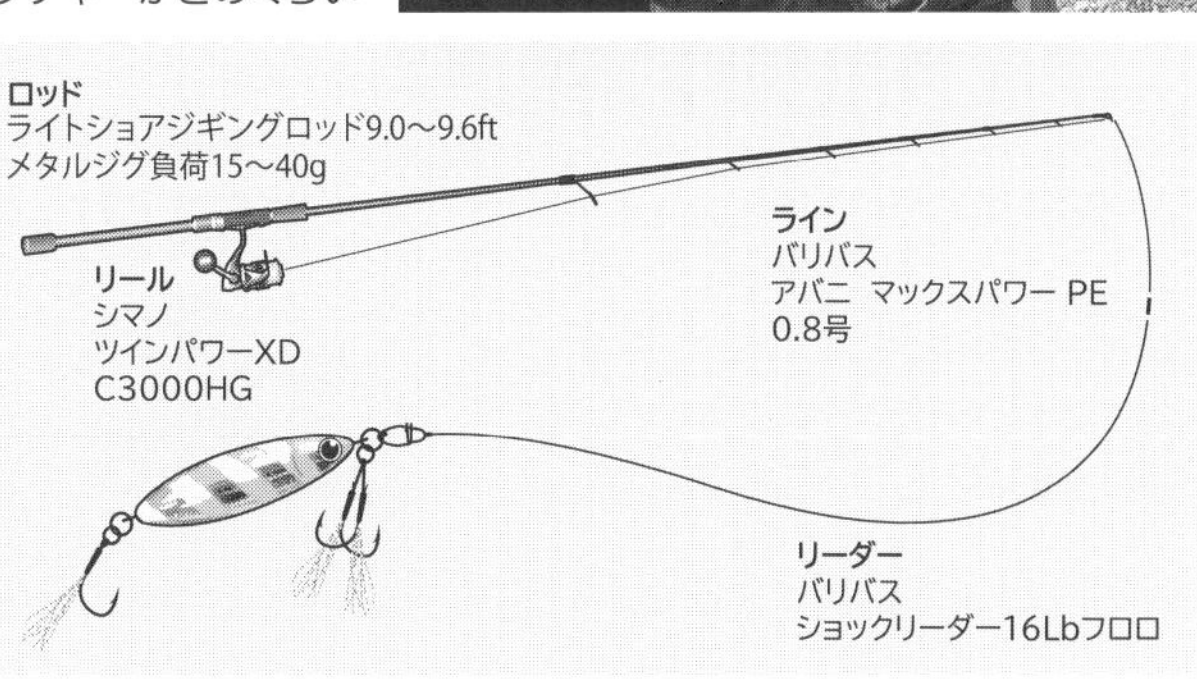


あるこのブレイクを探ることで、青物と根魚、具体的にはカンパチとハタのどちらか、ときには両方にメタルジグを見せつけ、そしてヒットに持ち込める可能性があるのだ。

ストラクチャーの意味を理解し、どんなストラクチャーにどのようにサカナが集まるのか？　ブレイク以外にもいろいろ事例を覚えていくことで、様々なケースに対処できるようになるはずだ。

岸近くのブレイク、点在する消波ブロック、そして変化のある海岸線。急深サーフは、ストラクチャーの宝庫だ。

鋭い歯と強力なアゴを持つマダイ。この口はときとして、小魚を食うために徹底的に活用される。

13

# 堤防のマダイ

**マダイがフィッシュイーターということは、意外と知られていない。小魚を食べるということは、ルアー、それもメタルジグで釣れるということ。そしてショアジギングで釣るためには、そんなマダイが岸近くに寄っている必要がある。**

## ショアでマダイを狙う5つの条件とは⁉

### 所変われば釣り方も変わる釣り場の数だけ答えがある！

マダイが小魚を食らう肉食魚である以上、メタルジグで釣れる可能性はある。現に船からのジギングでは、マダイは大人気の釣り物だ。

ならば、ショアジギングで釣れてもいいようなものだが、ショアジギングでマダイを狙う際には、いくつかの条件を揃える必要がある。その条件とは、

①潮位②潮の向き③潮の干満④時間帯⑤ルアーのサイズ

この5つだ。

いきなりでもうしわけないが、①の潮位、②の潮の向き、③の潮の干満は、ここでは断言できない。それは、それら3つの答えが、その地域・その釣り場によって違うからだ。確実にいえるのは、それぞれの釣り場に応じた正解が必ずあること、そしてそれ以外は外れであるということだ。こればかりは、目当ての釣り場へ自分で通い詰めて調べるか、釣り場でのネットワークを駆使して探し当てる必要がある。

### いつ狙う？朝夕のマヅメがオススメだ

だがここでようやく、全国どこの釣り場でも共通する明快なものをご紹介できる。それは、④の時間帯だ。

これはずばり、マヅメ一択だ。正確には、朝夕のマヅメ二択というべきだろうか。朝マヅメは、沖から大型がさしてくるため、大物狙いに適している。一方夕マヅメは、数釣りの実績

ワンポイントアドバイス

## 流れと灯りが作るマダイのポイント

この釣りでの第一のキーワードは「流れ」だ。昼夜問わず流れがある場所なら、釣れる可能性も増す。

そしてもうひとつ注目するのは「灯り」。これはナイトゲーム限定だが、常夜灯の灯りは、それだけで好条件を作り出す。この灯りに流れが絡む場所は、まさに超一級の夜釣りポイントといっていい。

ルアーをトレースする際は、流れのある場所なら、その流れに乗せてドリフト。灯りまわりであれば、明暗の境付近をリフト＆フォールというのが基本だ。

防波堤に当たる流れに沿うよう、ルアーをトレースする。

常夜灯などの灯りまわりは､明暗の境目付近を重点的に狙う。

激流を通す際は適宜リトリーブを加え、中層をドリフトさせる。

明かりと流れが揃った常夜灯下、メタルジグをドリフトさせて仕留めたマダイ。

が高いタイミングだ。

そして最後の⑤、ルアーのサイズだ。これも、明確な答えは出揃っている。ワームなら2・5インチ前後のジグヘッドリグ、そしてメタルジグなら、7g前後のマイクロメタルジグだ。

このサイズのメタルジグを扱えるロッドは、穂先も柔軟なので、マダイがバイトしてきても不要な反発を加えることなく、確実にフッキングへ持ち込んでくれる。

## オススメ ルアー&タックル SELECTION

### はじめにルアー、次にタックル

まずタックルだが、スピニングとベイト、2つの選択肢がある。

ベイトは、底近くをじっくり探るのに適している。片手でラインの出し入れを簡単に制御できるので、起伏の多い場所でメタルジグを引きずっては止め、また引きずっては止めて……という釣り方が可能になる。

一方スピニングは、流れが強い場所でルアーをドリフトさせたいとき、あるいは底狙いでもとにかく遠くへ飛ばしたいときに使う。迷ったら、扱いやすく普及率の高いスピニング1本でも問題ない。

これらのタックルを駆使し、本文中でも触れた7g前後のマイクロメタルジグを、腹をすかせたマダイにじっくり見せて、そして釣るのだ。

●ベイトタックル

<ロッド>
ベイトフィネスロッド
7.8ft

<ライン>
バリバス・
アバニジギング
マックスパワー
10×10
0.8号(PE)

<リーダー>
バリバス・
エギング
ショックリーダー
フロロ10Lb

<リール>
シマノ・ブレニアス

●スピニングタックル

<ロッド>
ライトゲーム用
スピニングロッド
8.4ft

<ライン>
バリバス・
アバニジギング
マックスパワー
10×10
0.8号(PE)

<リーダー>
バリバス・
エギング
ショックリーダー
フロロ8Lb

<リール>
シマノ・
ハイパーフォース
C2000DHG

シラスジグⅡ 5.5～8.3g（スミス）。泳がせてよし、落としてよしと、なにかと出番の多いメタルジグ。

ウォブリンS7g（スミス）。泳がせたときに本領を発揮するが、後部重心から繰り出される独特のフォール姿勢でもマダイを誘う。

### ショアのマダイは空腹だから釣れて当然!?

これらの条件が揃ってしまえば、釣るのは意外と簡単だ。本来であれば沖に生息するマダイが、ショアからのキャスティングで届く範囲内まで寄ってくるのは、空腹だからだ。岸に寄り付いた大量のベイトを、岸際という逃げ場のない場所に追い込んで、たらふく食べたいからである。

こんな空腹のマダイに、おいしそうな小魚に似せたメタルジグを見せてやれば、それはもう簡単に食いついてくる。前述した7g前後のマイクロメタルジグとは、カタクチイワシやコノシロ、キビナゴといった、マダイの大好物である小魚を再現するためのものだ。そんなマイクロメタルジグを手に、マダイゲームという新たな可能性にチャレンジしてみてはいかがだろうか。

# 第3章

# 魚種別釣り方ガイド 冬～春編

## 年末年始は第二のシーズン開幕 北風が育てた大物を狙う

秋の終わりから年末にかけて、ライトショアジギングで狙える魚は大幅に入れ替わる。暑い季節の主役だった青物とはまた違う、銀色、茶色、赤色と様々な見た目を持つ冬の魚は、意外な場所で意外なサイズが釣れることも多い。寒風や不安定な空模様に負けず、数釣り・大型狙いと、欲張って楽しんでみよう。

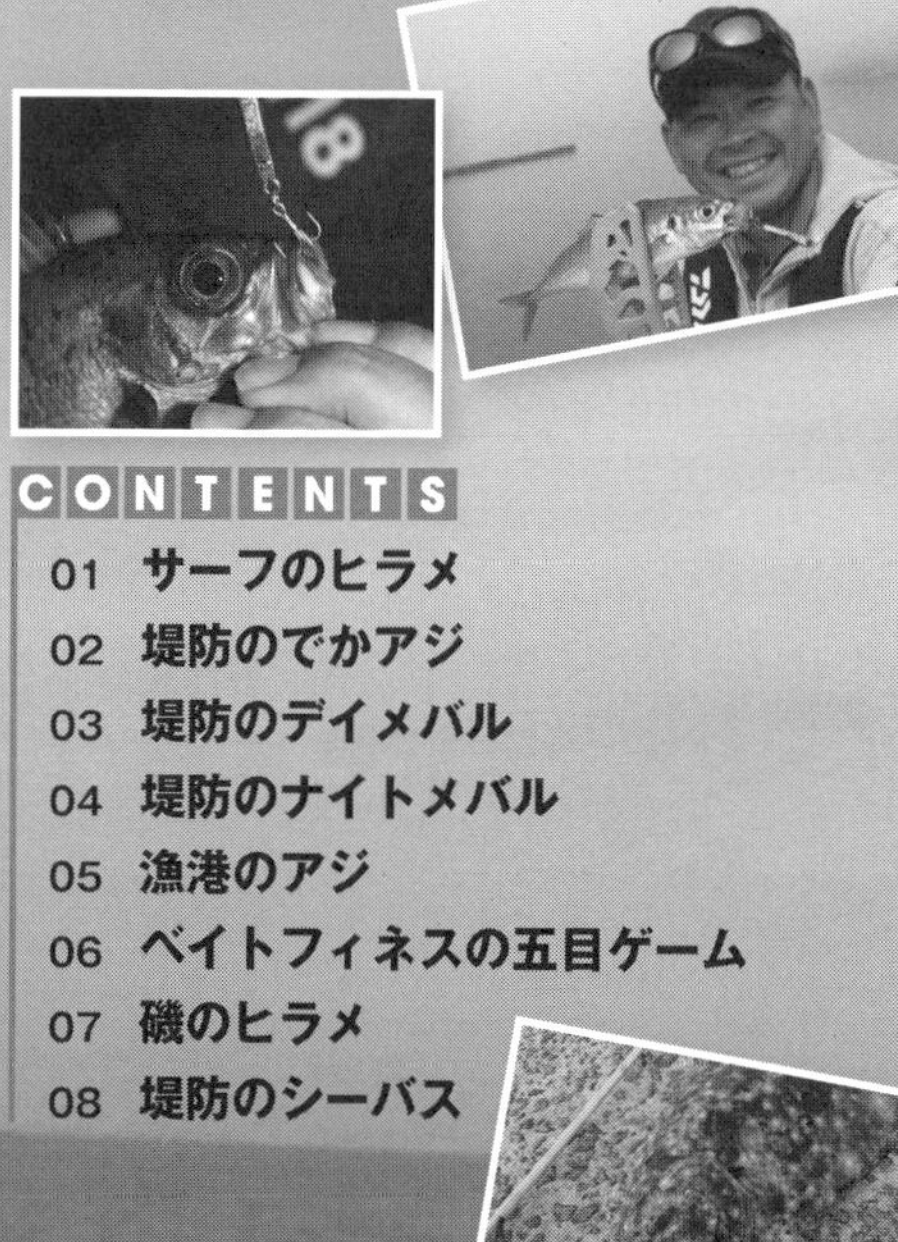

CONTENTS

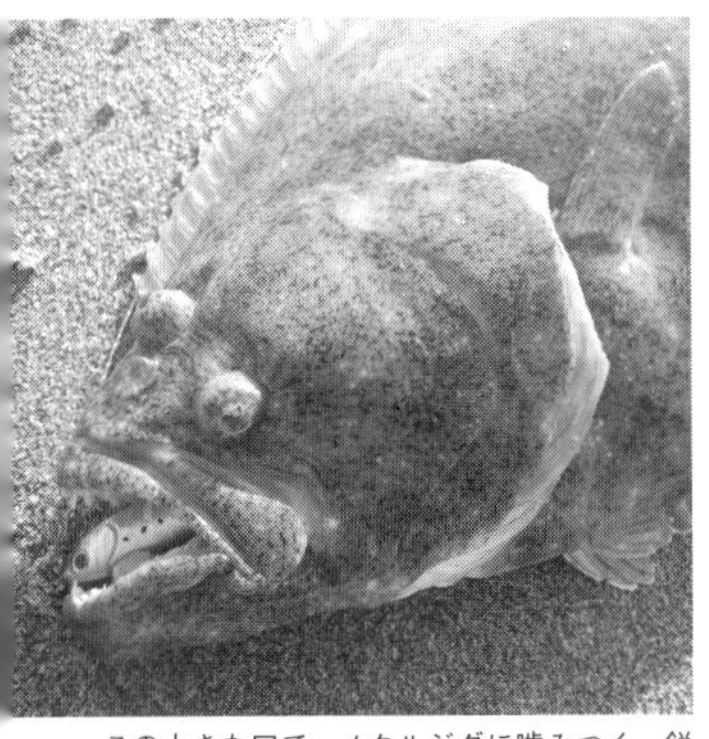
この大きな口で、メタルジグに噛みつく。鋭い歯があるので、素手を近づけないよう注意。

# 01 サーフのヒラメ

広大なサーフのどこかに潜むヒラメを、移動とキャストを繰り返して探していく。メタルジグの飛距離、そして状況を選ばない汎用性が生きるのが、サーフでのヒラメ狙いだ。ソゲと呼ばれる小型から、ザブトンと呼ばれる超大型までが対象となる。

## 水温とベイトでヒラメの釣果は決まる

### サーフではメタルジグの強みが生きる！

多くの肉食魚がそうであるように、ヒラメもまた、ベイトを追って岸際へ押し寄せてくる。ベイトを波打ち際やブレイクに追い込んで捕食するためだ。

ヒラメは肉食魚でも、特に小魚を好んで捕食するため、プラグやワーム、そしてメタルジグといったルアーでもよく釣れるが、サーフという広い面積、強い風、刻々と変わる潮の流れといった条件が揃ったフィールドでは、メタルジグの強みが最大限に生かされる。というわけで、ライトショアジギングの出番だ。

サーフの規模、狙いたいヒラメのサイズ、扱うアングラーの都合に合わせ、マイクロショアジギングからライトショアジギングまで、幅広い選択肢がある。端から端まで数分で横断できるような小規模なサーフなら、マイクロショアジギングで、波打ち際を散歩がてら探るのが楽しい。その反対に、半日がかりでないと探りきれないような大規模なサーフを、ライトショアジギングタックル片手に本気で狙うのもありだ。

### ヒラメの活性は水温と密接な関係がある

ヒラメはおもに、秋の終わりから翌年の梅雨入り前後までがシーズンとなることが多いが、これは実は正確ではない。地方や地域、釣り場の状況によって、かなり大きなズレがある。これは、水温の違いによるも

ワンポイントアドバイス

## 砂+「変化」があればポイント候補

広いサーフを、何のプランもなく投げては引いてを繰り返していては、あまりに効率が悪い。ヒラメを狙う際、真っ先に見付けるべきポイントを、重点的に探す必要がある。

それは、なにかしらの変化があるところだ。この変化とは、実は何でもいいといっていいくらい、多岐にわたる。カケアガリ、海藻帯、沈み根、流れ込み、消波ブロック……。ヒラメは、これらの変化がある場所近くに身を潜め、エサとなる小魚が上を通過するのを待ち構えているのだ。

流れ込みは典型的な「変化」だ。海水と淡水という水質や、上流から流されてきたベイトなど、様々な変化がここにはある。

サーフの端が、磯や堤防に隣接していることも多いが、この周辺も変化が豊富な有望ポイントといえる。

広大なサーフでのフルキャストは爽快だ。メタルジグの遠投性能をフルに活用しよう。

のだ。

サカナは人間と違い、太陽の動きを基準にした太陽暦、つまりカレンダーではなく、水温を基準にして、その季節ごとの行動パターンを決める。ヒラメは、特にそれが顕著なサカナだ。岸からメタルジグを含めたルアーで狙うなら、水温が14～24℃の範囲内に収まっていないと食ってこない一方で、そこからさらに絞り込んだ18～22℃の間には、ルアーを活発に追うようになる。

地方や地域、釣り場の状況によって、一年のうちの同じ時期でも水温は違ってくる。夏の高水温がまだ残っているようなら、最盛期とされる秋になってもまだ釣れないこともあるし、逆に水温が下がりきっていなければ、真冬の厳寒期に盛んに釣れたりする。ヒラメを釣りに行くプランを立てる際は、陸上の気候やカレンダーの月日に惑わされず、行こうとしている釣り場の水温をまず把握しておきたい。

自力でフックをセッティングする際は、ハリ先が下を向くように設定するといいだろう。

## オススメルアー SELECTION

### 下からの食い上げに備える

ヒラメは海底近くに潜み、上を通るベイトめがけて、下から噛みつくようにして捕食する。このあたりは、頭から丸呑みする青物、後ろから吸い込むように丸呑みするアジなどとは、まったく違う捕食方法だ。

このためメタルジグを選ぶ際は、下からかじられた際、フックがよく刺さるようなものを選ぼう。ベストなのは、サーフからのキャスティング用と銘打って販売されているタイプだ。こういったメタルジグは、浅い水深でも確実にフォール時にアピールし、下から食ってきたヒラメをガッチリとハリ掛かりさせるよう、下方向、あるいは下向きにハリ先が向くように、フックがセッティングされていることが多い。また着水後、腹部が確実に下になるよう、きっちり重心が設定されているモデルも多いので、底近くに潜むヒラメへのアピールが、より有効なものとなる。

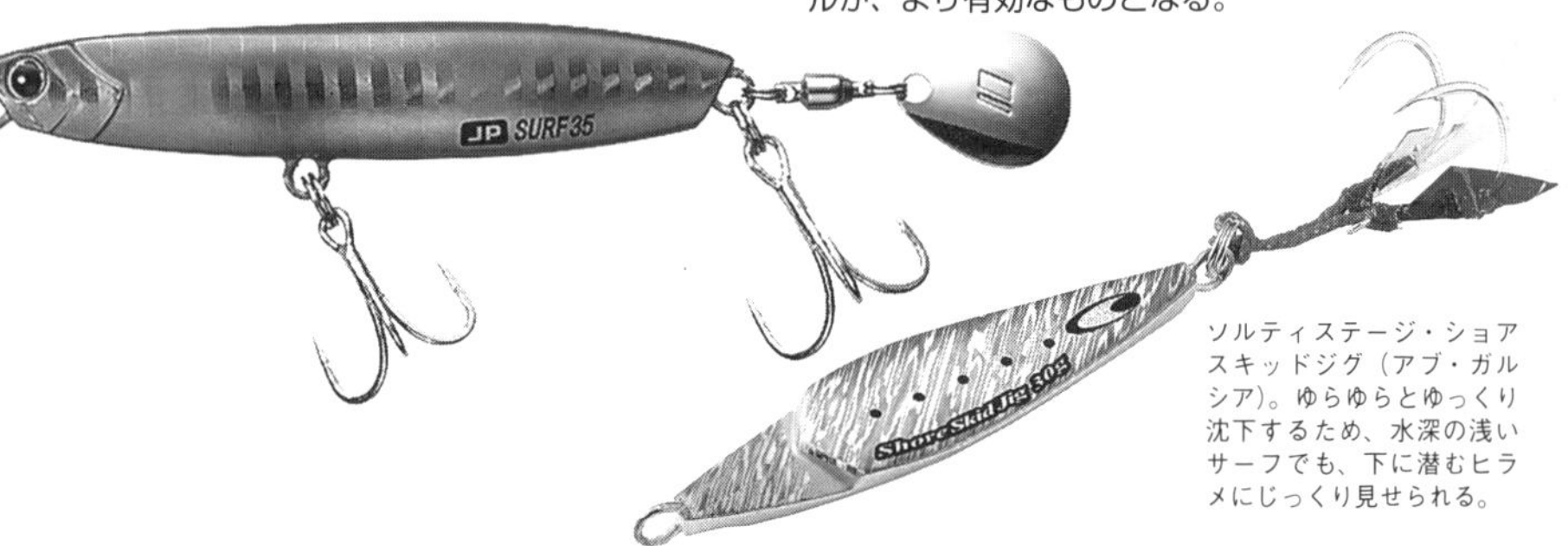


ジグパラサーフ（メジャークラフト）。フックの数や位置はプラグを思わせるものだが、これもメタルジグ。下からの食い上げに完全対応。

ソルティステージ・ショアスキッドジグ（アブ・ガルシア）。ゆらゆらとゆっくり沈下するため、水深の浅いサーフでも、下に潜むヒラメにじっくり見せられる。

## 水温の次はベイトだ

目的地の水温が14～24℃、理想をいえば18～22℃の範囲に収まっているようなら、第一条件はクリアだ。次はベイトの有無、そしてその種類と量を確認しよう。

本来は沖に生息しているヒラメが、ショアからメタルジグを投げて届く範囲に寄ってくるためには、多くのサカナがそうであるように、ベイトが必須条件となる。イワシやコノシロ、サッパといった回遊性の強い小魚のほか、キスやハゼといった底を好む定着性の強いサカナ、時には小魚ではない甲殻類が、岸際まで群れを作って寄ってきているようなら、釣果はもうすぐそこだ。水温とベイトが揃ったら、現地へ行ってキャストを開始するゴーサインが出た、と思っていい。

ベイトだけ、水温だけ、あるいは

## オススメタックル SELECTION

### 迷ったらスーパーライトショアジギング用で

最小で手のひらサイズ、最大で80cmと、ショアジギングで釣れるヒラメのサイズは実に幅広い。全部をもれなくカバーしようと思ったら、マイクロショアジギング用・スーパーライトショアジギング用・ライトショアジギング用と、最低３セットのタックルが必要になる。

さすがにそれは厳しいな、というのであれば、中をとって、スーパーライトショアジギング用を選ぶといいだろう。7～30ｇという範囲内のメタルジグを扱えるスーパーライトショアジギングなら、30～40cmと一番数釣りが有望なサイズを楽しく釣るのにちょうどいい。もし大物が掛かっても、じっくり腰を据えてやり取りすれば、60cm前後までなら十分対応可能だ。

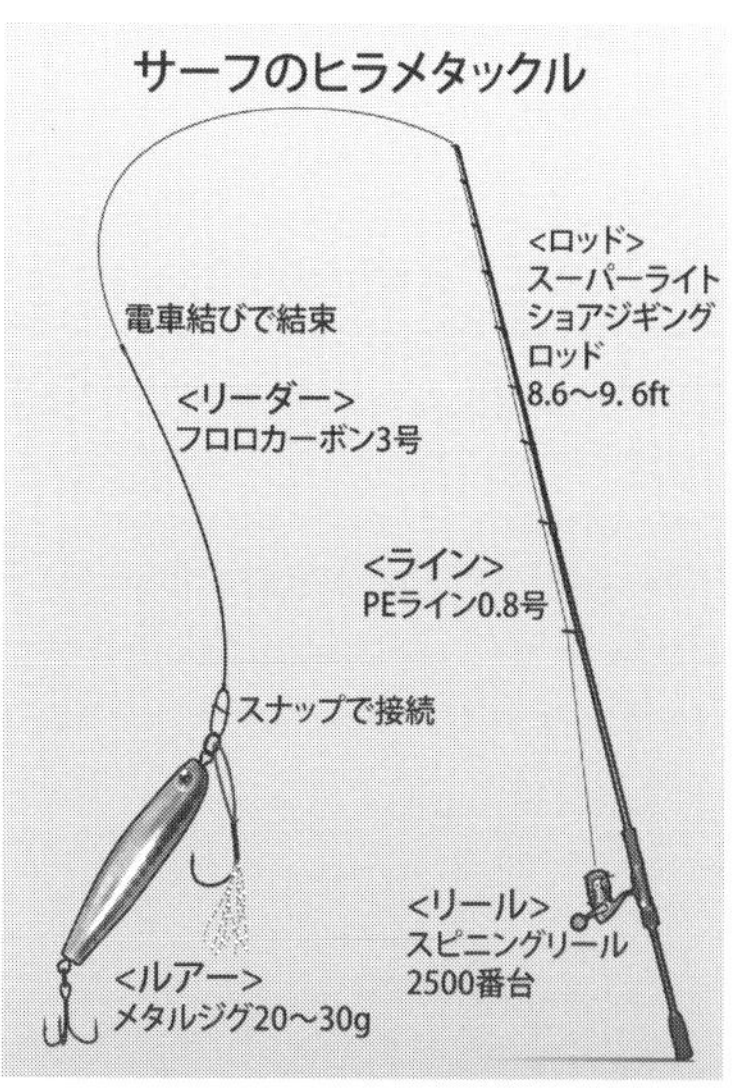




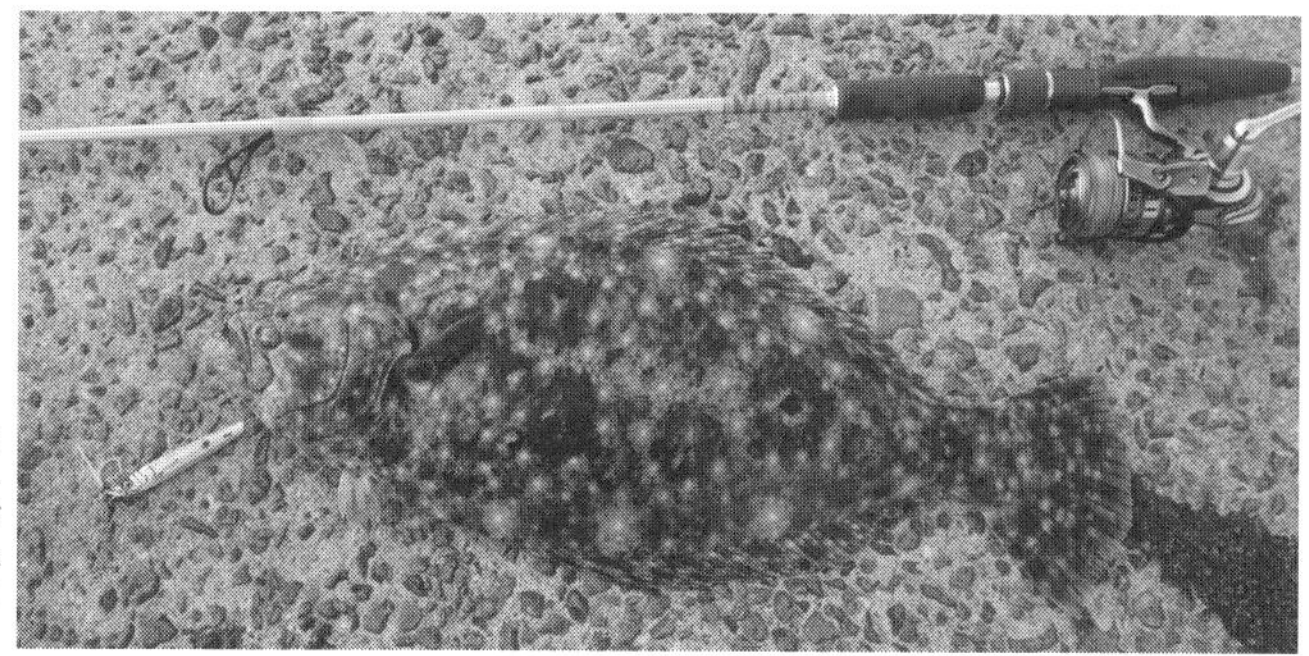

迷ったら、20～30ｇのメタルジグを想定した、スーパーライトショアジギングタックルでいいだろう。これで、小型から大型まで幅広く楽しめる。

地形的な条件だけで釣れるサカナも多いが、ヒラメは水温とベイト、この２つの条件を同時に満たさないとまず釣れないという、実にぜいたくなサカナである。逆にいえば、水温とベイトの条件さえ満たしていれば、釣ること自体はさほど難しくない。サーフにいるヒラメは、小魚を食べたいという欲が警戒心に勝った、まさに「いれば食ってくる」個体が多いからだ。あとは、目の前にメタルジグを通してやるだけである。

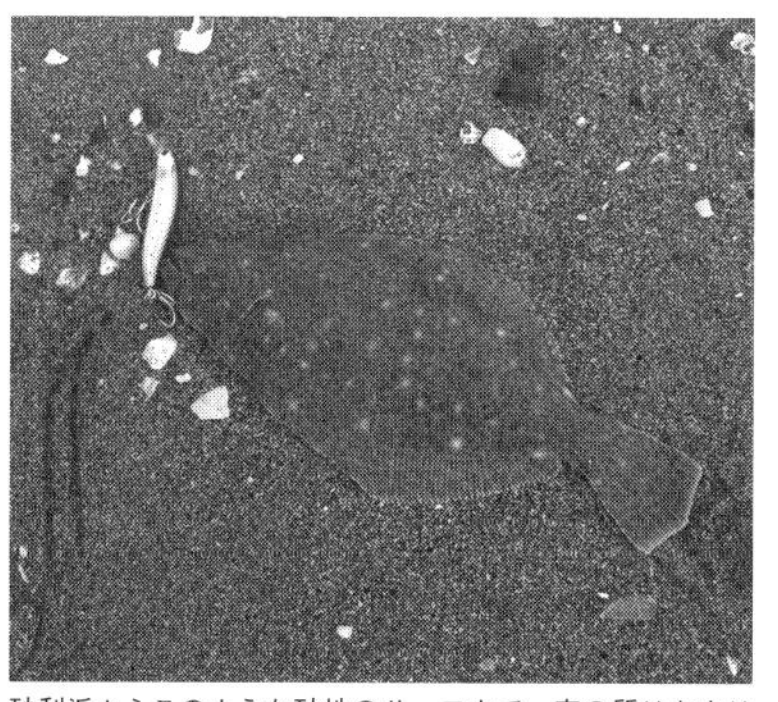

砂利浜からこのような砂地のサーフまで、底の質はあまり選ばない。かわりに、水温とベイトという必須条件に関しては、とてもシビアだ。

リールやメタルジグの大きさとの対比で、中型青物のようにも見えるが、これはれっきとしたアジである。こんなサイズが、ショアジギングでも釣れる。

# 02 堤防のでかアジ

季節や時間帯といった条件が揃うと、いつもアジングで釣っているようなサイズとは明らかに違う、でかアジと呼ばれる大型アジが釣れることがある。釣り人の間で「メガアジ」「ギガアジ」とも称される、でかアジを狙う方法とは⁉

## これはもう「アジのような別のなにか」だ！

行動パターンも、いつものアジとはだいぶ違ってくる。また、場所や時間帯を選り好みするようになるため、時にはポイントまで長距離を歩くこともある。漁港のような手軽な場所ではなく、沖に伸びた堤防の先端部など、同じ堤防でもより深く、より外洋に近い場所がポイントとなることが多い。

その一方で、サイズが大きくなったぶん、同じ大きさでより多くのカロリーを摂取できる小魚をよく捕食するようになるので、ルアーで狙えるチャンスはさらに広がったともいえる。

メタルジグで狙うなら、港内で使っていたようなマイクロショアジギングタックルから、スーパーライトショアジギングタックルに持ち替

### 青物狙いに準じたアプローチが効果的！

四国西部の宇和海、九州南部一帯、それに日本海側の対馬・壱岐・五島といった、暖流の影響を色濃く受ける西日本の海岸線では、ショアジギングで40～50㎝、ときには60㎝に迫るようなでかアジが釣れることがある。

ワームやプラグ、そしてマイクロメタルジグを使ったアジングや、あるいはコマセ釣りやウキ釣りといったファミリーフィッシングで狙えるアジと同じ種類のサカナなのだが、大きさ・引き・そして食味と、もはや別のサカナといいたくなるほどの違いを持つのが、でかアジという存在だ。

えることになる。これで20g前後のメタルジグを投げ、広範囲を探るのだ。

スーパーライトショアジギングタックルで、平均40～50㎝、それもスピードのあるサカナを狙うということで、アジングというより、イナダやカンパチといった中型回遊魚を狙う釣りに近い。当然、アタリも引きも強烈だ。

たかがアジと侮ることなく、それなりの心持ちで臨みたい。

口と尾ビレの２カ所をつかまないと、とてもではないが持っていられない。実はこれでも40㎝台。まだまだ上のサイズが、どこかに潜んでいるかもしれない。

ワンポイントアドバイス

## ジャークとフォールをセットで

タマヅメの回遊でかアジは、表層をタダ巻きすればたいてい釣れるが、時には底近くを回遊したり、タダ巻きだけでは食ってこないときもある。そんなときはメタルジグを底まで沈めたのち、ショートピッチジャーク→フォールをセットにして、沖から足元まで順に探ってこよう。

タマヅメ以外でこの釣り方をすると、中層から底層にかけてに生息する根魚が、よくヒットしてくる。本命の時合いが訪れるまでの明るいうちは、この根魚狙いを楽しむのも手だ。

タマヅメ以外での基本的なメタルジグの操作は、着底後、「ショートピッチ連続ジャーク→フォール」のセットの繰り返し。

底近くでメタルジグを上下に動かすことになるため、アジの時合い以外では、カサゴをはじめとした根魚がよく釣れてくる。

引いてよし、ジャークを入れてよしの万能メタルジグ・ネコメタル（issei 海太郎）。スーパーライトショアジギングでアジを狙うなら、40 gまでの大きさがオススメ。どのサイズも、ティンセル付きアシストフックを前後につけているところに注目だ。

## オススメルアー SELECTION

### フックセッティングに一工夫

本文中でも触れたとおり、でかアジは体は大きいが、口の回りは小さかったときと同じように柔らかい。フックがガッチリと刺さったはずなのに外れていたり、掛かった部分から口が切れてしまったりという事態も、しばしば起こる。

というわけで、フックセッティングに一工夫加えよう。青物狙いであれば、アシストフックをメタルジグの前に１本というパターンが一般的だが、でかアジ狙いであれば、フックは前後に２本つけるのが断然有利になる。前後のフックが絡みつくようにアジの口にかかるぶん、刺さった部分のひとつひとつにかかる負担が減り、より口切れしにくくなるのだ。

また、アシストフックを選ぶ際は、「ティンセル」というキラキラとした糸状のパーツがついているものがオススメだ。水中でキラキラ輝いてメタルジグの存在を知らせるだけでなく、アジに向けて「ここを食え」と知らせる、バイトマーカーと呼ばれる役目も果たす。あるとないとでは、アタリの頻度が格段に違ってくる。

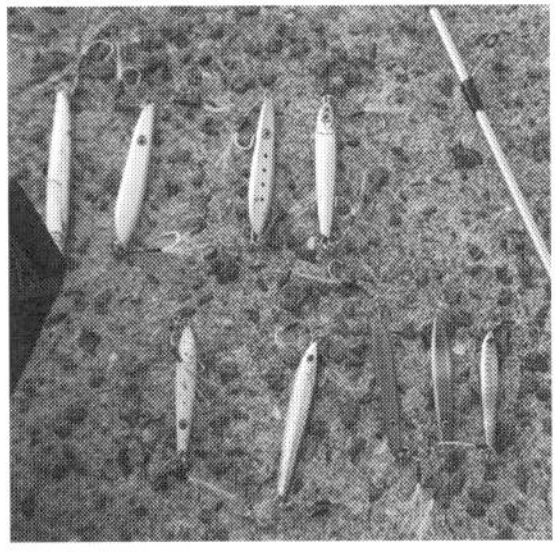
堤防のように足場が平坦で、かつ波に洗われないくらいの高さがある場所では、使うメタルジグをケースから出し、足元に並べておいて逐次交換していくのも手だ。

## いつ釣れる？ 冬のタマヅメがベスト！

このでかアジだが、ほぼ一年中釣れる通常のアジと違い、季節は冬、それも年末から翌年の立春あたりと、一年で一番寒い時期が盛期となる。

時間帯は、タマヅメがベストだ。タマヅメとともに港内へ入ってくるベイトを追って、昼間は沖の深場に潜んでいたでかアジが、岸近くへと寄ってくる。この移動時が、メタルジグで狙う最大のチャンスとなる。夜でも釣れないことはないが、通常のアジングと違って常夜灯がポイントの起点にならないため、居場所が絞りきれない。よって、かなり分の悪い釣りになる。

狙い方だが、まずは表層近くを狙ってみよう。タマヅメに港内へ向けて回遊してくるでかアジは、水面から

## オスススメタックル SELECTION

### あくまでアジ狙いということを忘れずに

でかアジの強い引きと口切れのしやすさに備え、ロッドはなるべくティップに張りがある胴調子のものを選びたい。こういったロッドなら軽量ルアーの遠投性能に優れ、またヒットしたあともアジの抵抗を受け流しつつ、口切れを巧みに回避しながら足元まで寄せてくれる。でかアジといえども、狙っているサカナはあくまでアジということを忘れずに、過度にパワーのあるタックルは避けよう。

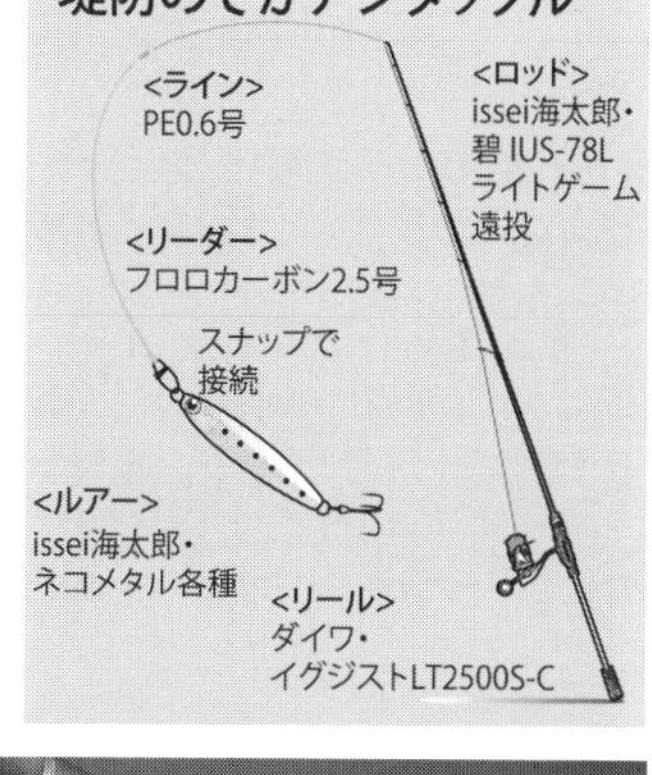

碧 IUS-78L ライトゲーム遠投（issei 海太郎）。5～30 g のメタルジグを、これ一本で扱える。スペック上のルアー負荷は 21 g までだが、写真のようにゆったりと振りかぶることで、少々重めのメタルジグでも問題なくキャストできる。

スピニングリール 2500 番台に、PE ライン0.6～0.8号を巻く。これで、ヨンマルアップのでかアジを抜き上げられる。

1～2m前後の表層を回遊してくることが多い。メタルジグが着水したら、すぐにルアーの操作を開始することで、自動的にこの泳層を引いてこれるようになる。

最後に取り込みの注意点を説明しておく。イナダやカンパチ並みのサイズやパワーを見せることもあるでかアジだが、口の回りの柔らかさだけは、通常サイズのアジと共通している。さらに、遠投が効くスーパーライトショアジギングでの釣りでは、ときには100m先で掛けたアジを引き寄せ、取り込むこともある。

この通常のアジと変わらない柔らかい口と、通常のアジングではあり得ないやり取りの距離が相まって、取り込み時のバラシはかなり多くなってしまう点には注意したい。慎重に足元まで寄せたら、タモでしっかりとすくうか、ロッドに手を添え、一気にゴボウ抜きで勝負をつけよう。

昼間でもメバルは釣れる。ただし、昼間の居場所まで届くルアーが必要だ。そこで、メタルジグの出番となる。

# 03 堤防のデイメバル

メタルジグの飛距離や沈み、そしてあらゆるルアーの中でも最高レベルのアピール力を駆使すれば、通常であれば夜に狙うメバルを、昼に釣ることもできる。深場で身を潜めているメバルの目の前に、マイクロメタルジグを落としてやるのだ。

## メバルの昼の居場所は近いが深い

### デイゲームではメタルジグで深場を探る

昼夜で大きく居場所を変えるアジのようなサカナと違い、メバルは昼も夜も大きな移動をせず、泳層だけを変え、深場でじっと身を潜めていることが多い。夜になると、エサを求めて浮いてきたこれらのメバルを、ワームやプラグで狙うわけだが、これらのルアーでは、昼の間深場に沈んでいるメバルの目の前を通すことはできない。

というわけで、マイクロメタルジグの出番である。堤防の際、係留船の下、沖のカケアガリといった、底になにかしらの変化がある場所目掛けて、マイクロメタルジグをタイトに送り込んでいくのだ。

### 強力なアピール力がメバルを引きつける！

マイクロメタルジグがよく飛びよく沈むルアーであることは、感覚的にすぐわかると思うが、アピール力も強烈なことは、意外と知られていない。このアピール力とは、サカナに対するものだけでなく、人間に対するものも含まれている。

水中でキラキラと光るということは、それを扱う人間も、その存在をよく見ているということ。人間にとって見やすいルアーは、現在位置や水深、コースなどを把握しやすいため、釣果にも好影響を与える。

このアピール力を、コンパクトなシルエットと十分な重さを持つボディに詰め込んだ結果、ポイントま

ワンポイントアドバイス

## 昼のメバルはどこにいる？

　メバルは臆病な魚だ。昼間はストラクチャーの陰に潜んで、目の前に落ちてきたエサだけを捕食している。海藻帯や水中の岩、消波ブロックの中が隠れ家と思っていい。また、ブイやロープの下にいたり、壁際のちょっとしたエグレや隙間に隠れていることもある。

　とにかく、なにかしら変化のある場所が、デイメバルのポイントとなる。正確にメタルジグを落とせる位置まで慎重に近付き、タイトなキャストで仕留めよう。

水面に覆いかぶさるような足場と、その周りに張り巡らされたロープ。こういった複数の変化がある場所は、足を止めてじっくり探ってもいい。

係留船と堤防の間にできた陰は、デイゲームでは群を抜く暗さを持つ空間だ。この「闇」がもたらす安心感を求めて、多くのメバルが居着く。

デイメバルは、投げれば投げただけ、歩けば歩いただけチャンスが増大していく。

ですぐ届き、メバルがいる層まで瞬時に沈んでアピール、いなければ回収してまた次のポイントへキャストという、スピーディーな釣りを可能にするルアー、つまりマイクロメタルジグができあがった。

　昼間であれば足元も明るく、夜に比べて移動時の負担はグッと減る。機動力を生かし、これは！　というポイントを即座に調査、反応がなければ即移動という、昼ならではの釣りを楽しもう。

## オススメルアー SELECTION

### 2つのタイプを使いこなそう

マイクロメタルジグには、大きく分けて2タイプある。

ひとつは、木の葉のような幅広いタイプ。これは、スローにフォールさせ、じっくり見せたいときに有効だ。フラッシング力も大きく、最初に投げるメタルジグとしても適している。

もうひとつは、スリムタイプ。空中・水中ともに抵抗が小さいので、よく飛び、沈みも速い。ロングキャストで沖の深場を狙うなら、こちらのタイプがテンポよく探れる。

確実に届きそうな場所を幅広タイプでじっくり攻め、そこで反応がなければ、スリムタイプで広範囲を探るといいだろう。もちろんその逆に、先にスリムタイプでポイントを探し当てたのち、そこでのスレを抑えるため、動きも沈下速度も違う幅広タイプで変化を与えるというのもありだ。

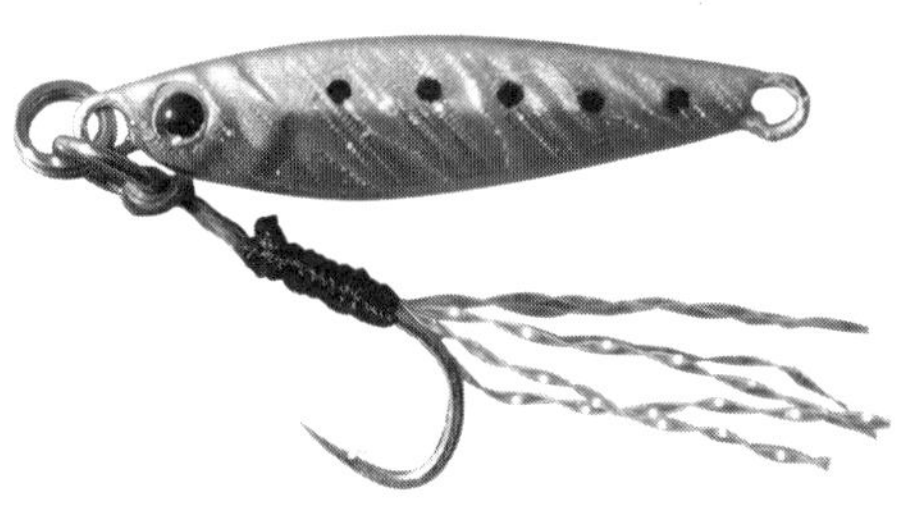

幅広タイプのジグパラマイクロ（メジャークラフト）。フォール主体でじっくり見せる、上下の釣りに向いている。

「マイクロ」というだけあって、実際の大きさはこんな感じ。こんな大きさでも、水中でしっかりと見えるし、メバルへも確実にアピールしてくれる。

スリムタイプのジグパラマイクロスリム（メジャークラフト）。広い場所で遠投し、リトリーブやジャークで食わせる釣りが得意。

### アピール力の落とし穴

さて、ここまで強力なマイクロメタルジグによるメバル狙いだが、やはり弱点はある。その強すぎるアピール力ゆえに、メバルがスレやすいのだ。

強烈なアピールを与えるが、食いつかなかったほかのメバルには、アピールと同時にプレッシャーを与えてしまい、次に投げても食ってこない。よって、同じ場所での長期戦には向かない。

一番の解決法は、頻繁に場所を移動して、よりたくさんのポイントを次々と探っていくラン&ガンという手法だが、もしポイントの数に限りがある場合は、メタルジグのカラーやタイプ、大きさなどをこまめにローテーションするという手を使おう。とにかくメバルに見切られないよう、そして飽きられないよう、いろいろ

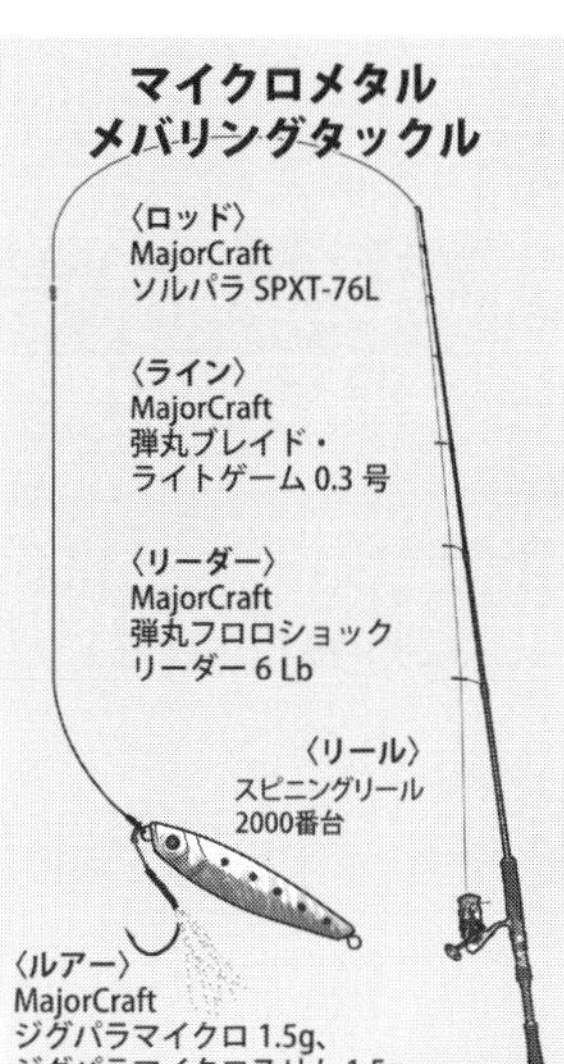


# オススメタックル SELECTION

## 機動力をとことん強化！

頻繁に移動を繰り返すことも多い、デイゲームのメバル。ときにはクルマを使った、ちょっと大きな移動をはさむこともある。そこで役に立つのが、ラインを通したままコンパクトに縮めて携行できる、テレスコピック（振り出し）ルアーロッドだ。穂先がチューブラー（中空）のものであれば、メタルジグからプラグまで、幅広いルアーに対応できる。機動力もまた、デイゲームでは強い武器となるのだ。

ラインを通したまま、乗用車のトランクに「横向き」で置ける長さにまで縮められる。これがテレスコピックの強みだ。

ラインは極細PEを使用。メタルジグとの相性も抜群。

6Lb前後のフロロリーダーなら、根ズレ対策と、メタルジグのキビキビしたアクションを両立できる。

と工夫を重ねていかなければならない。

理想をいえば、メタルジグと同じ重量のジグヘッド単体リグを用意し、これもローテーションに組み込むといいだろう。メタルジグでは反応がなくなってしまったポイントでも、ジグヘッド単体リグでワームを送り込むことにより、反応が復活するというのはよくある話だ。さらに、ワームといういわば休憩時間をいったんはさむことで、再びメタルジグに戻した際にまたヒットということも、これまたよくある話である。

堤防などのストラクチャーに着いたメバルにメタルジグを見せつけるよう、タイトに落とし込んでいこう。

ボトム付近を中心に狙うため、同じ釣り場でもワームやプラグより良型が出やすいのが、夜のメタルジグゲームだ。

04

# 堤防のナイトメバル

昼と違い、メバルがエサを求めて表層に浮いてくる夜は、ワームやプラグといったルアーで攻略するのが一般的だ。この夜に、あえてメタルジグを使う理由。それは、強いアピール力と波動を生かした、スピーディな展開が期待できるからだ。

## 広い範囲を素早く探り 深い場所にもすぐ届く！

### 金属が生み出す波動が効果を発揮する！

ほぼメタルジグ一択だった昼と違い、夜はワームやプラグといったほかのルアーによる攻略も、一気に現実的になる。

それでもなお、夜にメタルジグを使う意味はある。昼と同様、圧倒的な飛距離と沈みの速さを生かしたいときだ。ほかのルアーでは届かないような遠くのポイントや深場でも、メタルジグなら簡単に届くし、底まで一気に沈めることもできる。短時間で広範囲を探り、反応があった場所を重点的に攻めるという展開が期待できる。

くわえてメタルジグには、金属製のボディでできている特性による、ある強力な武器がもうひとつある。それは波動だ。

ルアーを水中に入れたり動かしたりすると、微妙な振動や音が水中を伝わり、サカナがそれを感知する。この振動や音を総称して波動と呼ぶが、軟らかい素材でできたワームと、硬い金属でできたメタルジグとでは、当然違う種類、違う大きさの波動が発せられる。

### 数を伸ばすにはルアーローテーションを活用！

ワームやプラグで釣れなくなったあと、メタルジグに変えるといきなり釣れ始めることがあるが、これはその場のサカナたちが、メタルジグが発する波動に興味を示したからだ。サカナの興味を常に引きつつス

ジャベリンジェット５ｇで、底近くを素早く誘って出した。ナイトメバルは、このサイズが普通に釣れる。

ワンポイントアドバイス

## ナイトメバルのフックセッティング

　ナイトゲームで、メタルジグをフォール中心で使う場合のフックセッティングは、リアに小型のトレブルフックを１つつけるのが基本だ。フロントにシングル＋リアトレブル、フロント･リアともシングル、アシストフックと選択肢はいろいろあるが、夜の高活性メバルをフッキングさせるには、シンプルな構造のトレブルフックが一番効率的である。

　メバルは捕食後、すぐ元いた位置に戻ろうとするが、この際ハリ先が多いトレブルフックを使うと、メバルの口元にうまく絡んでくれる。また低活性時のショートバイトもハリ先の多さでカバーし、高確率でフッキングへと持ち込んでくれる。

青物のように首を振ったり、アジのように口切れしたりしないメバルをフッキングさせるには、やはりシンプルな構造のトレブルフックがベストだ。

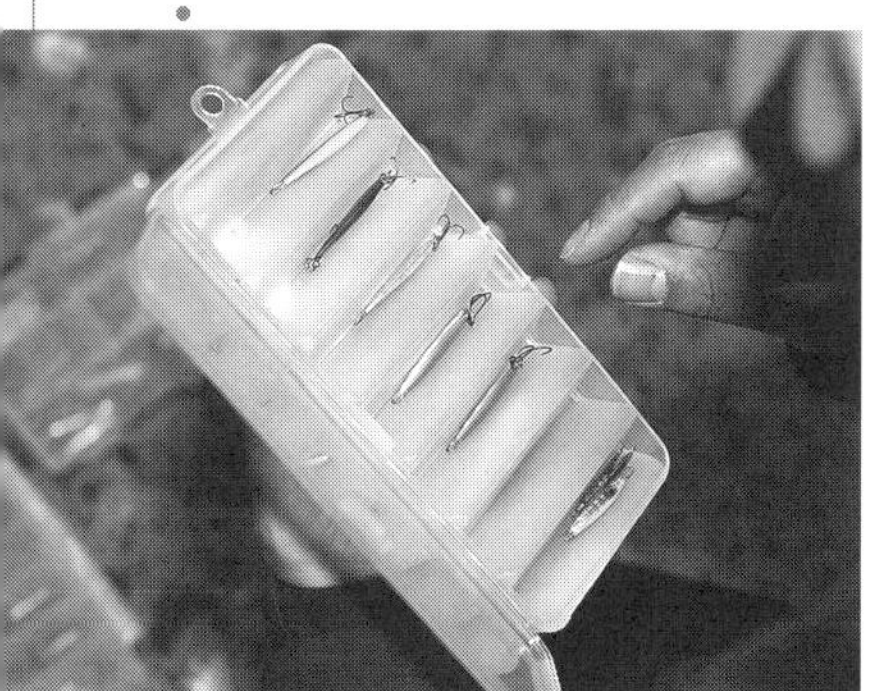
トレブルフックを装着したメタルジグをまとめて収納すると、フック同士が絡み合ってしまう。このように１本ずつ小分けにできるケースがほしい。

レを抑えるためにも、ワームやプラグの釣りにメタルジグを織り交ぜ、ローテーションするといいだろう。

　夜はたしかにメバルがよく釣れる時間帯だが、同時に多くのアングラーが押し寄せ、競争も一気に激しくなる。そんななか、スピードと波動という独自の武器を持つメタルジグという選択肢を繰り出すことができれば、他のアングラーが攻めあぐねているようなポイントを、独り占めすることも可能だ。

## オススメルアー SELECTION

2種類のジグを使い分け、メバルの興味を途切れさせないよう探った結果がこちら。

### 3〜10gを使い分け

2種類のフォールを使い分けるように、メタルジグも2種類用意しておきたい。

まず1つは、前方重心で幅広いタイプ。こちらは、カーブフォールでテンポよく探るときに使う。

もう1つは、よく飛び素早く沈む、スリムタイプのもの。メタルジグならではの金属的な波動は、こちらのタイプのほうがより強烈に発揮される。ラインテンションをうまく操作し、垂直にじっくり沈み込ませて使う。

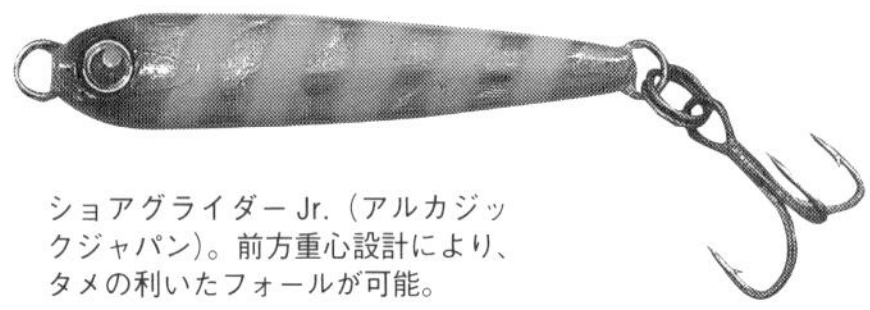
ショアグライダーJr.（アルカジックジャパン）。前方重心設計により、タメの利いたフォールが可能。

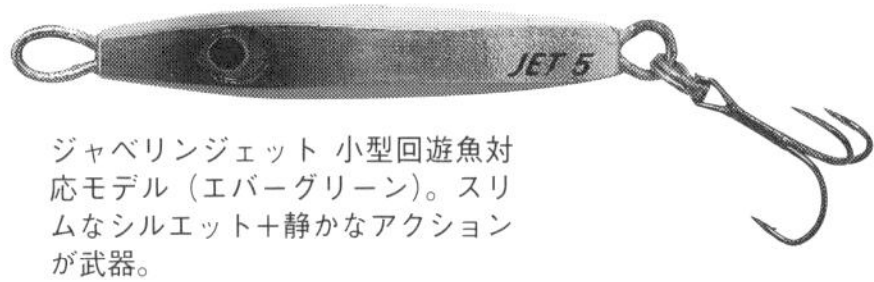

ジャベリンジェット 小型回遊魚対応モデル（エバーグリーン）。スリムなシルエット＋静かなアクションが武器。

### フォールの使い分け

スピードというメタルジグの武器を最大限に活かすには、フォールの釣りを中心に展開すればいいだろう。このフォールには、ラインテンションを維持した状態でメタルジグを沈めるものと、ラインテンションを張らず緩めずといったあいまいな状態にすることで、メタルジグをゆっくり沈めるもの、この2種類がある。

ラインテンションを維持した状態でメタルジグを沈める「カーブフォール」は、メタルジグ本来のスピード感を活かせるフォールだ。ラインの放出を指で止めるだけと操作も簡単なので、移動しながらでもミスすることなく繰り返すことができる。

一方、ラインテンションを張らず緩めずの状態でメタルジグを沈め

## ナイトメバル用タックル

<ライン>
アルカジックジャパン
Ar.PE レンジブレイド
0.4～0.5号

<リーダー>
エバーグリーン
バスザイル・マジックハードR
4～5Lb

<メタルジグ>
アルカジックジャパン
ショアグライダーJr.
エバーグリーン
ジャベリンジェット

<ロッド>
エバーグリーン・
ソルティセンセーションPSSC-70S
マルチポテンシャル

<リール>
アブ・ガルシア
レボALC-BF7

## オススメタックル SELECTION

### 使ってみようベイトフィネス

タックルは、ベイトフィネス用がオススメ。メタルジグを落とし込む釣りなので、ラインをワンタッチで放出＆巻き取りできるベイトリールがあると、難易度はグッと下がる。

ロッドは、足場の高い堤防で使いやすい7ft前後で、高速沈降のメタルジグにアクションを付けやすい、高感度ソリッドティップが有利。リールはベイトフィネス用で､ラインはPE0.4～0.5号を150mほど。リーダーは、根ズレに強く感度にも優れたフロロ4～5Lbを接続する。長さは矢引き（70～80㎝）ほど取っておけば安心だ。

ロッドを握った手の親指でベイトリールのクラッチを押すことで、ラインの出し入れを片手で瞬時に切り替えられる。

る「スローフォール」は、足元の同じポイントを繰り返し探りたいときに有効だ。数㎝単位でメタルジグが沈む位置の操作もできるため、夜になってもなお深場で潜んでいるメバルを引きずり出すときに使う。

どちらのフォールも、メタルジグをいったん着底させたのち、サオ先を軽く跳ね上げるところからスタートすることは同じだ。こうすることで、メタルジグは根掛かりを避けつつ、底近くを確実に探ることができる。２種類のフォールを使い分け、あらゆる活性のメバルを余すことなく仕留めよう。

この釣りでは、ボトム付近を重点的に探る。深場や流れのある場所でも高い感度が得られるよう、PE0.4号前後のラインを使用するのがミソ。

# 05

# 漁港のアジ

こんなアジが、マイクロメタルジグをただ落とすだけ、ただ巻くだけで食ってくる。

寒い冬の間でも、漁港や堤防といった手軽な釣り場で、アジをはじめとする様々なサカナを、マイクロメタルジグで釣ることができる。マイクロメタルジグとタックルの性能にすべてを委ね、冬の夜を熱く、そしてラクラクと楽しもう。

## 誘いは全部マイクロメタルジグまかせ!?

### なにもしなくても釣れる!?

マイクロメタルジグは、少ない移動距離で確実にサカナにアピールできるよう、その小さな本体に様々な要素が盛り込まれていることが多い。

キラキラした塗装やコーティング、フックに付属した糸状のパーツであるティンセル、そしてなにより、メタルジグ本体が繰り出す各種アクション。これらの要素が噛み合うことで、キャストしたあとフォールさせるか、もしくはタダ巻きするだけで、おもしろいように釣れるルアーとなる。

この「全自動」っぷりは、アングラーがあまり動きたくないとき、非常に都合がいい。何も考えずただ投げてただ巻くだけ、もしくはフォールさせるだけでも釣れてくれるからだ。

そんなマイクロメタルジグの性能が生かされる典型的なシチュエーションが、冬の漁港で、アジをはじめとする五目を狙う、というものだ。

### 全部おまかせで

釣り方は簡単、というか、釣り方と称していいかどうかすらあやしい、きわめてシンプルなものだ。サカナがいそうなところ、あきらかにいるのがわかるところへ向けてマイクロメタルジグを落とし、フォールさせる。もしくはフォールさせたあと、タダ巻きで回収する。これだけである。あとはマイクロメタルジグが勝手に、フォールしながらキラキラと光ったり、タダ巻きの際に絶妙な泳ぎを見せたりして、サカナを誘ってくれる。

メタルジグで釣れそうなサカナがいるポイントへ出向き、そして相応のマイクロメタルジグを選択した時点で、もう半分釣れたも同然だ。対象魚は人気のアジをはじめとして、カサゴ、メバル、シーバスと、それこそ枚挙にいとまがない。

メタルジグに反応するアジは、サイズが一回り大きいことが多い。

アジのほかに、同じポイントでメバルやシーバスといった、様々な魚が釣れる。



ワンポイントアドバイス

## 様々なアクションとの組み合わせ

フォール単体でもよく釣れるマイクロメタルジグだが、種類の違うフォール、あるいは他のアクションと組み合わせることで、より釣れるようになる。短いタダ巻き＋テンションフォール、長いタダ巻き＋フリーフォールなど、様々な組み合わせを試してみよう。

あれこれ考えるのが面倒になったら、足元の壁際に沿うようにマイクロメタルジグを落として着底させたあと、底近くでシャクリを入れたり、そのまま上方向に巻いて回収するだけでも釣れる。フォールでもタダ巻きでも、さらにはただのルアー回収でもいい。とにかく、水を受けて動いている状態を常に保っておけば、どこかしらでチャンスは訪れるだろう。

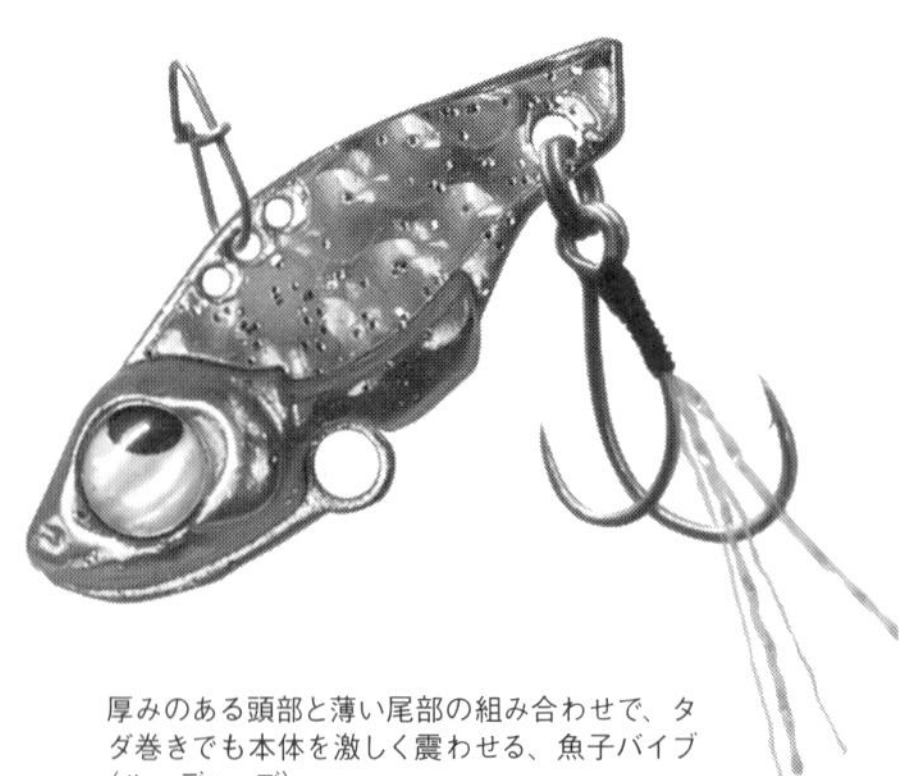
厚みのある頭部と薄い尾部の組み合わせで、タダ巻きでも本体を激しく震わせる、魚子バイブ（ルーディーズ）。

微妙に湾曲した本体が、フォール時にひらひらとゆらめいて誘う魚子メタル～ひらり～（ルーディーズ）。

## オススメルアー SELECTION

### 形状に変化のあるものを

左右非対称だったり、微妙に湾曲していたり、前後で厚みが違ったりと、形状になにかしらの変化があるマイクロメタルジグは、フォールやタダ巻きといったシンプルな動作でも、しっかりとサカナへアピールしてくれる。

ここでご紹介する「魚子メタル」シリーズの２アイテムも、そんなマイクロメタルジグの好例だ。前後で厚みの違う「魚子バイブ」はタダ巻き、本体が微妙に湾曲している「魚子メタル～ひらり～」はフォールの釣りに、それぞれ適している。

このように湾曲しているボディは、左右で違う流れを生じさせ、水中でゆらめく。アジはこういった動きを好む。

## 最初に試したいのがテンションフォール

マイクロメタルジグが着水したら、リールのベールを戻すか、指でスプールを押さえるなどして、ラインの放出を止める。これでラインが張られた状態になるが、この張られたラインに引っ張られる形となったマイクロメタルジグは、水中で半円状の軌道を描いてフォールしていく。これをテンションフォール、またはカーブフォールと呼ぶ。

テンションフォールの最中は、常にラインが張られている状態になるため、繊細なアタリでも簡単に感知することができる。また、アワセを入れた際の動きが直接マイクロメタルジグに伝わるため、フッキングも決まりやすい。

朝夕のマヅメや夜間など、サカナの活性が上がっていると推測される

## オススメタックル SELECTION

### ロッドにはちょっとこだわってみたい

1～3ｇの軽量ルアーを扱えるロッドであれば、たいてい流用可能だが、できればこういった軽量ルアーを遠くにキャストできる反発力のあるティップと、不意な大物がヒットしても十分やり取りできるバットパワーを兼ね備えたものが理想的である。このようなロッドを使うことで、キャストからアクション、アワセからやり取り、最後に取り込みと、タックルの性能に頼り切った展開も可能だ。

リールは、1000番から2000番の小型スピニングリール。ラインはPE0.15号､リーダーはフロロカーボンの4～6Lbを、ターゲットや狙う場所によって使い分けるといいだろう。

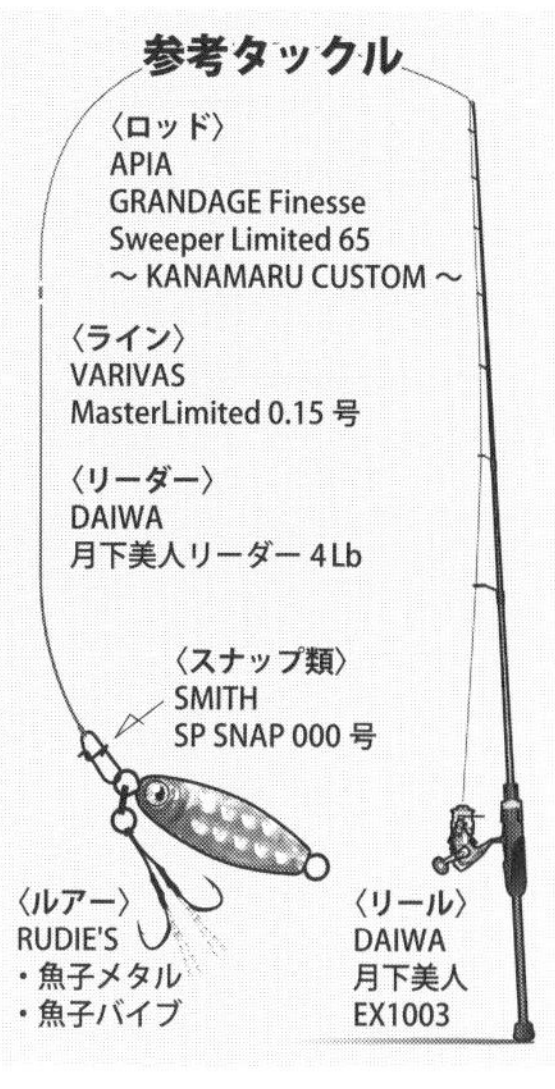

低い足場から手近なポイントを狙うパターンが多いため、ロッドは短めの6.5～7ftがちょうどいい。

適合ルアー重量が合うロッドならたいてい流用可能だが、できればこのように、反発力と柔軟さを両立させたティップを持つものがほしい。

場合は、まずテンションフォールで探ってみるといいだろう。

### テンションフォールがだめならフリーフォール

テンションフォールを試し、いまいち反応が薄い場合は、ベールを起こしてラインを放出し、フリーフォールアクションを試してみるといいだろう。ラインテンションが抜けることで、マイクロメタルジグのフォール速度に変化が生じ、一度はルアーを見切った個体が、再び反応を示すこともしばしばある。

光量のある日中、あるいは他のアングラーが釣ったあとでサカナが神経質になっている場合など、フリーフォールが有効な場面が多い。テンションフォールと織り交ぜることで、マイクロメタルジグの性能をとことん生かしきることができるはずだ。

昼の漁港は、いろいろなサカナが釣れる。だったらいっそのこと、新しい釣り方にチャレンジしてみよう。

# 06 ベイトフィネスの五目ゲーム

超小型ルアーの操作に最適なベイトタックルを使って、繊細かつ豪快なゲームを楽しむ。メタルジグとの相性も抜群なこの釣りは、ベイトフィネスゲームと呼ばれる。これを駆使して、様々な魚種を昼間に狙ってみよう。

## 使って楽しい！　これが選ぶ最大の理由

### ベイトフィネスの魅力

ショアジギングをはじめとする海のライトゲームにおいて、ベイトタックルは必須ではない。スピニングタックルがあれば、ほとんどの釣りが成立するからだ。だからといって、ベイトタックルをソルトのライトゲームシーンで使わないのは、それはそれでもったいない。

まずスピニングに比べ、太いラインをストレスなく扱えるという利点がある。海藻帯のなかや消波ブロックの穴など、細ラインでは攻めづらいポイントでも、臆せず攻めることが可能となる。

また、キャスト・ルアーの着水・リトリーブ・足元での回収という一連の動作が、スピニングタックルより速く、そしてシンプルにこなせる。一回一回はわずかな差しかなくとも、それが半日、一日と積み重なることで、サカナと出会えるチャンスは、どんどん差が開いていく。同じ時間でより多くの回数キャストができるベイトタックルを使えば、それがすなわち釣果の差となることもあり得るのだ。

### 幅広いゲーム展開も

タックルの性能にもよるが、1g前後の軽量ジグ単リグから、やや重めとなる20g前後のハードルアーまで、幅広いルアーを一本のタックルで使い回せるのも、ベイトフィネスの強みだ。ルアーの用意さえしておけば、あらゆるフィールド、魚種に対応することもできる。

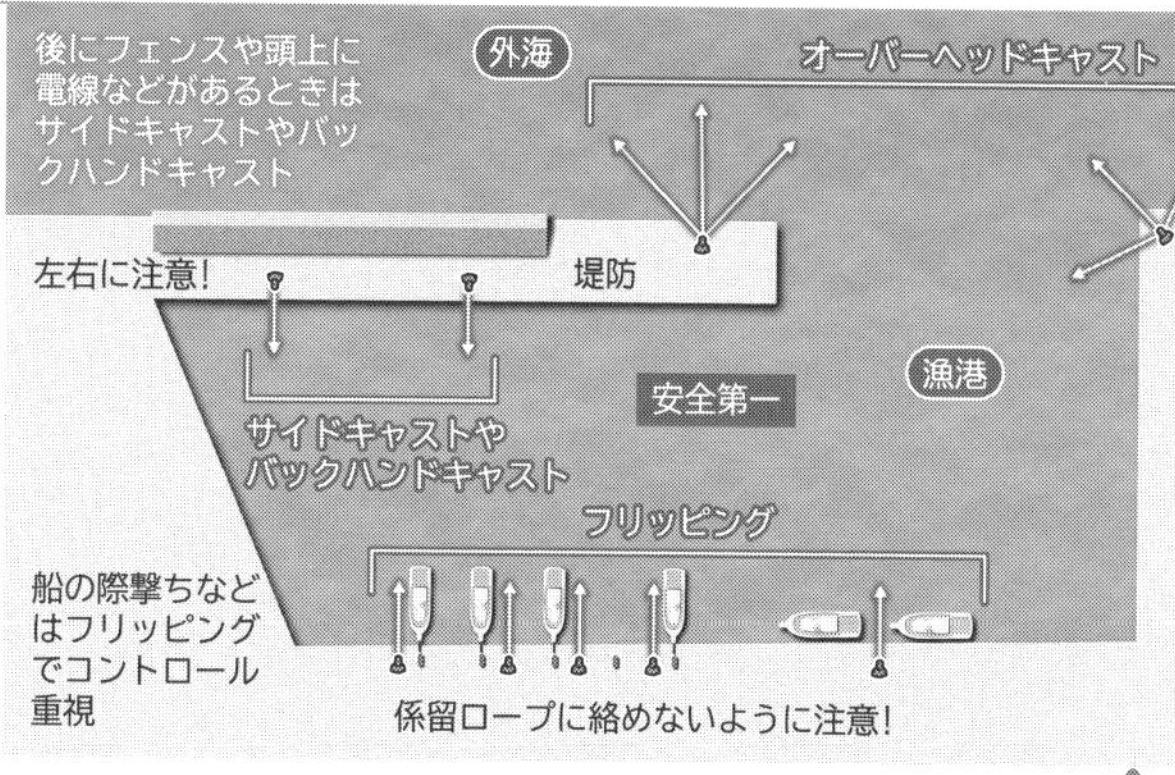


ワンポイントアドバイス

## ベイトフィネスならではの漁港攻略

リールのブレーキ調整などのセッティングが決まれば、ベイトタックルならではのアクロバティックなキャストも可能になる。漁港のようにポイントも多いが、同時に障害物も多いフィールドで、これは大きな強みとなる。

例えば、フリッピング。ロッドを持つ反対の手でルアーを持ち、振り子のようにルアーを送り込むキャストだ。近場の目標に、正確にメタルジグを落としたい場合に活用する。

一方フリップキャストは、垂らしをゼロにしたのち、手首のスナップだけでロッドにルアーの重みを乗せ、その反動を利用してキャストする方法だ。係留船の周辺など、障害物が多い場所で使ってみよう。

ベイトフィネスなら、頭上にロッドをふりかぶるどころか、ロッドティップを肩より高く上げることなくキャストすることも可能だ。

沖の海藻帯に潜んでいたタケノコメバルを、マイクロメタルジグで誘い出すことができた。ベイトフィネスなら、障害物のそばも強気で攻めることができる

しかしなにより、使っていて楽しいという点、これこそがベイトフィネスを選ぶ最大の理由だ。スピニングタックルに比べ、リールを巻くという動作がより直接ルアーに伝わるため、思うがままにルアーを操作することができるのだ。

こんなベイトフィネスを使った釣りの実例として、次項では漁港での五目ゲームをご紹介しよう。

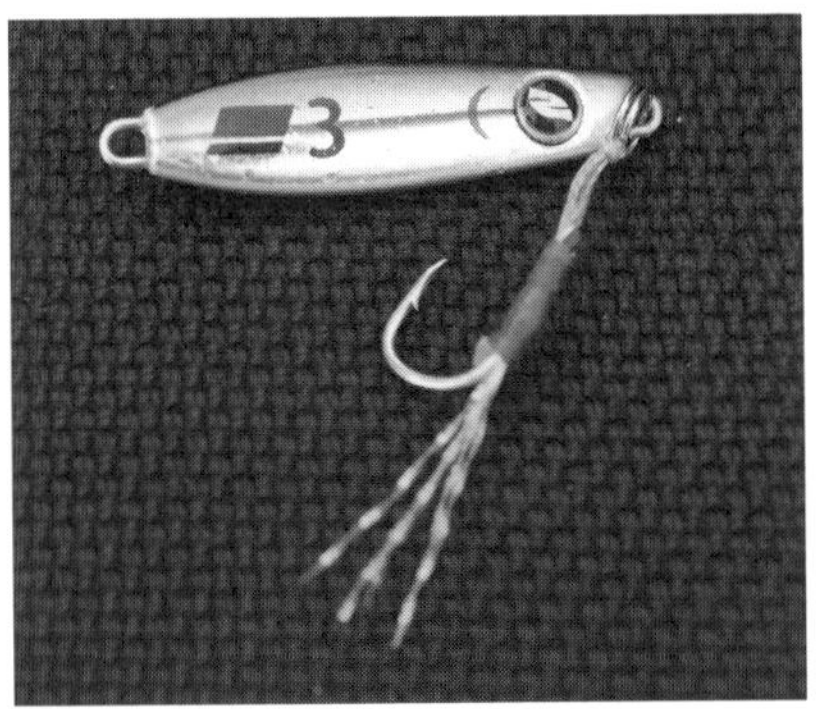

マイクロジグフラット（アブ・ガルシア）。その名のとおり平たい本体が、水中でゆらゆらゆっくりとフォール。

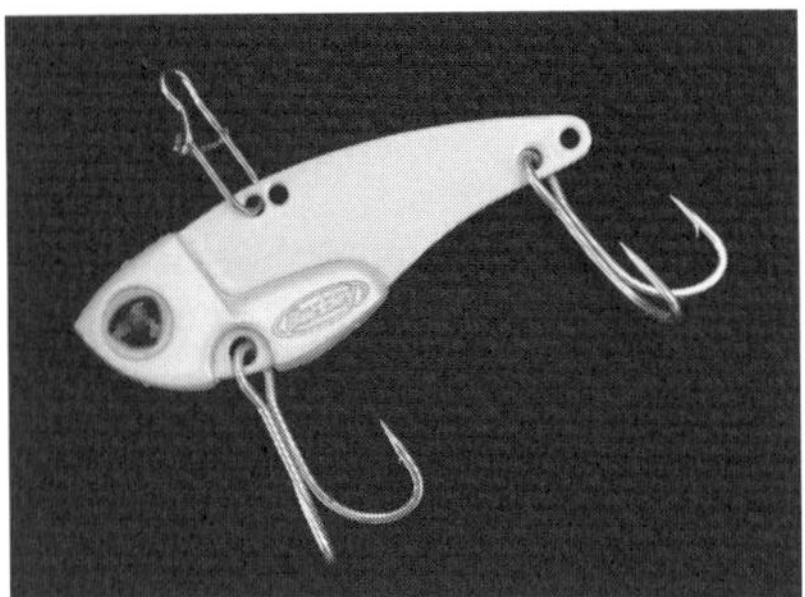

デックス メタルバイブレーション（バークレイ）。メタルジグとまったく同じ感覚でキャストできる、金属製バイブレーション。

## オススメルアー SELECTION

### 様々なルアーとの共同戦線

まずはスリムタイプのマイクロメタルジグで、幅広くポイントを探る。この際なるべく、地形の凹凸や障害物の有無といった情報を収集しておく。

次に、フォールが得意な幅広タイプで、あらかじめ収集しておいた情報を基に、障害物の地形を上下に探る。またこの際、メタルジグと同様に扱えるメタルバイブを使い、奥から手前まで引いてきてもいい。

これでアタリがなければ移動するが、もう少し粘りたいのであれば、最初に投げたマイクロメタルジグと同じ重量のジグヘッド単体リグにワームを装着し、さらに探るのも手だ。タックルにあったサイズや重量の様々なルアーを使い分けることで、より確実に釣果へと近づくことができる。

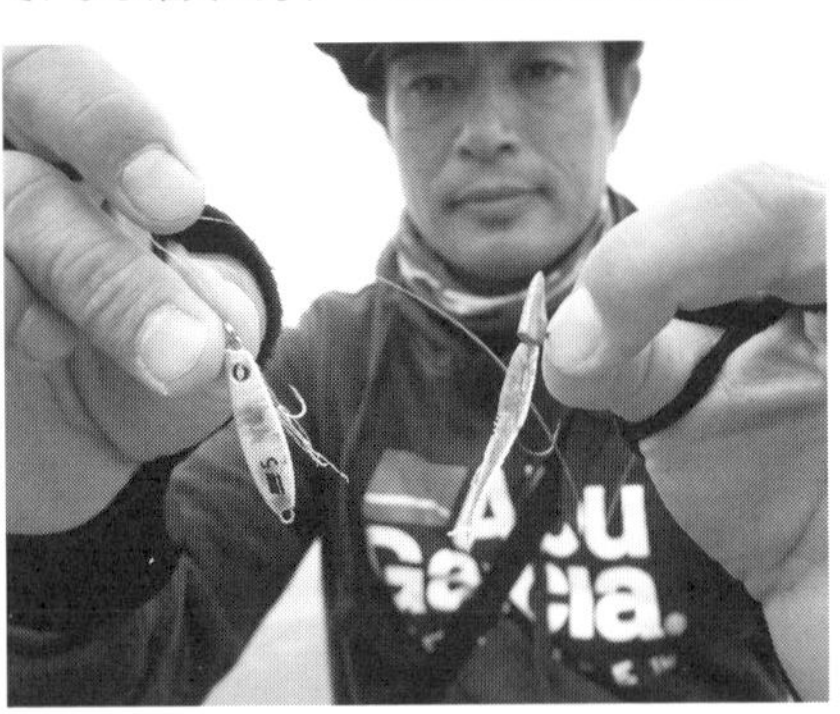

ベイトフィネスタックルなら、マイクロメタルジグだけでなく、ジグヘッド単体リグなどのワームもまとめて扱える。うまくローテーションしよう。

### 沖のポイントを直撃

漁港の五目ゲームで、ベイトフィネスによるショアジギングを使う場面ですぐ思い浮かぶのが、沖にある障害物周辺を攻略するときだ。ただ遠くに飛ばしたいだけであれば、スピニングタックルを使えばいいが、そこに海藻帯などの障害物がある場合は、その対策として、どうしても太いラインが使いたい。となれば、太いラインの扱いにより有利な、ベイトフィネスタックルの出番となる。

前ページに写真のあるタケノコメバルも、沖の海藻帯に潜んでいたところを、ベイトフィネスタックルでマイクロメタルジグを投げることで誘い出し、そして釣ったものだ。よく飛びよく沈むマイクロメタルジグなら、ベイトフィネスタックルでキャストしても、スピニングタック

## オススメタックル SELECTION

### 太めのラインで強気の攻めを

スピニングタックルでは、探るのをためらってしまうようなウィード周りや消波ブロックの穴でも、積極的に撃っていける。これが、ベイトフィネスの特徴だ。

これは、ベイトタックルが得意とする、太いラインとリーダーによるものである。そしてこの太いラインとリーダーで、不意の大物が掛かったときでも、アングラーが常に主導権を握り続けることができる。

というわけで、扱いたいメタルジグの重量と、目的地である釣り場の広さや足場の高さなどでロッドを決めたら、あとはそのロッドが許すかぎりの太いラインとリーダーを使いたい。マイクロメタルジグを使えば、少々太めのラインでも、スルスルとスムーズに沈んでくれる。

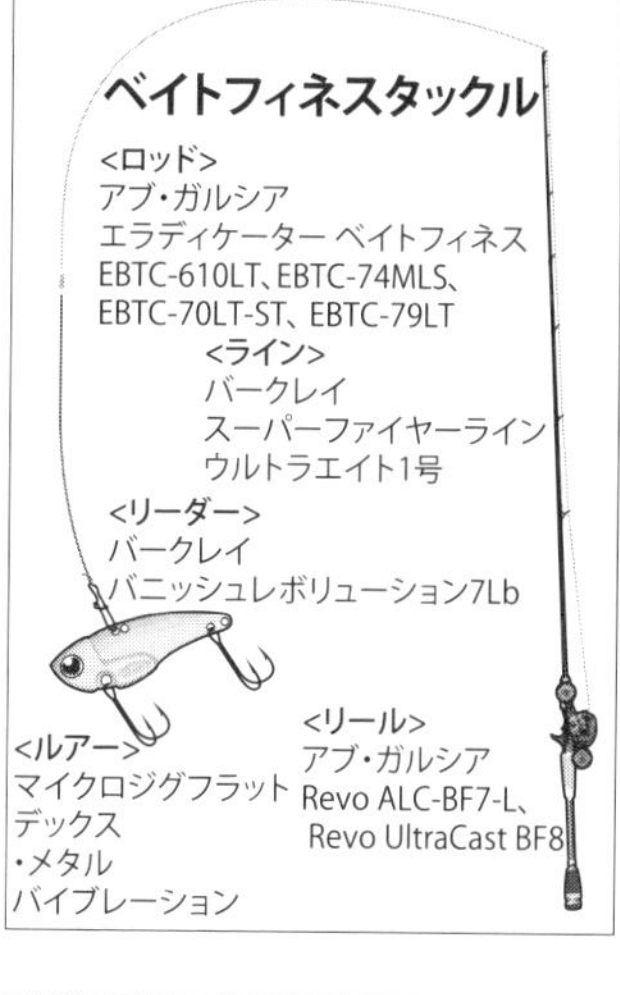

以前は重いルアーでないととても扱えなかったベイトタックルだが、2000年代中盤より、1g前後のルアーでもストレスなく扱える、ベイトフィネス対応と呼ばれる製品が数多く出回るようになった。

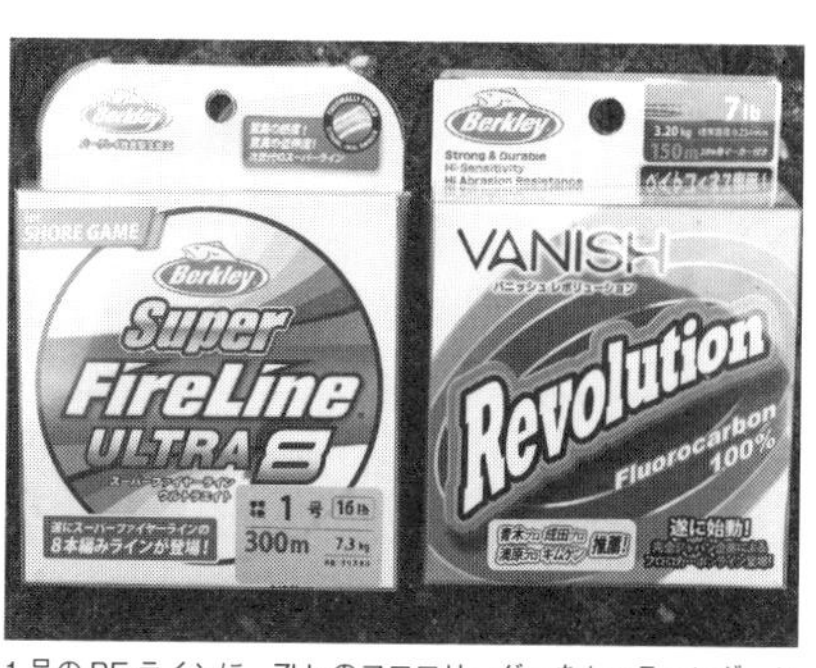


1号のPEラインに、7Lbのフロロリーダーをセッティング。これなら青物などの不意の大物が掛かっても、やり取り可能だ。

ルと遜色ない飛距離が出せる点も覚えておきたい。

### フォールの釣りではスピニングを寄せ付けない!?

また、素早く沈むメタルジグの特性を生かし、足元へ落とし込む釣り方も有効だ。片手でラインの放出を止められるベイトフィネスタックルなら、リールのクラッチを切ってライン放出・メタルジグの沈下・アタリがあったらクラッチを入れてラインの放出を止め、アワセを入れる……という動作が、スピニングタックルに比べ、格段の速さでこなせるようになる。

この釣りはキャストの動作が不要なので、ベイトフィネスの楽しさを、より簡単に体感できる。とにかくなんでもいいから、まず1尾釣ってみたい！　という方に、特にオススメしたい。

磯など岩場がからんだ場所にいるヒラメは、サーフにいる個体より、ひと回りデカイことが多い。

# 07 磯のヒラメ

ショアジギングでのヒラメ狙いといえばサーフが定番だが、磯へ行けばもっと確実に、そしてもっと大型が狙えるようになる。ヒラメは砂地も好きだが、磯にある岩礁帯も大好きなサカナなのだ。

## ベイトがいて砂地があればヒラメはどこでも釣れる⁉

### サーフの隣が狙い目

ヒラメはサーフ以外でも、磯や堤防、はたまた漁港といった、足場が硬い岩やコンクリートの場所でも釣れる。

ただし、周囲一帯の海底がすべて岩場、という場所では釣れない。ヒラメが居着くためには、身を隠すための砂地と、そこに隠れるための最大の理由であるベイト、この2つが揃う必要がある。

海沿いの道路を走っていると、所々に岩場がある小さなサーフや、そのサーフに隣接する小さな磯場などをよく見かけるが、こういったサーフと磯が合わさったような場所は、ヒラメの有望ポイントだ。また、小さな漁港とサーフが隣り合ったような場所では、漁港の周囲や内側の海底に、サーフからの砂地がそのまま続いていたりもする。こんな漁港周辺に、消波ブロックや岩などが沈んでいれば、そこもまた有望なポイントになる。

### 地形＋ベイトがヒラメを呼ぶ

こういった小規模な磯や岩場、堤防などを見つけたら、次はベイトの存在を調べよう。いくら有望そうなポイントでも、ベイトが入ってこない・居着いていないところには、ヒラメも寄ってこない。これは、サーフでのヒラメ狙いとまったく同じである。

ポイントを探り当て、そこにベイトが揃ったら、いよいよ実釣開始だ。飛距離を求められたサーフと違い、

ワンポイントアドバイス

## サーフとは違うテンポに慣れよう

　歩いては投げ、歩いては投げというサーフでのヒラメ狙いと違い、磯は移動に制約がかかることも多い。そのかわり、ルアーを投げる方向の自由度が高いため、同じ立ち位置からでも広い範囲、複数のコースを探ることができる。サーフのように反応がなければ即移動ではなく、キャストの角度、メタルジグを引いてくるコースや水深、使うメタルジグなどを少しずつ変え、なるべく動かずに変化をつけられるような展開を心がけたい。

　磯と似たような条件となる、足場の高い堤防であれば、こちらは比較的移動の制約も少ない。サーフと同様、ラン＆ガンという選択肢もありだ。

磯では最低でも前面180度、場所によっては斜めうしろを含めた270度前後までが、キャストしてルアーを引いてこられる範囲となる。移動がままならないかわりに、キャストの角度で変化をつけよう。

ここまで足場が高く、また外洋と隣接しているような堤防や漁港であれば、条件的には磯とほぼ同じだ。こちらなら、移動しながらの釣りも楽にこなせる。

狙い通りに仕留めた大型ヒラメ

磯では高い足場に立ち、水中の障害物近辺をルアーが通るようにキャストすることが多い。高い足場から、低めの軌道を描くようにルアーを通す……こんな目的のために、最適なルアーがある。飛距離と素早い沈みを持ち味とするルアー、メタルジグの出番だ。

　というわけで、メタルジグを用いた磯のヒラメ狙いについて、次項で触れてみよう。

ジグパラサーフは、25 g、35 g、40 gの3サイズをラインナップ。用途と対象魚をある程度絞り込んでいるため、3つという少ないラインナップで事足りる。

# オススメルアー SELECTION

## マッチ・ザ・ベイトという鉄則

その場で捕食されているベイトに、ルアーの大きさや形、時にはカラーを合わせることを「マッチ・ザ・ベイト」と呼ぶ。ヒラメのように、まずベイトありきの魚種を狙う際は、特に守りたい鉄則だ。

メタルジグは、同じメーカー・同じモデルでも、細かく重量が分けられている場合も多い。釣り場の水深や潮の速さ、ポイントまでの距離に応じて、様々なサイズを使い分けるというのが第一の目的だが、この細かく設定されたサイズを使い分けることで、より正確にベイトのサイズを再現できる。

連続していたアタリが急に途絶えたら、メタルジグを引いてくるコースや泳層だけでなく、サイズが合っているかどうか、もう一度確認してみたい。

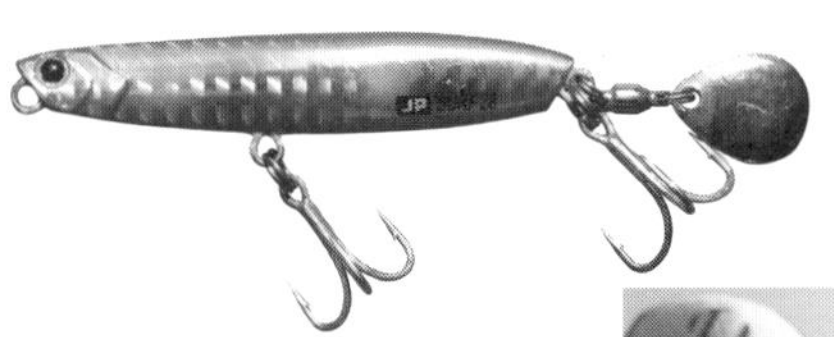

ジグパラサーフ（メジャークラフト）。名前こそ「サーフ」とついてはいるが、そこはさすがにメタルジグ。深い磯場でもしっかり底まで沈み、テールについたブレードスピンで強烈にアピール。

砂地を回遊していたイカナゴが、この日のベイトになっているようだった。なんらかの形でベイトフィッシュを直接目にすることができれば、どのサイズのメタルジグを投げるべきか、正解を引き当てやすい。

## やはりタマヅメが一番のチャンスタイム！

まず時間帯だが、基本的に朝から日没までチャンスはある。ただ、一番実績が高いのはタマヅメだ。

メタルジグを広範囲にキャストし、障害物の有無や砂地の大きさなど、できるだけ多くの情報を集めておこう。この際、うまく岩場やカケアガリのそばにメタルジグを通すことができれば、いきなりヒットということも珍しくない。

## 底ぎりぎりをキープ

だいたいのコース取りが固まったら、メタルジグを底につくまでしっかり沈めたのち、着底後にロッドを跳ね上げ、そこでイトフケを回収する。こうすることで、メタルジグは底から1～2mの位置に、一旦定位する。そこから斜め上方向にジャー

## オススメタックル SELECTION

### 鋭い歯に備える

扱うルアーは 30 ～ 40 g、狙うサイズは最大で 80㎝とくれば、ライトショアジギングタックルを使う典型的なパターンといえる。

だが、ヒラメを狙う際には 1 点だけ、通常のライトショアジギングよりパワーが求められる箇所がある。それはリーダーだ。

捕らえたベイトを逃さないよう、ヒラメの口の中には、鋭い歯がびっしりと生えている。この鋭い歯に噛まれると、丈夫なリーダーでもボロボロになってしまう。うまくアワセが決まれば､口の中に入るのはルアーだけなのでリーダーは無事だが、いつもうまくいくとは限らない。時には勢い余って、リーダーごと噛みつかれてしまう場合もある。5 号前後の太いリーダーを使っていれば､1 尾とやり取りしている間ぐらいは保ってくれる。1 尾釣れたら､必ずリーダーの損傷をチェックしてから、次のキャストにかかるようにしよう。傷んでいるようなら、もちろん即交換だ。

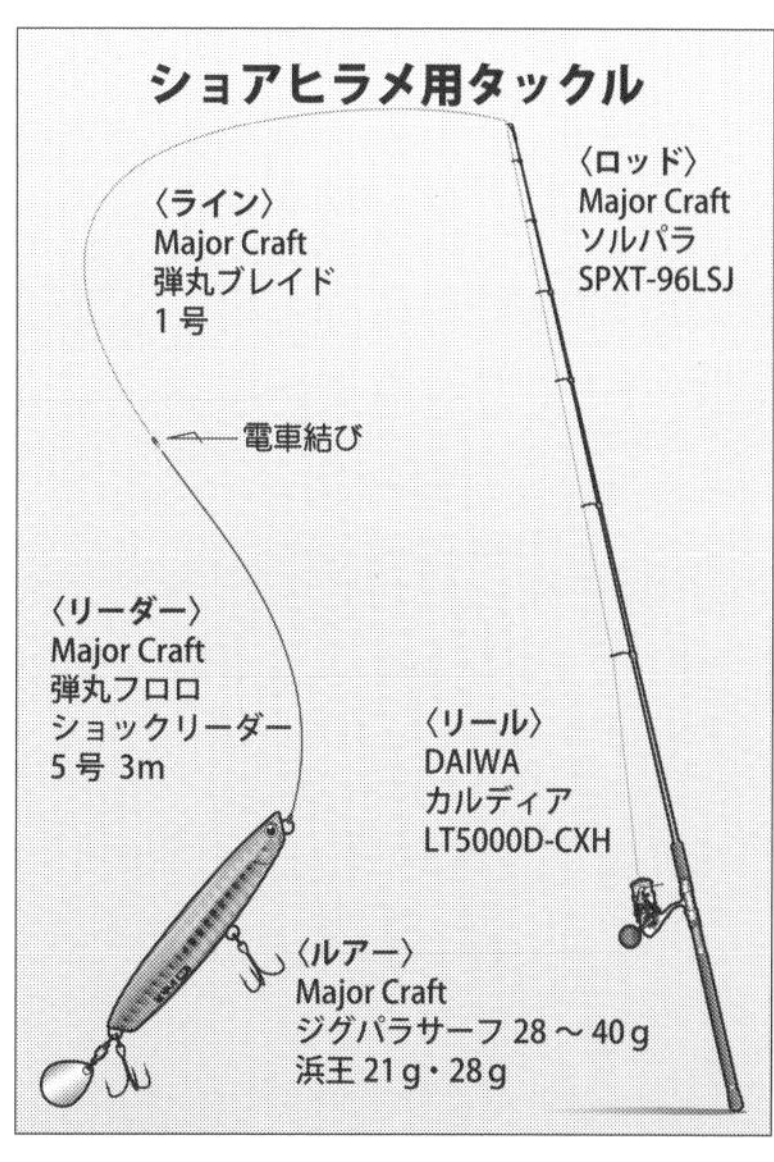

素手ではとても触れない、ヒラメの鋭い歯。太いリーダーで損耗を防ぐことと、フックを外す際は必ずプライヤーを使うことに注意。

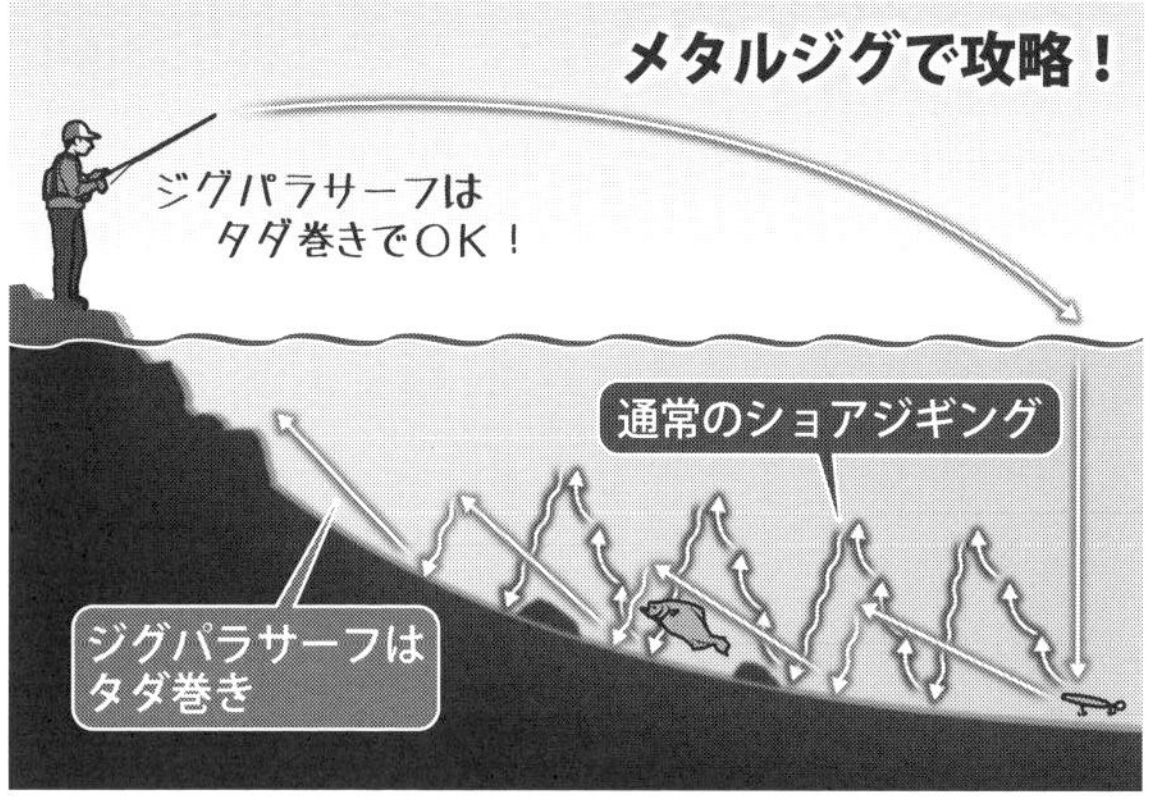


クで探っていくのが基本だが、別項で紹介したジグパラサーフのように、底層近くをまっすぐ引いても釣れるメタルジグもある。いずれにせよ、あまり底からメタルジグを離してしまうと、ヒラメが追ってこなくなることに注意しよう。

メバルやアジのポイントは、それだけエサが豊富ということ。さらに強いシーバスが入ってくれば、当然独り占めされる。

# 08 堤防のシーバス

**様々なポイントや釣り方で狙えるシーバスだが、メタルジグで狙うのであれば、大きめのものを深場に落とす釣り方と、小さめのもので岸際の地形をタイトに探る釣り方がある。ここではより簡単な、マイクロメタルジグを使った釣り方をご紹介しよう。**

## 大きな体でメバルやアジを押しのけてくる

### シーバスは邪魔者？

秋から冬にかけての夕マヅメや夜、メバルやアジを狙っていると、とたんに水面が騒がしくなったと思ったら、大きな影が水中に見え隠れすることがある。その正体はシーバスだ。

メバルやアジのポイントで釣れるようなシーバスは、まだ成長途中の40～50㎝前後。標準和名である「スズキ」と呼ばれる前の段階の「フッコ」「ハネ」と呼ばれる大きさだが、最大でも30㎝前後のメバルやアジを狙うために組んだタックルでは、さすがに苦戦を強いられる。

体も大きく個体数も多いシーバスは、いったん岸近くのエサ場に入ってくると、メバルやアジといった競争相手をあっという間に蹴散らし、しばらくその場に居座ってエサを貪り食う。この間はメバルもアジも釣れないため、それらのサカナを本命にしているアングラーにとっては、シーバスは邪魔者扱いされることも少なくない。

### ならば正面から向き合おう

ここで、発想の転換だ。シーバスが入ってきてメバルやアジが釣れないのなら、シーバスを釣る対象にしてしまえばいいのだ。

ルアーは、それこそなんでもいい。ワーム、プラグ、メタルジグと、大きさが合っているものであれば、選り好みせず食ってくる。メタルジグで狙うのであれば、タダ巻きだけで誘いができて、かつ沈下速度に適度なブレーキがかかるため根掛かりしにくい、ブレード付きのものがいいだろう。

まずは表層近くをタダ巻きで探り、活性の高い個体から順に誘っていく。反応が薄くなってきたら、徐々に探る泳層を下げていき、底近くをメタルジグがこする、あるいはシーバスではなくカサゴなどの根魚が食ってくるようであれば、そのコースは一旦引き上げ、別のポイント、

ワンポイントアドバイス

## デイゲームも楽しいよ

夜のメバル釣りをきっかけにシーバスの居場所や釣り方を知ったら、次は昼間にも狙ってみよう。メタルジグの飛距離と沈みがあれば、昼の居場所である沖の深場も直撃することができる。

夜と違って、表層に意識が向いていることはないので、まずはメタルジグを底まで沈め、底から１～２ｍの泳層を維持しながら、足元まで順に引いてくる。青物狙いのようなジャークを入れてもいいが、夜と同様、タダ巻きで誘ってくれるブレード付きメタルジグでもいい。

違う潮の流れが交差し、波の立ち方が違って見える「潮目」という箇所は、昼間のほうが見つけやすい。この潮目の周辺では、プランクトン、小魚、そしてシーバスのような肉食魚による食物連鎖のピラミッドが、よく形成される。昼間における数少ない、目で見てわかるシーバスポイントの目安といえよう。

これが潮目。港湾部にできたものはシーバス、外洋に面したサーフにできたものは青物の、それぞれポイントの目安となる。

関東では「フッコ」、関西では「ハネ」と呼ばれる40～50㎝前後のサイズは、メバルタックルで狙うと、とても楽しい。メタルジグへの反応も、実に良好だ。

## オススメ ルアー&タックル SELECTION

### メバル用をそのまま流用

タックルはメバル・アジ用そのままで、リーダーのみ１ランク太いものに交換しよう。

ルアーもまた、メバル用そのままでいい。プラグであればフックの交換が推奨されるが、はじめから小型青物も念頭において設計されているメタルジグであれば、たとえマイクロメタルジグであっても、60㎝のシーバスに十分対応できる。

マキッパ 3g、5g、7g（メガバス）。本体のサイズでいえばマイクロメタルジグだが、後部に取り付けられたブレードにより、中型メタルジグに匹敵する強烈なアピール力を発揮する。

タックルは、リーダー以外はメバル用をほぼ流用。正確な操作とラインのコントロールが可能な、ベイトフィネスタックルもオススメ。

マイクロメタルジグは、こまめに整理しておかないと、あっという間に散らかってしまうので注意。

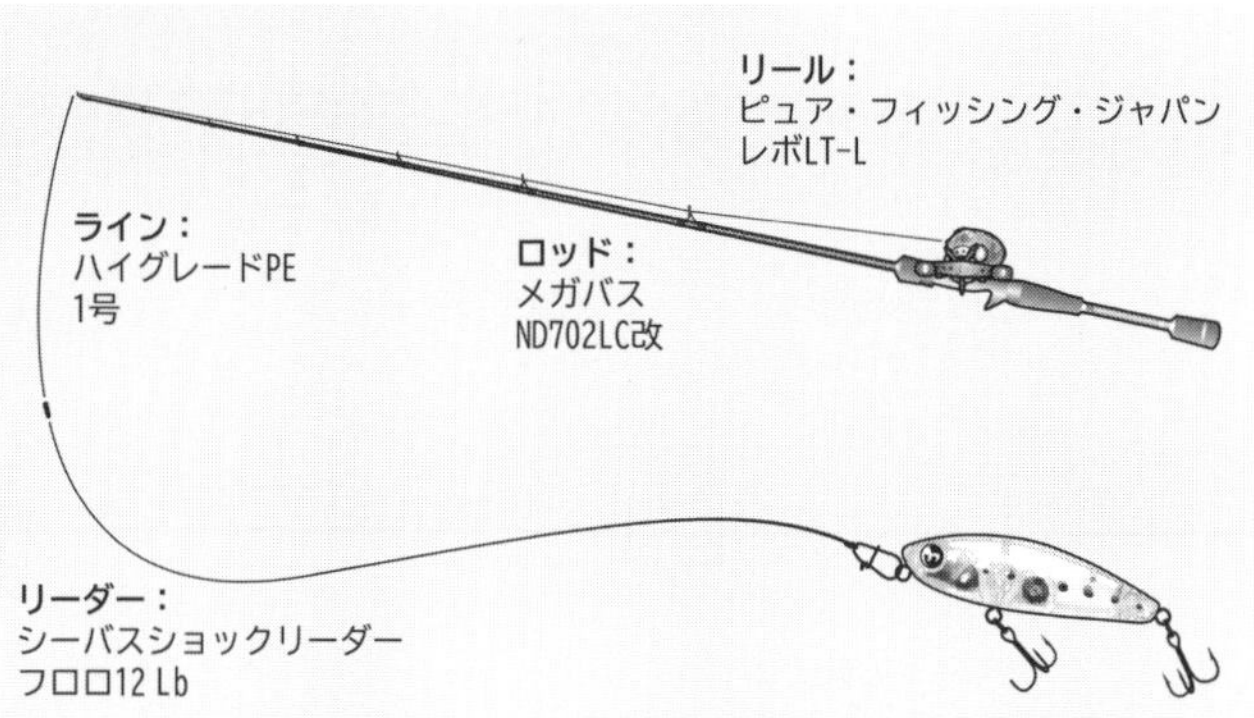


### 岸際は要チェックポイント！

別のコースを探ってみよう。中型以下のシーバスに関しては、回遊待ちではなく、こちらからポイントに出向く積極性こそが、より釣果を挙げる秘訣だ。

# 第4章

# 実践 ライトショアジギング

## 実際の釣行を完全シミュレート 朝から晩まで釣りまくり!

釣れる魚種や使用タックル、大まかなポイントやシーズンがわかったら、いよいよ実践だ。ここでは、最近人気の釣行パターン4つをピックアップ、そこで釣れる魚種や狙い方の紹介を通して、一日楽しく釣るための釣行プランを組んでみた。現場に出向いたときの参考にしていただければ幸いである。

CONTENTS

# 漁港内の五目ゲーム

夏の終りから冬のはじめにかけての漁港内では、マイクロショアジギングで、様々なサカナが釣れる。そのなかでも特に人気のアジ・メバル・カマスを中心に、一日の楽しみ方をご紹介していこう。

アジの時合いとカマスの接岸が重なると、マイクロメタルジグだけでこれだけの釣果が挙がることも、しばしばある。

## 対象魚：アジ、メバル、カマス他 各自の都合で好きなように楽しもう

### ベストな釣行計画とは？

ルアー釣り・エサ釣りを問わず、ほとんどの海釣りは、昼と夜の境目付近である朝夕のマヅメか、夜暗くなってからの時間帯によく釣れる。

だが、メタルジグのようによく飛びよく沈むルアーを使うことで、他の釣り方では届かないような、昼のポイントも探ることができる。これはメバルやアジのように、昼夜での移動距離がさほど大きくないサカナを狙う際、特に注目したい点だ。

また昼は、カマスのような回遊魚が漁港近くに押し寄せ、突然チャンスが始まることもある。

朝夕のマヅメに集中して効率を最優先するか、散歩のような感覚で一日ののんびりと歩いてチャンスを待つか、各自の好みや都合に合わせて、スケジュールを組む。これが、漁港のような手近なポイントにおける、ベストな釣行計画といえるだろう。

### アクションの使い分け

さて、おおまかな釣行計画を決めたら、いよいよ実践だ。時間帯や状況によって、最適なアクションが変わってくるので、これをご紹介しよう。

マヅメの高活性時には、表層〜中層のミドストがオススメだ。これは、ジグヘッドリグを泳がせるイメージに近い動きだが、メタルジグを使うと、さらに遠くのポイントから、同じような泳層を引いてくることができる。また、ワームのようにズレることもないため手返しがよくなり、

## 漁港五目のPOINT（ポイント）

### 堤防＋αがサカナを寄せる

漁港という施設は、岩場や河口といった天然の地形に、コンクリートの基礎や足場、スロープといった建築物をかぶせる形で作られることが多い。これら天然の地形は、漁港の各種施設によって完全に存在を消されることなく、漁港内部やその周辺へ、なんらかの影響を残しているものだ。

外洋に面したガケの間にできた入り江に作られたような漁港であれば、カマスのような回遊魚、さらには大型の青物が、群れをなして押し寄せてくることもある。一方、河口を利用した漁港では、河川から供給される陸地由来のエサを求め、メバルやアジが寄り付くことも多い。

漁港内のポイントを探る際は、その漁港がどういう場所に作られ、どのくらい天然の地形が残っているのか、まず離れた位置から見てみよう。この段階で大まかなポイントを絞り込んでおくと、実際にポイントに立った際、水中のイメージをつかみやすくなる。

山地がそのまま海に隣接し、その山と山の間に漁港が点在するという地形は、日本の海岸線でよく見られる風景だ。

天然の河口を護岸することで、運河や船の係留所としての役割を果たすようになるが、流れている水そのものは、天然の河川のときとほぼ変わりない。

アジは本来昼行性、つまり昼にエサを食うサカナだ。マイクロメタルジグなら、昼間のアジの居場所まで確実に届いてくれる。

明るいうちにメバルを狙うなら、障害物のすぐそばをタイトに攻めてみよう。

さらにかじられることもないため、フグ対策にもなる。

次に、昼間。これはアジ、メバルともに、リアクションでフォール中に食わせるイメージでいいだろう。メバル狙いであれば、移動距離を抑え、上下に攻めるイメージで誘うと、より効果的だ。釣っているうちに暗くなってきたら、ミドストによる横方向の攻めに変更する。

一方カマスは、基本的にはデイ

第4章

ゲームなので、ジャカジャカ巻きなど、常にメタルジグが激しく動くようなアクションを中心にして、とにかく飽きさせないようにしたい。リトリーブの速度やアクションの強さ、フォールを織り交ぜるなど、いろいろ試して最も反応のいいアクションを探していこう。

最後に、フックのつけ方だ。ミドストならテールにトレブルフックでもいいが、フォールやジャークなど上下の動きが大きいと、トレブルフックがリーダーに絡まる「テーリング」と呼ばれるトラブルにつながりかねない。リーダーに絡みにくい、フロントにアシストフックをひとつつける、というパターンがベストだろう。

堤防先端の潮通しのいいポイントは五目狙いに最適。アジ・メバル以外にも、青物も狙えるぞ。

## 漁港五目のTECHNIQUE(テクニック)

### ミドスト、リアクション、ジャカジャカ巻きってどういうふうに動かすの？

表層近くを、比較的まっすぐな軌道で探るミドスト。表層～底層近くに至る上下の激しい動きを、沖から足元まで維持するリアクション。底層に沈めたメタルジグを、上下に小刻みに動くよう引いてくるジャカジャカ巻き。この３つのテクニックを駆使することで、漁港に生息するたいていのサカナを仕留めることができる。

ミドストは、リトリーブしながらシェイクして、ルアーを細かくアクションさせる。ときおりロッドを大きめにあおり、メタルジグの首を振らせてもいい。

リアクションは、メタルジグを鋭く２～３回シャクったあと、フリーフォールで落とす。ルアーを見せすぎないようにして、フォールで食わせるようにしよう。。

ジャカジャカ巻きは、リトリーブ中に連続トゥイッチをして、イレギュラーにアクションさせるのが基本となる。

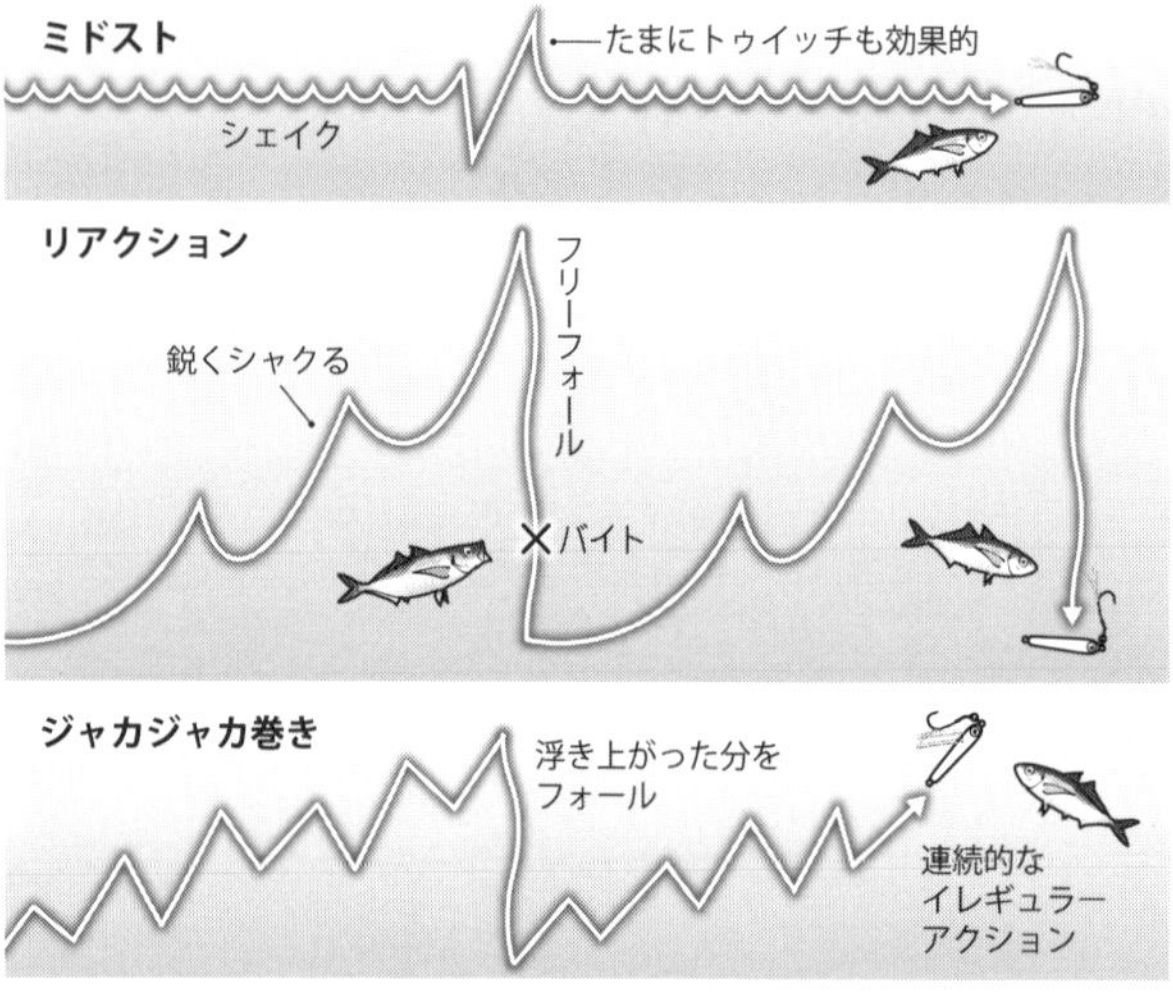

## 漁港五目の TACKLE

漁港五目タックル

ロッド
月下美人 EX AGS
AJING 711MLS-T・E

ライン
UVF 月下美人 ライン
月ノ響 II ＋Si
0.4 号

ノーネーム
ノット

リーダー
月下美人
リーダー
6Lb

メタルジグ
月下美人
プリズナー
3g、5g、7g

リール
カルディア
LT2500S-XH

※製品はすべてダイワ

### キャロ用タックルを流用

扱うメタルジグが 3 ～ 10g 程度の場合は、アジング、メバリングのキャロ用タックルがベストだ。長さは 7 ～ 8ft 台、パワーは「ML」と表記されることの多い、適合ルアー重量が 1 ～ 10 g前後に設定されているものがいいだろう。これに合わせるリールは、2000 ～ 2500 番クラスがちょうどいい。ラインは PE0.3 ～ 0.4 号に、フロロの 6Lb クラスのリーダーを接続する。

このタックルで、昼はマイクロメタルジグを投げつつ、夜は本来の役割である、キャロリグを用いたワームで釣ることもできる。また、秋から冬にかけて回遊してくる、小型のメッキをプラグで狙うのにも最適だ。

7ft クラスのキャロ用ロッドに、2500 番台のスピニングリールをセット。これで、かなりバリエーション豊かな釣りが楽しめる。

取り回しのしやすいキャロ用ロッドで、マイクロメタルジグを軽快にキャスト！

## 漁港五目の LURE SELECT

### 万能タイプのマイクロメタルジグで

ミドスト、リアクション、ジャカジャカ巻きと、まったく違う動かし方をすることも多いメタルジグだが、「万能」「汎用タイプ」「バーサタイル」とカタログなどに表記されているものなら、一本でだいたい賄える。人気・定番とされているメタルジグは、誰にでも使いやすいスリムなフォルムとクセのないアクションを持ついっぽう、キレのあるイレギュラーなアクションも持ち合わせているものだ。この二面性で、釣れてくれる魚も幅広い。

月下美人 プリズナー（ダイワ）。あらゆるフィッシュイーターを対象とした万能メタルジグ。カラーは８色をラインナップする。

マゴチもまた、ライトショアジギングの人気ターゲット。高めの水温を好むので、夏から秋にかけてがシーズンとなる。

# 02 サーフの五目ゲーム

外洋に面したサーフには、様々なサカナが回遊してくる。十分な長さとパワーを持つタックルを手に、ヒラメやマゴチ、カンパチにダツといった、よりどりみどりの中型・大型を狙ってみよう。

## 対象魚：ヒラメ・マゴチ・カンパチ・ダツ他 季節に応じた中型・大型が待っている

### 歩いた分だけ釣果も伸びる

広いサーフで、いつどこに回遊してくるかわからない青物、どこに居着いているかわからないヒラメやマゴチを狙うのが、サーフでのライトショアジギングだ。駐車スペースから最低でも1分、場合によっては数10分も歩いて、ようやくポイントにたどり着くということも珍しくない。

たくさん歩くということは、それだけ数多くのポイントを探って、チャンスをこちらから探り当てるということになる。歩いた分だけ釣果も伸びる……これは五目狙いでも、特定の魚種を狙う場合でも、サーフでのショアジギングに共通する原則である。

### 夏と秋の間がオススメ

サーフを歩く釣りなので、それなりの体力的な負担は覚悟する必要があるが、それを苦にならない程度に抑えることは、十分可能だ。

一番簡単なのは、季節を選ぶことだ。秋分を過ぎ、カレンダーが10月に入るころになると、地域によっては山々の木々が紅く色付き始め、いっきに秋らしくなってくる。朝夕はかなり肌寒い一方で、昼間は暑いくらいの陽気がまだ残っている。日中と夜の気温の差が激しく、着る物を悩んでしまうシーズンでもある。

一方海は、陸より季節の進行がやや遅い。陸では夏と秋の境目、暑いのか寒いのかわからないような陽気が続くあたりでは、海のなかは夏真っ盛りなのだ。

この夏真っ盛りの海では、当然サカナも元気になる。陸のアングラーは心地よい陽気、さわやかな風を満喫し、海のサカナは、ベイトが豊富な水中で腹を満たす。人間にもサカナにも優しい夏と秋の間は、サーフでライトショアジギングを楽しむ際、一年で最も有望な時期といえる。

## サーフ五目のPOINT（ポイント）

### まずは目標物を探そう

同じ距離を歩くにしても、たとえば1kmをいっきに歩くのと、200mを少しずつ休みながら5回に分けて歩くのとでは、だいぶ負担が違う。時間と距離の区切りを入れることで、より楽しくサーフを釣り歩けるということは、本文中で触れたとおりだ。

サーフによっては、一定間隔で沖に消波ブロックが設置されていたり、沖に向かって複数の堤防が伸びていたりする。目で見てすぐわかるこういった構造物を目安にすれば、区間を正確に区切ることができる。

さて、歩く区間が決まったら、次はキャストする場所の選定だ。サーフや磯では、岸からの地形が、そのまま海のなかでも連続していることがしばしばある。なだらかで平坦なサーフの沖が遠浅だったり、急な斜面を降りた先の波打ち際、その数m先で水深10mの深場が待っていたりといった具合だ。

自分が今立っている場所の地質や傾斜などで、メタルジグを投げようとする沖の状況がわかれば、これはかなりのアドバンテージといえよう。

岸と平行になるよう沖に設置された消波ブロック帯は、恰好の目印となる。また、もしキャストして届くようであれば、真っ先に探りたいポイントでもある。

サーフのなかには、このように表層ががっちりと護岸され、その護岸が水中まで延々と伸びているものもある。水中がどうなっているのか、想像するのは簡単だろう。

広いサーフのどこかに、ヒラメが着いている場所がある。極力効率的に、また楽しむことを忘れることなく、脚力を駆使して探し当てたい。

## メリハリのある釣行プランでターゲットを狙い撃つ!

季節を選ぶほか、ポイントと時間を細かく区切り、メリハリのある釣行計画を立てるのも、楽にサーフを歩くコツだ。

30分や1時間といった短めの時間に、キャストと移動を集中して行ない、それ以外はきっちり休む。あるいは、数10m範囲の短い区間だけ探り、それが終わったら休憩、もしくはクルマでの移動をはさむといった具合に、キャストする時間、移動する区間に、きっちりと区切りをつけるよう心がけよう。これで、同じ距離を歩く際の体力的・精神的な負担がかなり軽減される。

サーフを歩く目的は、あくまで楽しく釣りがしたいから。これをお忘れなく。

### サーフ五目の TECHNIQUE（テクニック）

#### 泳層をきっちり分け 的確なメタルジグのアクションを繰り出す

堤防や磯に比べて、水深が浅いことも多いサーフ。浅いということは、それだけ泳層の違いがサカナに与える違和感も大きい、ということだ。水深20mの堤防で、泳層が1mずれてもさほど大きな影響はないが、水深3mのサーフで泳層が1mずれようものなら、違和感を与えるどころか、釣りが成立するかどうかもあやしい。

というわけで、サーフにおける泳層の管理、レンジコントロールともいわれる操作は、ほぼ必須となる。水にけして浮かないメタルジグで、このレンジコントロールを自在に行なうためには、ラインで引っ張る、ラインをたるませてブレーキをかける、ラインテンションを保ったまま沈み込ませる……といった具合に、とかくラインに関する操作が多くなる。

このライン操作は、多くの場合、ロッドアクションとセットで行なう。表層近くを引きたければ、ロッドは立て気味に維持。逆に底層を引きたいのであれば、寝かせ気味に構えたうえで、そのままタダ巻きかジャーク。ある程度ルアーの性能に任せっきりにできるプラグと違い、メタルジグのレンジコントロールは、すべてアングラーの手によって行なわれる。このあたりも、ショアジギングのおもしろいところであり、また少し難しいところともいえる。

水しぶきを上げるように表層付近を引いてきたメタルジグに、ダツがヒットしてきた。ダツやシイラといったスリムな体型の青物は、表層での速い動きを好む。

# サーフ五目の TACKLE

## 根ズレ対策は万全に

比較的水深の浅いサーフでは、よほどの急深ポイントでないかぎり、一度のキャストで数回はメタルジグを底近くに通すことになる。この際、メタルジグが結ばれたリーダーが、水中の障害物とこすれて破損したり、最悪の場合は切れてしまうということがある。これを「根ズレ」と呼ぶ。消波ブロックがびっしり敷かれた堤防や、ゴツゴツした岩でできた磯同様、サーフも根ズレ危険地帯だ。

急深サーフでできたブレイクライン、見えない水中に隠された消波ブロック、水中を漂う砂と、サーフで根ズレを引き起こす原因は数多い。ロッドに記載されたスペック、あるいは投げようとするメタルジグの動きが損なわれない範囲の上限で、なるべく太いリーダーを使いたい。

40～60gのメタルジグを扱えるライトショアジギング用タックルなら、幅広いケースに対処できる。

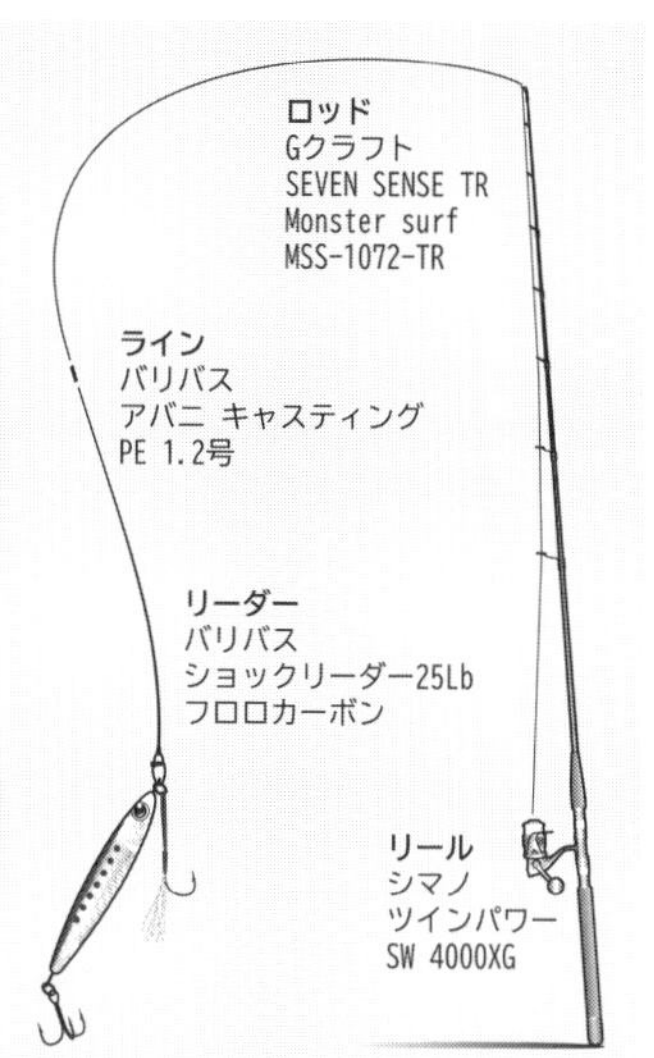

16～25Lbのフロロカーボンであれば、そう簡単に根ズレを起こさず、サカナを取り込むまで耐えてくれる。



# サーフ五目の LURE SELECT

## 横の動きに強いものを

水深は浅いが面積は広く、ポイントはときとしてはるか遠く。こんな特徴を持つサーフを効率的に探るなら、よく飛び、そして横の動きに強いメタルジグがほしい。センターバランスかリアバランスのスリムタイプを基本に、ベイトに寄せていくなら丸みを帯びたもの、あくまでアピール重視なら角張ったエッジの立ったものを、それぞれ選ぶといいだろう。

ブランカ（ヨーヅリ）。こちらはエッジの立ったフォルムとホログラムシートで、強烈なアピールを出せるタイプ。

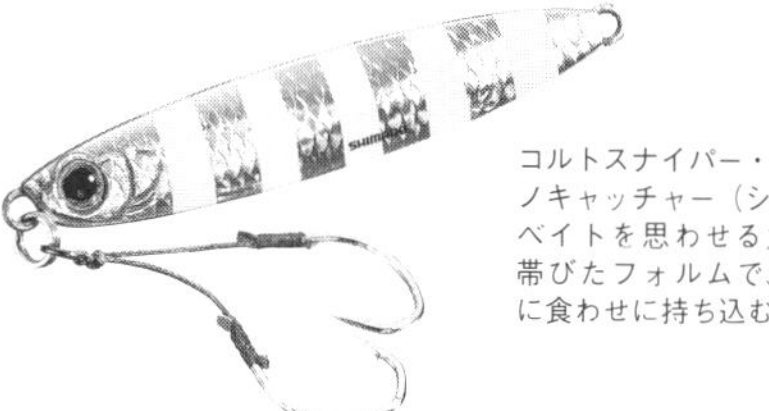

コルトスナイパー・アオモノキャッチャー（シマノ）。ベイトを思わせる丸みを帯びたフォルムで、自然に食わせに持ち込む。

# 03

# マルチタックルの五目ゲーム

**漁港や堤防といったお手軽なフィールドでも、そこで釣れるサカナ全部を手にしようと思ったら、正直な話、ショアジギング用タックルだけでは足りない。だったら話は簡単、複数のタックルを持ち込んで、あれこれ欲張って狙えばいいのだ。**

沖がなにやらざわめいていたので、18ｇのメタルジグを投げたら、カマスが釣れた。もちろん、この18ｇのメタルジグだけで、港内にいるサカナ全部が釣れるわけではない。

## 対象魚：カマス、ニベ、ヒイラギ他 いっきに増えた手札でまとめて攻略

### ショアジギングの限界⁉

貴重な休日、せっかく釣り場まで出向いたのだから、なるべくいろいろなポイントで、いろいろなサカナを狙いたい。ライトショアジギング、とりわけマイクロショアジギングは、こういったニーズに応えるのに最適の釣り方ではあるが、さすがにありとあらゆるサカナを余すことなく、多彩な条件の下で全部釣れ、という要求に応えるのは難しい。

幸いなことに、ライトゲームで使うタックルはどれも軽いし、セッティングもすぐできる。となれば、話は簡単だ。マイクロメタルジグ用、小型プラグ用、ワーム用と、それぞれのルアーに合わせ、複数のタックルを用意すればいいのだ。

### 3種類のタックルを用意

クーラーにロッドホルダーを取り

カマスのような口の大きな肉食魚であれば、メタルジグ、もしくは同じタックルで使い回せる重めのプラグでも釣れる。だが港内の足元には、メタルジグもプラグも口に入れられないサカナも、多数生息しているのだ。

# マルチタックル五目のPOINT

## なるべく規模の大きな漁港で

ひとくちに漁港と言っても、端から端まで徒歩数十秒で横断できるような小さなものから、クルマを使わないと移動に一苦労する超巨大港まで、様々なものがある。小規模なものであれば、必要とされるタックルのパワーやルアーのサイズは幅も広くないため、1本のタックルで簡単に対応できる。やはりマルチタックルの強みを最大限に味わうには、ちょっと見渡しただけで船溜まり、スロープ、深く広い航路と、ありとあらゆるライトゲームのポイントが詰め込まれたような、なるべく広大なフィールドで使いたい。

小規模ではあるが、港内なのにトリ山が発生していた。表層に集まったベイトを、海鳥が上から捕食している状態だ。タックルの選択肢が複数あれば、こんなチャンスをフイにせずにすむ。

係留船の合間にルアーを落とし込み探っていくのは、漁港内における基本テクニック。ここではぜひ、マイクロメタルジグを使いたい。

日が落ちて、常夜灯の明かりが港内を照らし始めた。昼間とはまったく違う状況と対象魚を、豊富な手札を生かして仕留めよう。



付け、そこに複数のタックルをセットし、クーラーとタックルをまとめて持ち歩くというスタイルは、ワームでのアジングをやったことのある方ならおなじみだろう。マイクロショアジギングの五目狙いで、それとほぼ同じことをやるのだ。

用意するのは、本命のマイクロショアジギング用、プラグや重めのジグヘッド単体リグを使える汎用タイプ、そしてPEラインではなくエステル、あるいはフロロカーボンラインを巻いた、繊細なジグヘッド単体リグ専用タックル、この3つだ。これで、漁港や堤防のたいていのサカナは釣れる。この「たいていのサカナ」には、マイクロメタルジグですら掛けるのが難しい、大きめのルアーとさして変わらないような大きさの、様々な小魚すら含まれている。文字通り、釣り場全体を一網打尽にして釣り尽くしてしまおう、というプランだ。

## 足場のいいところなら複数タックルを持ち込んでみよう

難点は、当たり前だが、複数タックルを持ち運ぶ手間がかかること。1本だけなら、片手に持った状態で岩場を歩けたりもするが、複数タックルを持ち運べるのは、足場が平坦な、漁港や堤防といったコンクリートの釣り場ぐらいだ。

もっとも、そういうポイント面での制約を帳消しにする柔軟性、そして汎用性を、このマルチタックルというやり方は秘めている。

あまり広範囲に動けないのであれば、マルチタックルを駆使して、その場で一番合う答えが引けるよう、豊富な選択肢をどんどん試していけばいい。タックルが1本だけのときとは、手札の数も質も違う。手練手管をとことん駆使し、楽しい一日を作り上げよう。

# マルチタックル五目のTECHNIQUE(テクニック)

## ルアーとタックルの使い分けどこを見て判断する？

まず最初に、どのタックルを使ってどのサカナを釣りたいか、第一希望をまず明確に定める。このサカナに合わせたタックルを、最初に使う1本としたうえで、それより大きいサカナを重いルアーを使って釣るのか？　反対に小さなサカナを、小さなルアーや細いラインを使って釣るのか？　第二希望、第三希望ぐらいまでを出しておく。これに関しては、だいたいのサイズさえわかれば、あまり明確でなくともいい。

こういうシミュレーションを展開するうちに、その日釣りたいサカナの最大と最小をカバーするには、どんなタックルが何本必要なのか？　と、徐々に答えが見えてくるはずだ。もしも1本で足りるならそれでいいが、1本ではちょっと頼りないというのであれば、マルチタックルの出番だ。

沖のトリ山に向けて、メタルジグをフルキャスト。ロッドをここまで曲げればよく飛ぶが、これは使うルアーとバランスの取れたタックルを、きちんと選んで使っている証拠だ。

こんなヒイラギですら、マイクロメタルジグで釣れてしまうこともある。こうなると、どのサカナをどのタックルで狙うべきか、さらに答えがこんがらかりそうだ。

ジグヘッド単体リグで、珍しいニベが釣れてきた。もうちょっと粘っていれば、マイクロメタルジグで釣れたかもしれない。

## マルチタックルの選び方
## ここでの3つはあくまで一例

この３種類のタックルは、12月中旬〜下旬、静岡県西部にある太平洋に面した大規模漁港で、丸一日楽しむことを前提に組んだ例だ。左からメタルジグ用、プラグ汎用、そしてジグヘッド単体用となっている。

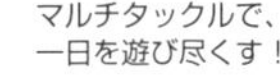
マルチタックルで、
一日を遊び尽くす！

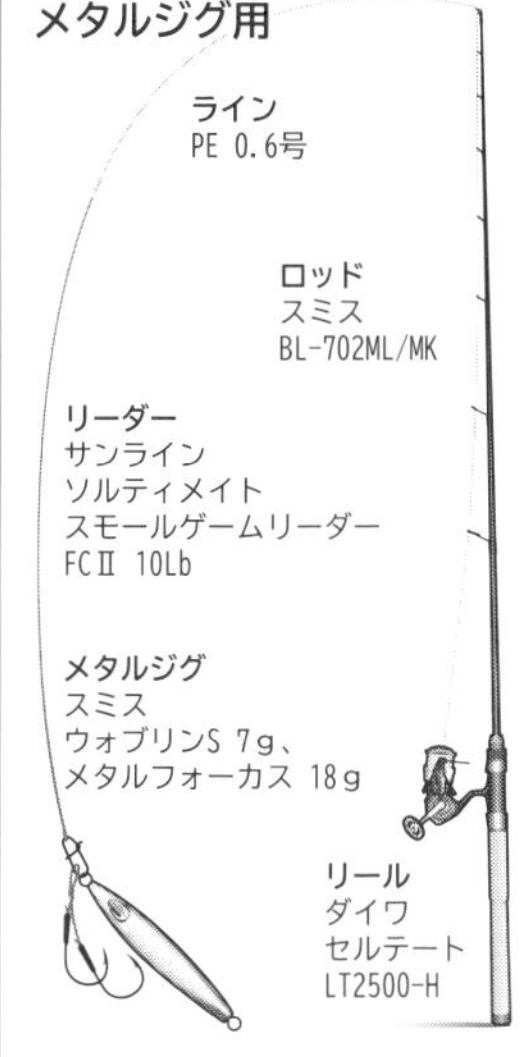


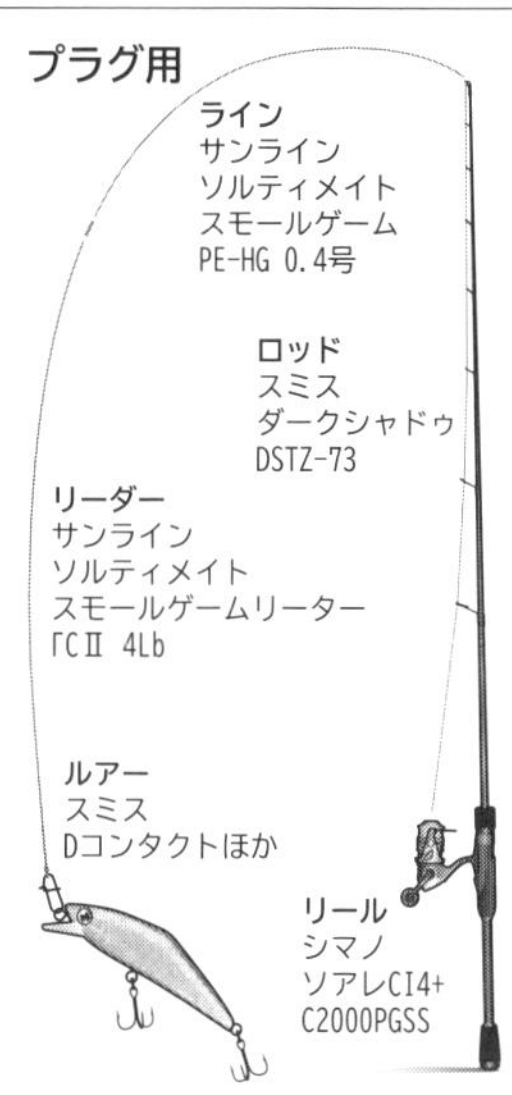


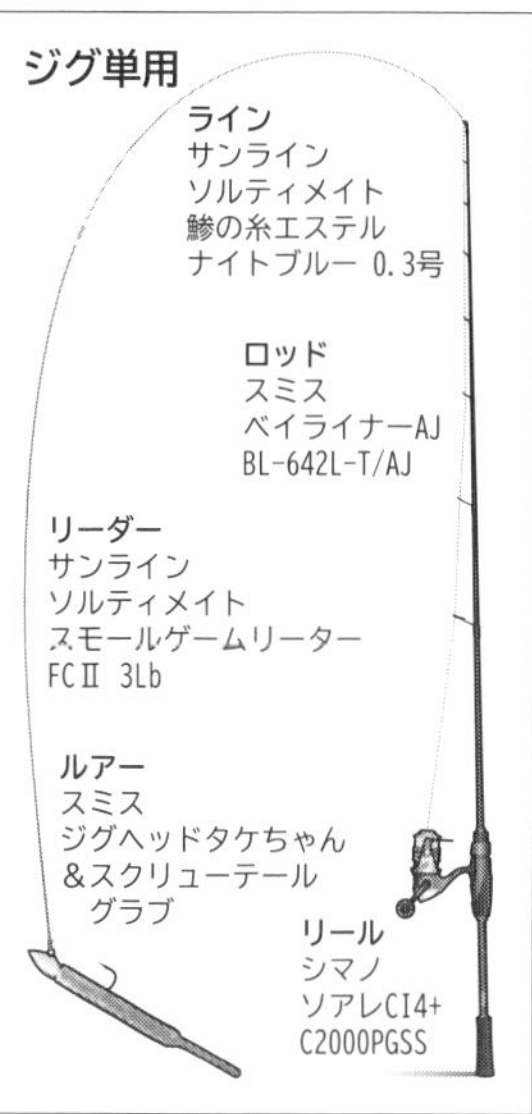


## マルチタックル五目の LURE SELECT

上からメタルジグ、ヘビーウエイトミノー、シンキングペンシル、ジグヘッド単体リグ。１つのタックルで扱えるのは、いいとこ３種類のルアーまで。この４種類全部は、さすがに無理がある。

### 「やりたいこと」を明確に

どのルアーにどんな役割を持たせ、どのサカナを狙うのか。マルチタックルでやれることが増えたぶん、自分のやりたいことを明確にしておかないと、使うルアーにブレが生じてしまうので、注意したい。

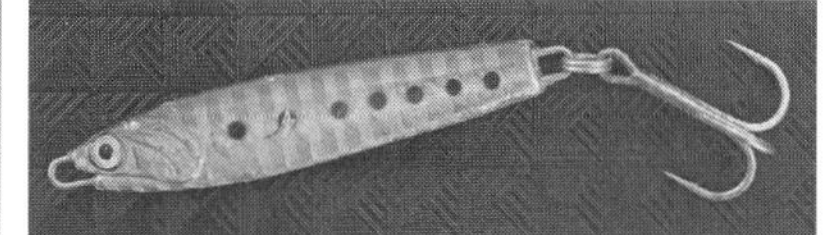
メタルフォーカス（スミス）。イワシの再現を目指して作られた、汎用性の高いメタルジグ。これでカマスが釣れた。

04

# タダ巻きショアジギングという提案

タダ巻きで中層を狙っていたらオオモンハタが出てきた。

「メタルジグは、使い手を選ぶエキスパート用のルアー」というのは、昔の話。現在は最もシンプルな操作法である「タダ巻き」さえできれば、誰だって釣果にありつける。そんなタダ巻きショアジギングの秘密に迫ろう。

## メタルジグさえ厳選すれば最初から最後までタダ巻きだけでいい!?

### ライトでも辛い!?

ライトショアジギングはたしかに手軽な釣りではあるが、何10gものメタルジグを何度も投げてはシャクって、投げてはシャクってというのは、体力的な負担もかなりのものがある。もう少しなんとか、楽ができないものか。

となれば、答えはひとつ。さすがにキャストの動作までは省力化できないので、もうひとつの疲労の原因であるシャクリをなくせばいい。そう、最初から最後までタダ巻きで通すのだ。

シャクリなし、体力的な負担もほとんどなし、実はタダ巻きだけでも、ショアジギングは釣れる。ただし、タダ巻きだけでもしっかりとアクションするメタルジグを選ぶ必要がある、という条件つきである。

### スピードも中速でOK

タダ巻きで釣れるメタルジグの使い方は、キャスト後、メタルジグを着底させるところまでは、通常のショアジギングと同じだ。

違うのは、その後から。ロッドを大きくあおってシャクリを入れる……ではなく、ロッドを軽く立てた状態で、メタルジグが中層に上がってくるまで、タダ巻きしてくるのだ。中層まできたら再び着底させ、着底したらまた中層までタダ巻き、中層まできたら……この一連の動作は、キャストしてから足元にメタルジグがくるまで、4～5回は繰り返せるだろう。

## レンジにだけは気を配ろう

タダ巻きショアジギングでも、通常のシャクリを入れるショアジギング同様に、狙うレンジが重要となることに変わりはない。

例えば、魚が表層でエサを食っているような時や、ベイトが表層にたまっている状況では、表層が攻略レンジとなる。メタルジグが水面を飛び跳ねるよう、高速リトリーブでタダ巻きする「スキッピング」が有効だ。

その一方で、ボトム付近に潜むロックフィッシュやフラットフィッシュを狙うのであれば、メタルジグを必ず着底させなければならない。

このように、キャストからアクションに入るまでの一連の動作は、シャクリを伴う通常のショアジギングとタダ巻きショアジギングに共通している、という点にご注意いただきたい。

リールを巻く動作が、誘いとアワセを兼ねている。メタルジグを所定のレンジまで到達させたら、あとは本当に「巻くだけ」で完結する。

タダ巻きであれば、底中心の攻めにならないぶん、根掛かりのリスクも軽減できる。

タダ巻きショアジギングの信憑性を確かめたければ、マダイを狙ってみるといいだろう。一定速度のタダ巻きが、実によく釣れるのだ。

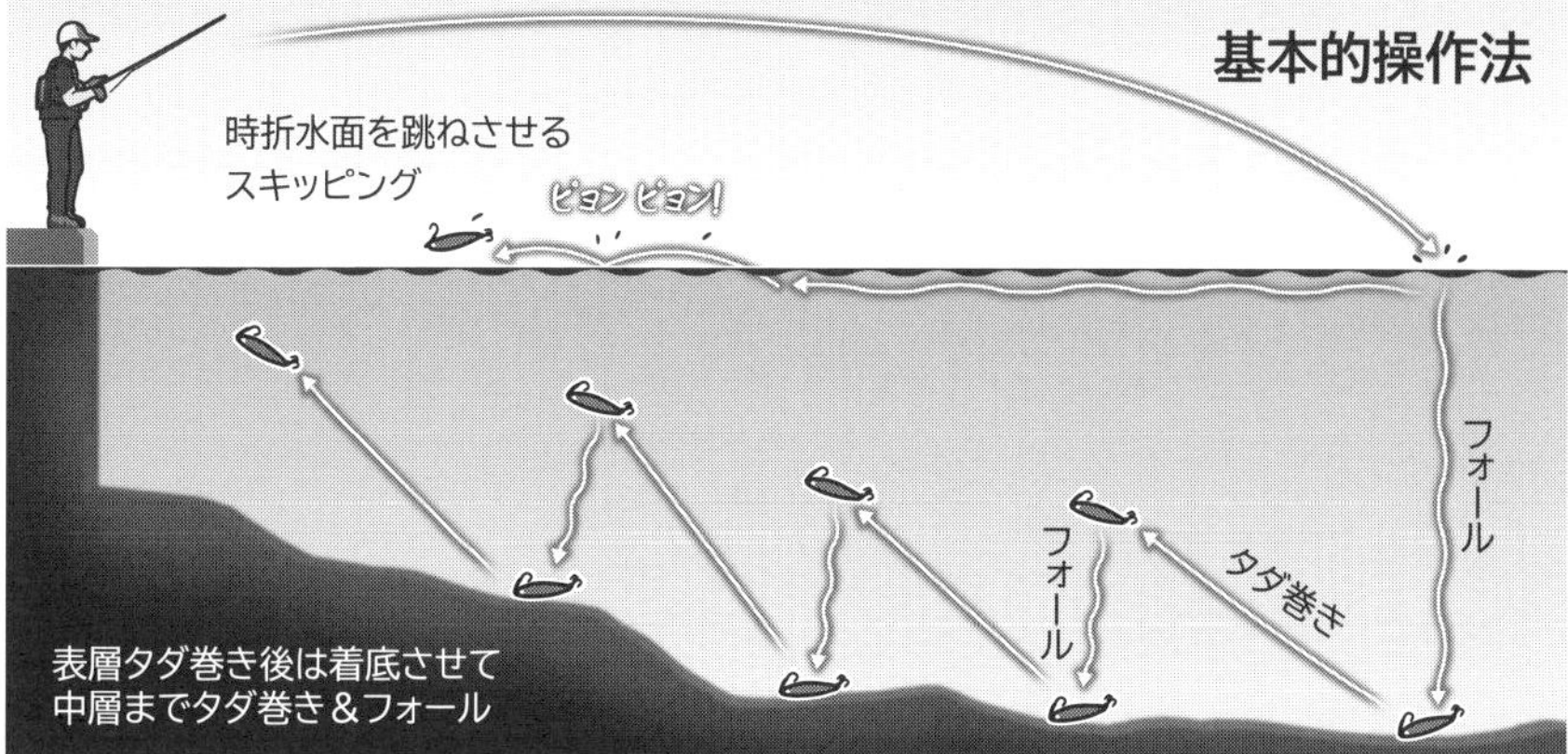

青物も根魚も、まとめてこのやり方で釣れる。しかも青物相手でも、超高速で巻いてくる必要はない。最低限、メタルジグが水を受けて泳いでいること、そしてそれを一定のスピードで維持していればOKだ。

## アワセすらいらなかった⁉

アタリがあっても、ロッドを大きくあおってアワセを入れる必要はない。タダ巻きの動作によって、自動的にフッキングしてしまうからだ。つまり、アワセすらいらないのだ。

ガッツリとシャクリを入れて、こちらから「狙った」感じで釣るおなじみのライトショアジギングは、たしかに楽しい釣りだ。だが、タダ巻きのみで誘い、向こうアワセで半自動で掛けてしまうスタイルを一度味わうと、これはこれでヤミツキになることうけあいである。ぜひ一度、お試しいただきたい。

## タダ巻きショアジギングの TACKLE&LURE

### いつもの ライトショアジギング用でOK！

タックルは、いつものライトショアジギングタックルがベストマッチだ。リーダーとの結束はFGノットがベストだが、まずは電車結びを覚えておけばなんとかなる。

メタルジグは「タダ巻き対応」と銘打ってあるものを選ぼう。前後の厚みが違うもの、左右非対称なもの、微妙な湾曲を描いているもの、後部にブレードスピンがついているものは、たいていタダ巻き対応だ。

長さ9フィート前後、適正ルアー重量30～40g前後のライトショアジギングタックルが使いやすい。

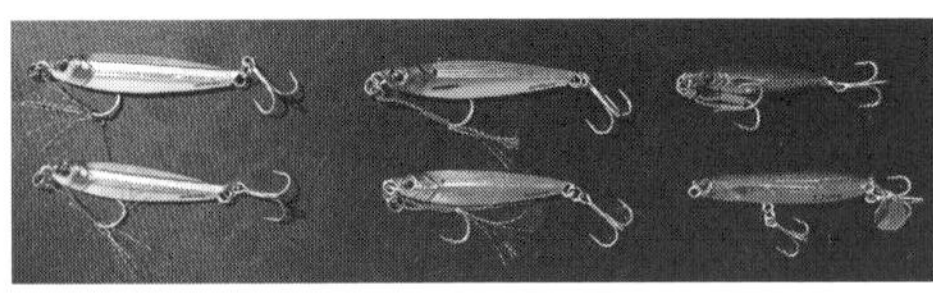
ジグパラシリーズ（メジャークラフト）のメタルジグであれば、どれを使っても、タダ巻きでしっかりと泳いできてくれる。

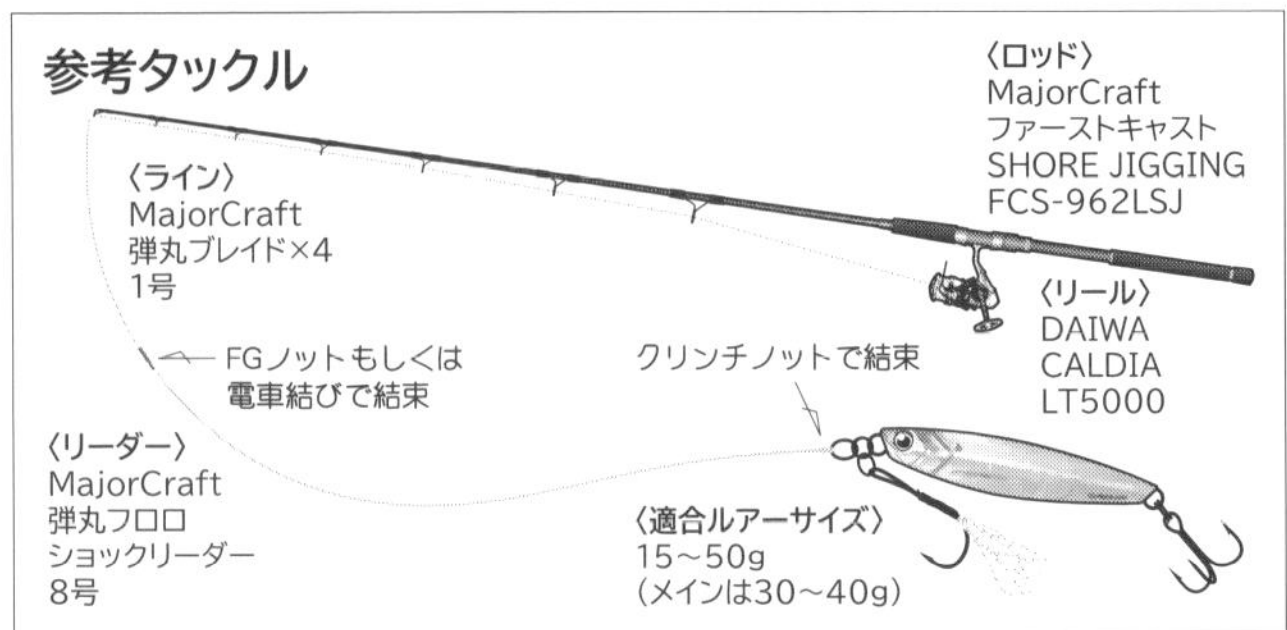

ラインはPEライン一択。慣れないFGノットより、慣れた電車結びでリーダーと結束しても問題ないだろう。

# 第5章

# ライトショアジギング 応用編

## ちょっと変わったこんな釣り方で ライトショアジギングを楽しんでみよう

メタルジグとは似て非なるルアーを使ったり、普通ではあり得ない目的のためにメタルジグを使ったりと、ライトショアジギングに分類される釣りのなかには、ちょっと変わった「応用編」ともいえるものがある。最初は戸惑うかもしれないが、慣れれば楽しく、そしてよく釣れる、新たな世界にご招待しよう。

CONTENTS

# 01

# メタルジグの仲間たち ①メタルルアー

浅場の底近くを好むキビレは、メタルルアーで狙いたい魚の代表格だ。

**一般的なメタルジグの形とは異なるが、同じように金属素材を用いているため、比重、飛距離や沈みなどがメタルジグに近い、もしくはほぼ同じルアーを「メタルルアー」と呼ぶ。メタルジグが攻めきれない部分の隙間を埋める、強い味方となるだろう。**

## メタルだけどメタルジグじゃない？ 新たな可能性を秘めた金属製ルアー

### いろいろな呼び方がある

金属素材を、延べ棒や厚めの板のような形状になるよう成形されてできたのが、ご存知メタルジグ。だが金属は、棒状や板状以外にも、もっと自由な形に成形することもできる。より小魚の形に近づけたり、タダ巻きでも泳ぐように前後で厚みの違いをもたせたり、大きく折り曲げたりしたこれら金属製のルアーは、その違った見た目のためにメタルジグ扱いされず「メタルルアー」と称されることが多い。

さらに、金属以外の素材を用いているが、比重や動きなどメタルジグに限りなく近いルアーもある。ヘビーミノー、ヘビーシンキングペンシルと称されるものだ。

こうした、金属素材でありながらメタルジグとは形状の違うルアー、金属以外の素材を使用しているが、メタルジグと同じような使い方をするルアーは、まとめて「キャスティングルアー」と呼ばれることもある。メタルジグとプラグ、ときにはワームの強みすらも兼ね備えたこれらのルアーは、2000年代中盤から市場に出回りはじめ、2010年代には、メバル・アジ・小型青物攻略に欠かせないマストアイテムとなった。

### 基本はタダ巻き

メタルジグのなかにも、タダ巻きだけで十分泳いで魚を誘ってくれるものは数多くあるが、メタルルアーは、その性能をさらに強化したものと思っていいだろう。棒状でも板状

## メタルルアーのPOINT（ポイント）

### きわめて浅い場所にも対応

　メタルルアーにできてメタルジグにできないことが、実はひとつだけある。水深１mにも満たない、きわめて浅い場所の攻略だ。本来であれば、水深１mもないような場所は、プラグやワームで探るもの。メタルジグでは、あっという間に着底してしまう。根掛かりしないよう引いてくることもできなくはないが、根掛かりを避けることだけに集中してしまい、アタリの感知やアワセといった動作が、ついおろそかになってしまう。

　メタルルアーのなかには、プラグやワームのように、浅い場所でタダ巻きするだけでもきっちりと泳いでくれるものがある。メタルジグを中心に使いつつ、移動や潮位の変化で浅い場所を探るシーンが訪れたら、積極的に使ってみたい。

歩いて渡れそうな浅い河口部は、メタルルアーがもっとも得意とするフィールド。

短い距離でも確実に泳いでくれるので、対岸まで手が届きそうな小場所で使ってもいい。

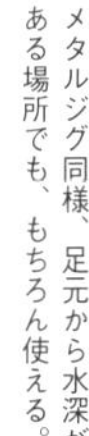

メタルジグ同様、足元から水深がある場所でも、もちろん使える。

マイクロメタルジグ同様、様々な魚が食ってくる。まさかのシロギスまでもがヒット。

メタルジグが得意とするカサゴも、メタルルアーでよく釣れる。

でもない、それぞれ工夫をこらした様々な形は、おおむねタダ巻きできっちりと泳がせられるか、フォールだけで誘いを入れられるよう研究した結果によるものだ。

　よって使い方は、タダ巻きもしくはフォールのみでいい。タダ巻きだけでは不安、もしくは飽きてしまうというのであれば、メタルジグを使うときのようなロッドアクションを入れてもいい。

第5章

## 可能性は無限大

メタルジグ同様、メタルルアーにも大小様々なものがある。ライトショアジギングタックルで扱うような40g前後のものから、マイクロメタルジグやジグヘッド単体のワームと同じような重さである1g前後のものまで、バリエーションは実に幅広い。

またメタルジグと同じように、同じメーカー・同じモデルで、サイズのバリエーションが豊富に取り揃えられているものもある。狙いたい魚、釣りたいポイント、手持ちのタックルと相談して、いろいろ試してみるといいだろう。釣りの幅がさらに広がるはずだ。

## メタルルアーのTECHNIQUE（テクニック）

### ロッドアクションはメタルジグのときより控えめに

メタルルアーにも様々な種類があるので、ここではその代表として、オススメルアーとしてご紹介したNAZZO JIGを例に、使い方を解説しよう。

独特な形状にブレードを備えたNAZZO JIGは、タダ巻きでの十分なアピールと、浅い場所での扱いを念頭に作られたメタルルアーである。よって基本アクションはタダ巻きとなる。このタダ巻きの最中、魚が追ってくるのが見えたら、ロッドの先端を軽くあおって、メタルルアーを小刻みに動かす。これが誘いとアワセの動作を兼ね、より確実にフッキングするようになる。

アクションを加える際は、メタルジグを扱うときより、ロッドの動きを細かくしよう。トゥイッチを入れたり、軽いジャークとフォールを組み合わせたりしてサカナからバイトを引き出そう。もちろん、タダ巻きだけでも食わせることは可能だ。

下向きに構えたロッドを、軽く動かす。プラグを使う際多用される、トゥイッチングというテクニックだ。

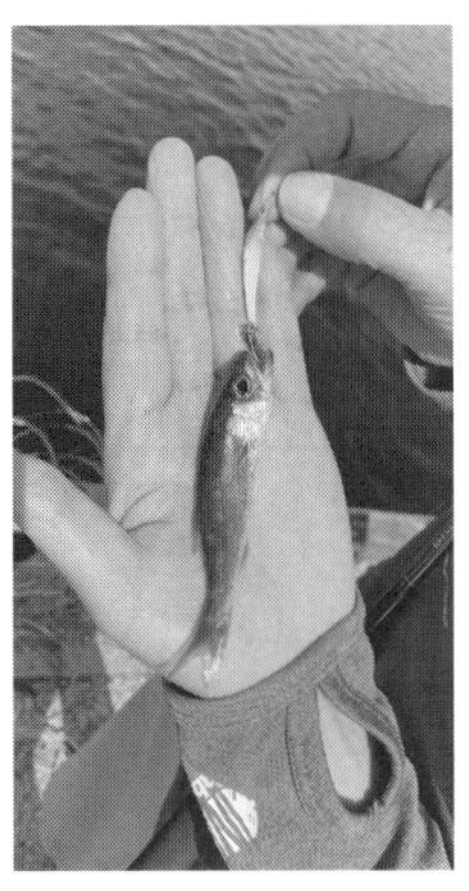

タダ巻きや控えめなアクションでも釣れるので、これだけ小さな魚が掛かっても、口が切れたりせずキャッチできる。

**通常の狙い方**

①任意のレンジまでカウントダウン

②タダ巻き、時折トゥイッチでアピール

**渋いときの狙い方**

①任意のレンジまでカウントダウン

②小刻みなダートからのフォール

## メタルルアーの TACKLE

### 同サイズのメタルジグと同じもので

形や動きが少々違うだけで、根幹の部分はメタルジグと変わらないメタルルアーだけに、それを扱うタックルも流用可能だ。

ここでご紹介した例は、アゴメタルやNAZZO JIG、あるいは10ｇ前後のメタルジグを使い、小規模なサーフや河口、漁港内といった、ポイントまでの距離が短く水深も浅いフィールドを狙うことを想定したものである。より正確なルアー操作と、安定性の高いやり取りのため、ベイトフィネスタックルを使用している。

#### メタルルアー参考タックル

**タックル1**

〈ロッド〉
INX.label
FXB-TS67
Tres SABIA

〈ライン〉
YGK よつあみ
ボーンラッシュ 0.6号

〈リーダー〉
KUREHA
シーガーグランドマックスFX
1.75号

〈スナップ〉
BOMBADA
スナップ オーヴォ
0番

〈リール〉
DAIWA
スティーズ
CT SV TW

〈適合ルアー〉
2～14g

**タックル2**

〈ロッド〉
INX.label
FXB-ES52
SELA

〈ライン〉
YGK よつあみ
オードラゴン 0.4号

〈リーダー〉
KUREHA
シーガーグランドマックスFX
1.2号

〈スナップ〉
BOMBADA
スナップ オーヴォ
0番

〈適合ルアー〉
1～10g

〈リール〉
DAIWA
アルファス
AIR TW

大型のカサゴは、ときとしてアワセからの速攻勝負を要求されることもある。ラインの出し入れを片手で切り替えられるベイトタックルが有利となることも多い。

普段メタルジグを扱っているタックルを、そのまま流用可能。ベイトフィネスは、メタルジグ・メタルルアーともに相性抜群だ。

## メタルルアーの おすすめアイテム

### 形状と付属パーツに注目

メタルルアーと呼ばれるルアーは、変化のある形状の本体を持つもの、メタルジグとあまり変わらない見た目ながら、付属パーツで大きく持ち味を変えているもの、本体とパーツの両方で個性を発揮しているものと、様々なタイプがある。狙う魚やポイントに応じて、どの泳層でどんなことができるのか、よく調べてから手に取ろう。

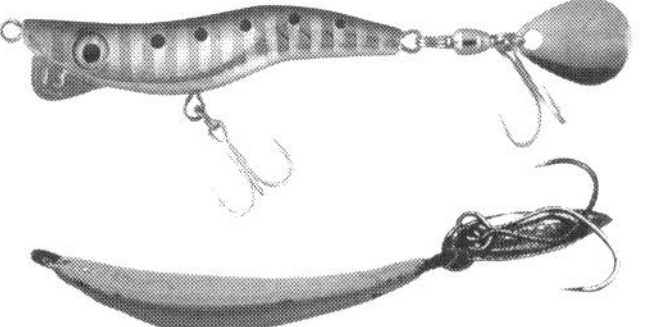

メタルマル（ブリーデン）。アオリイカのエギを思わせる湾曲した本体に、フックとブレードがセットになった「ブレードフックシステム」を搭載。

NAZZO JIG（INX.label）。下に重心のある舟型の本体とブレードフックシステムの複合で、強烈なアピールを発揮する。

アゴメタル（AGO-Products）。太い頭部でしっかりと水を受け、タダ巻きでもきっちり泳いでくれる。

第5章

# 02 メタルジグの仲間たち ②ジグヘッドリグ

通常のジグヘッド単体リグよりスマートなフォルムと重めの重量で、ワームとメタルジグをまとめていいとこ取りだ。

ワームを扱うためのリグには、大きさや重さ、使い方などが、メタルジグときわめて近いものがある。タックルはそのままに、メタルジグとはまったく違う誘いを瞬時に繰り出せるジグヘッドリグをご紹介しよう。

## メタルジグの機動力とワームの誘いふたつ合わせて釣果倍増！

### ワームの動きはリグ次第

ワームは、ときとしてソフトルアーとも称される。可塑剤を多く含むプラスチックを素材とし、より小魚や甲殻類の動きに近い動きを水中で出せるようにしたルアーだ。

このワームだが、それ単体では魚は釣れない。飛ばしたり沈めたりするためのウエイト、魚を掛けるためのフック、ウエイトとフックを接続する各種パーツなど、様々な付属品とセットで使う。この、ワーム本体以外のパーツをまとめて「リグ」と呼ぶ。どんなリグでワームを使うかで、ポイント・距離・泳層・誘い方など、釣りの根幹が大きく左右される。ワームの釣りで釣れるか釣れないか、それ以前に魚のもとまで届くかどうか、これはすべてリグで決まるといっても過言ではない。

### 機動力はメタルジグと同等

さて、このリグのなかには、メタルジグと同様の飛距離や沈みを持ったものがある。大型で流線型をしたウエイトとフックがセットになった、スイミング系ジグヘッドと称されるタイプなどだ。

こういったリグにワームをセットして使うことで、メタルジグを投げていたタックルはそのままに、同じポイントをワームで探ることもできる。これがワームの自然な動きと、よく飛びよく沈むメタルジグの機動力を併せ持った、ジグヘッドリグと称すべきルアーだ。

メタルジグでなければ届かない遠

くて深いポイントも、ジグヘッドリグがあれば同じように探れる。魚からすれば、先程まで硬い素材の小魚のようなものが散々飛んできて警戒していたところに、まったく違う動きをする「別のなにか」が来たように見える。この大きな変化で一気に警戒が解け、途絶えていたアタリが復活することも少なくない。

ジグヘッドリグは、メタルジグのポイントと対象魚でそのまま流用可能だが、根掛かりがきつい磯でよく動くハタ類を狙うときなどは、メタルジグよりさらに効率的に釣れる。

## ジグヘッドリグのPOINT（ポイント）

### 根掛かりへの強さを利用する

同じポイントでタックルはそのままに、メタルジグでの誘いからワームでの誘いに変えるためのルアーがジグヘッドリグだ。つまりポイントは、メタルジグでの釣りとまったく同じと思っていい。

だが、最初からジグヘッドリグを投入したほうがいいポイントというのは、いくつかある。その代表が、ハタ類が狙えるような、ゴツゴツとした岩場だ。こういった場所は水深があり、また流れも速いため、軽いルアーではすぐに流されてしまうが、相応のジグヘッドリグの飛距離と重さがあれば、思った場所にルアーを投入し、思ったとおりのコースを引いてこられる。

だったら、最初からメタルジグを使えばいいのでは？　と思うかもしれないが、ここでジグヘッドリグの別の強みが生きる。リグのセッティング次第で、メタルジグより根掛かりしにくくなるのだ。ハタが釣れるような岩場は根掛かりのリスクも高いが、ジグヘッドリグの根掛かり回避性能があれば、かなり大胆な攻略も可能になってくる。

沖に少しだけ頭を出した岩場のそばを直撃するならジグヘッドリグの出番だ。通常のジグヘッドリグでは届かない場合は、メタルワームの出番。

波が白く砕けた下には、多数の岩が沈んでいることが予想される。根掛かり対策は万全に整えておきたい。

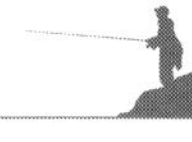

## 組み合わせバリエーションで応用力抜群！

メタルジグ同様の機動力を持つジグヘッドリグだが、ウエイト・フック・その他パーツによって構成されたリグ、そしてワーム本体がセットであることからもおわかりのとおり、メタルジグ以上にいろいろと応用が効くルアーである。

リグを構成するパーツを増やしたり交換することで、様々な付加価値を乗せられるようになる。ウエイトはそのままに沈下速度だけ落としたり、フックを増やしてよりフッキングしやすくするというチューニングは、まさにその一例だ。

あれこれ試したオリジナルのセッティングで、狙いすまして釣果を挙げられたら、これほど楽しいことはない。

### ジグヘッドリグの TECHNIQUE（テクニック）

#### タダ巻きとテンションフォールを適宜使い分け

メタルジグと同じような動きを見せるリグとワームを選んで組んだ以上、その扱い方もメタルジグと大差はない。しいていえば、タダ巻きに強いタイプのメタルジグと同じ使い方、というべきだろうか。

基本は、沈めてからのタダ巻きだ。だが魚種によっては、表層近くを巻くだけで食ってくることもある。青物全般、またハタ類のなかでも活発に泳ぐ、オオモンハタなどに使いたい。

また、特定の場所に居着いて獲物を待ち伏せるタイプの魚を釣る場合は、リフト＆フォールも有効だ。こちらはハタ類でもあまり動かない、アカハタ狙いで多用する。

基本アクションはタダ巻き

リトリーブ

カウントダウン

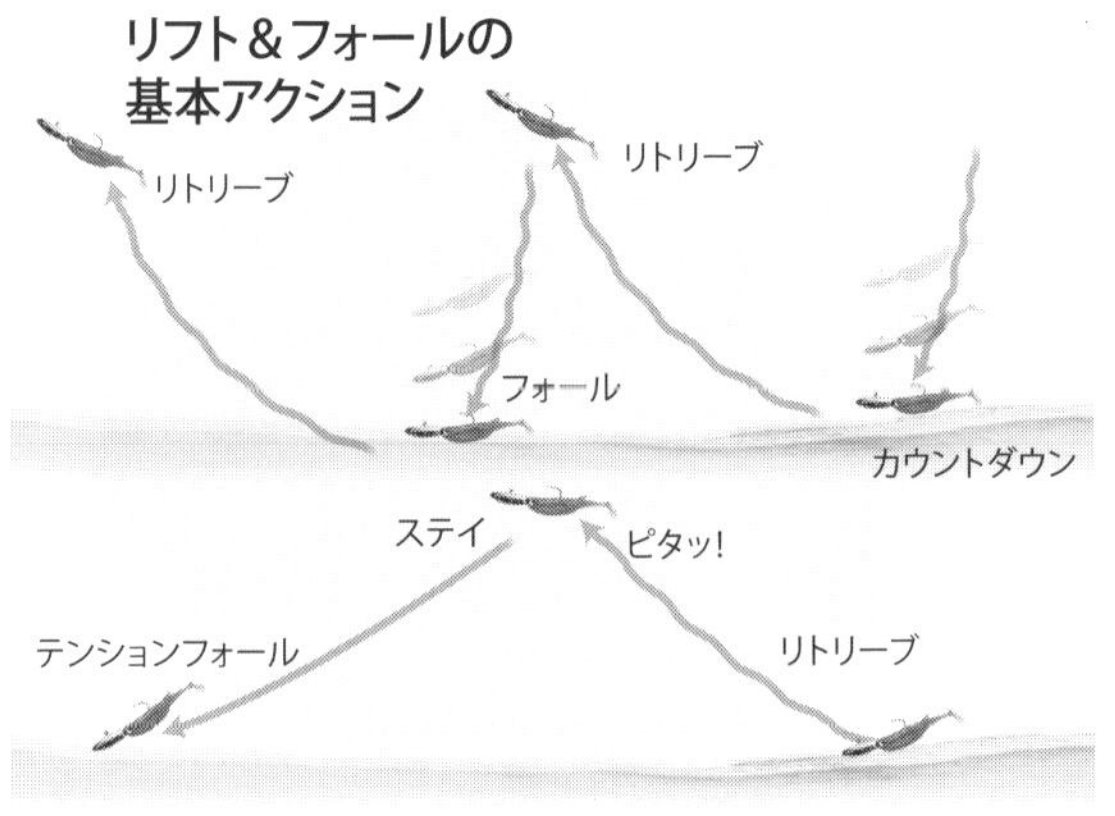

## ジグヘッドリグの TACKLE

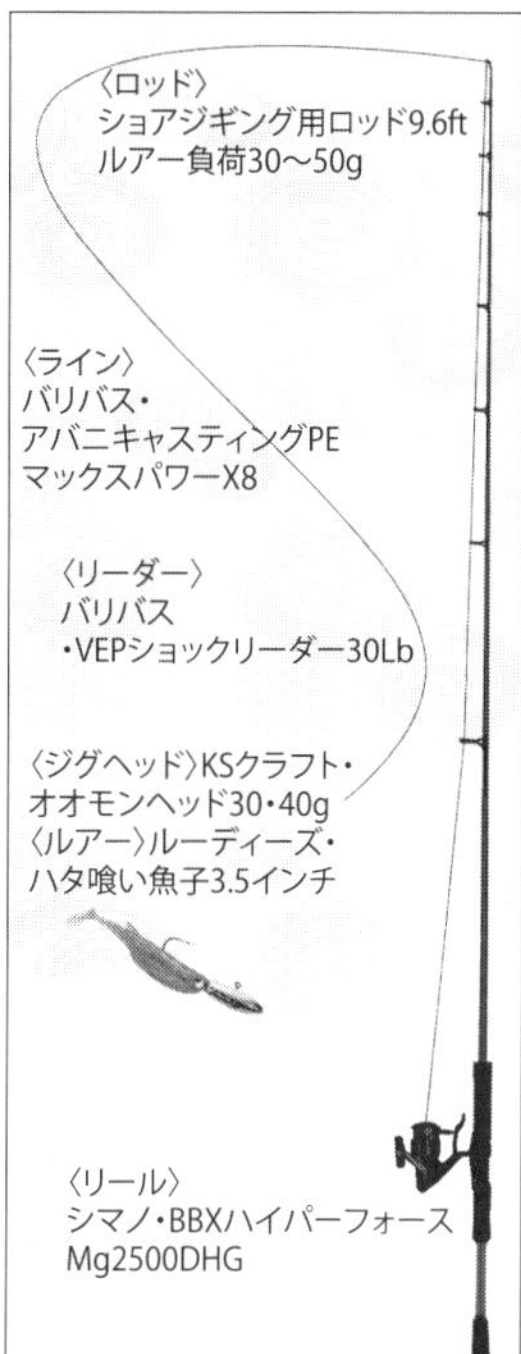


### 同サイズのメタルジグと同じもので

前のページで触れたメタルルアー同様、同じポイントの同じ泳層を、タックルはそのままの状態で、メタルジグからワームへの誘いに変えられるのがジグヘッドリグ。つまり、取り立てて特殊なタックルは必要ない。扱うジグヘッドの重量に対応した、汎用的なショアジギングタックルで十分だ。

こちらは、おすすめルアーで紹介した「ハタ喰い魚子3.5インチ+オオモンヘッド30g」という組み合わせのジグヘッド単体リグで、磯の各種ハタを狙うための参考タックルだ。根掛かりの心配さえなければ、このタックルはそのままに、メタルジグに戻して使ってもいい。

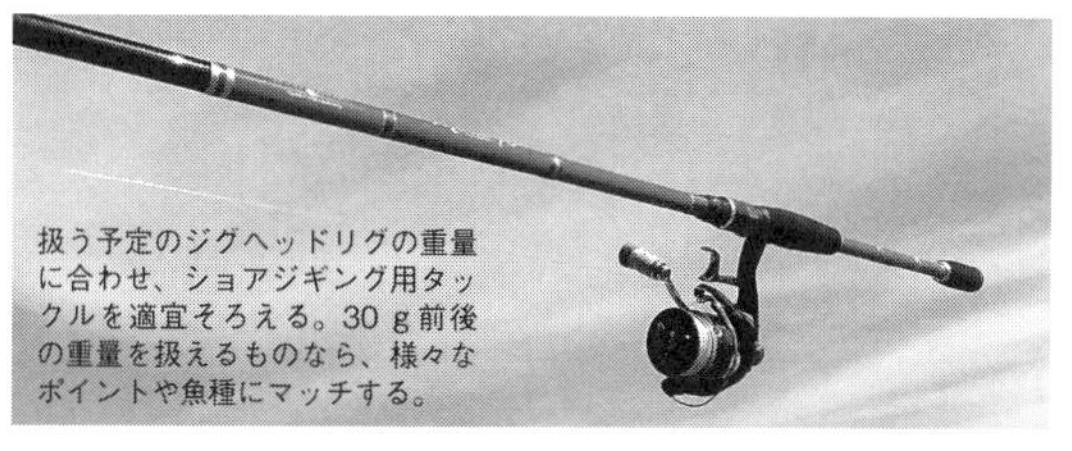
扱う予定のジグヘッドリグの重量に合わせ、ショアジギング用タックルを適宜そろえる。30g前後の重量を扱えるものなら、様々なポイントや魚種にマッチする。

ラインはPE一択。これをFGノットでリーダーと接続する。

磯でハタなどの大型根魚を狙う際は、太めのリーダーを用意したい。

## ジグヘッドリグの オススメアイテム

### スイミングタイプのジグヘッドで

ワームにメタルジグのような動きを与えるためのジグヘッドには、細めで先端が弾丸状にすぼまったウエイトを持つ、スイミングタイプと呼ばれるものが最も適している。そして合わせるワームも、速い動きに対応するシャッドテール、ピンテールなどがいいだろう。

適切なサイズのジグヘッドを使えば、このように口中にフックが入って、ガッチリフッキングする。

ジグヘッド：KSクラフト・オオモンヘッド30g、ワーム：ルーディーズ・ハタ喰い魚子3.5インチという組み合わせ。中速～高速のタダ巻きやリフト&フォールに完全対応。

第5章

# 03 スピンブレードを活用する

青メバルのように魚食性の強い肉食魚には、スピンブレード付きのメタルジグは特に有効だ。

メタルジグに、水流を受けて回転する「スピンブレード」と呼ばれるパーツをつけることで、まったく違った動きを見せたり、より強烈なアピール力を得たりといった効果が得られるようになる。様々な魚種に有効な、このスピンブレードの使い方をご紹介しよう。

## 回転するブレードによるキラメキがメバルやアジを誘う

### スピンブレードってなに?

薄い金属板を、ベアリングなど回転を邪魔しないパーツで各種ルアーに取り付けて水中を引いてくると、水流を受けたその金属板は、水中でクルクルと回転する。この回転する金属板を総称して「スピンブレード」、または単に「ブレード」と呼ぶ。

このスピンブレードは、水中で回転する際、反射する光の明滅を生み出す。つまり反射で光ったり、その反対に光らなかったりする状態となる。この明滅は、水中にいるあらゆる魚に、強烈なアピールを発揮する。周囲にいる魚は、スピンブレードがついたルアーを見逃すことはまずない。

また魚によっては、このスピンブレードの回転を、エサの動きと勘違いするものがいる。そのためルアー本体ではなく、スピンブレードのほうばかり食ってくる、というケースもある。これはつまり、スピンブレードのすぐ近くにフックをつけてしまえば、それだけフッキング率が上がるということだ。よってスピンブレードをつける際は、フックのすぐうしろか、フックと上下に並ぶような位置が選ばれる場合が多い。

### 使い方は実に簡単! 投げて巻くだけ

このスピンブレードは、メタルジグの釣りでももちろん有効だ。フックを取り付けるアイに後付したり、最初からフックとセットになったブレードをつけたりと、様々な方式が取り入れられている。

次ページで使い方をご紹介するスピンテールジグもまた、スピンブレードのついたメタルジグの一種といえる。サイズにもよるが、スピン「テール」、つまり尾部にブレードが1個、フックは腹部の1個。このブレードとフックは、水中で引いてき

スピンボウイ（ティクト）に食ってきたでかアジ。昼間にスピンブレード付きメタルジグで釣れるアジは、もれなくデカイ。

ブレードの表面に工夫をしてみるだけでも、ずいぶんと違ってくる。

メタルジグの本体に貼る夜光シールを、ブレードのほうに貼るという手もある。

**ワンポイントアドバイス**

## ブレードにもいろいろある

スピンブレードにはおおまかに分けて、細長い「ウィローリーフ」と丸くて幅広の「コロラド」の２タイプがある。ウィローリーフは抵抗が弱めで、高速で巻くときも体力的な負担が少ない。一方コロラドはその逆で、遅く巻いても水流を確実に受け、ギラギラと強めのアピールを出してくれる。

またカラーは、ゴールドとシルバーの２種類が一般的だ。ゴールドはマヅメ前後の暗い時間帯や潮が濁っているとき、シルバーは逆に明るい時間帯や潮が澄んでいるとき、それぞれ有効といわれている。

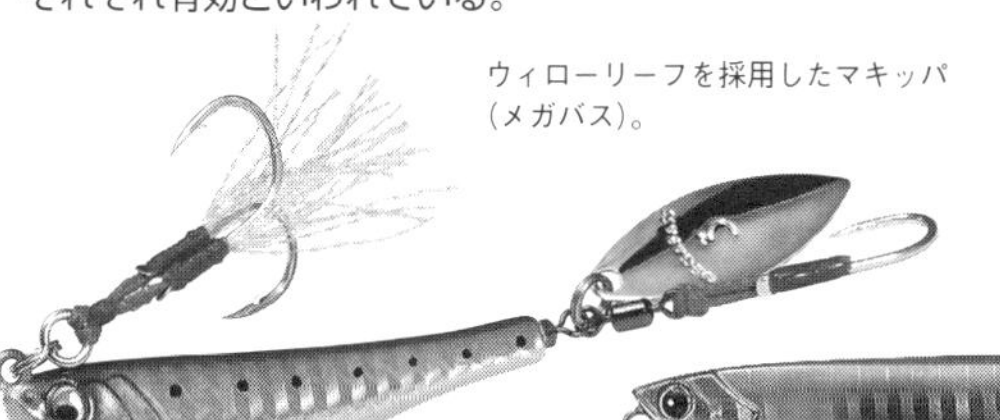

ウィローリーフを採用したマキッパ（メガバス）。

コロラドを採用したジグパラサーフ（メジャークラフト）

# スピンテールジグの TECHNIQUE

## タダ巻き中心に時折カーブフォール

スピンテールジグでの基本的な釣り方は、タダ巻きだ。狙いのポイントにキャストしたら、任意のレンジまでカーブフォールで沈め、リトリーブ。余計なアクションは必要ない。この際、あまり速く巻くより、ルアーがバランスを崩さない程度の、やや速いかな？　と思う程度のスピードに抑えて巻いてくるのがコツだ。

基本はタダ巻きで釣れるが、途中にカーブフォールを入れてあげるのも効果的だ。タダ巻きしたあとカーブフォールを入れ、このタイミングで口を使わせる。

任意のレンジをキープする際や、リアクションで食わせる際、さらにはボトム付近を重点的に探る際に、よく用いるテクニックである。

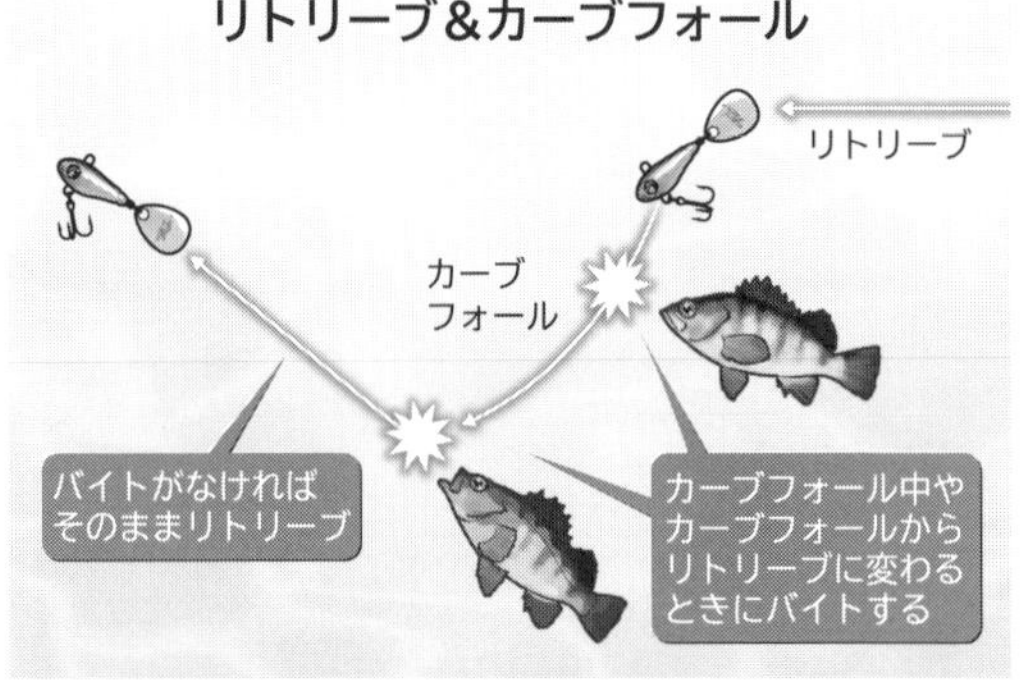

タダ巻きで食ってきたメバル。たいていの魚種は、タダ巻きとほんの少しのカーブフォールで釣れる。

た際、上下に平行となるような位置に取り付けられている。ブレードを目掛けて食ってきた魚の口中に、フックがすっぽりと入るという寸法だ。

スピンブレードの回転だけで強烈な誘いになるので、使う際は基本的にタダ巻きでいい。狙う魚がいる泳層をちゃんと引くことさえできれば、あとはスピンブレードが自動的に誘ってくれる。

ちなみにスピンブレードは、水中で回転する際に抵抗を受けるため、それを操るアングラーには「ブルブルブル……」という、振動のような独自の感触が伝わってくる。この感触は、ルアーのおおまかな現在位置をアングラーに知らせてくれるという実用面だけでなく、引いていてただ楽しくなってくるという非実用的な利点もあるということを、蛇足ながら付け加えておこう。

## スピンテールジグの TACKLE

### 心持ちパワーがあるものを

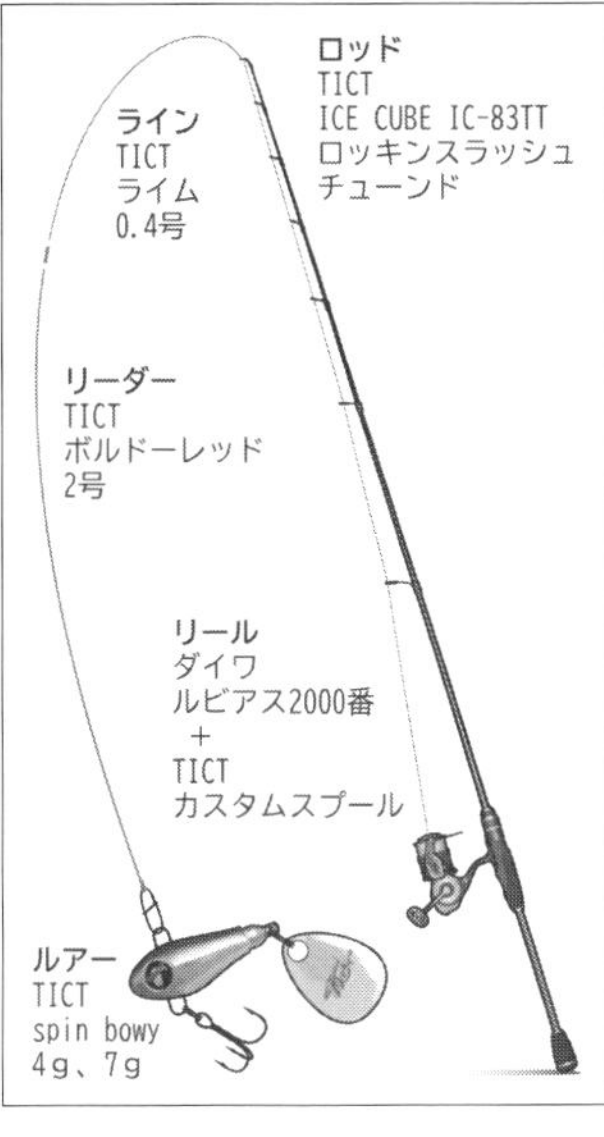


スピンブレードのついたメタルジグは、メタルジグ本体の重量に加え、スピンブレードによる強い引き抵抗も生じさせる。そのため気持ちよく扱うには、同じ重量のメタルジグを扱うときより、心持ちパワーを増したロッドが望ましい。

ロッドの長さは8～8.6ftあると、堤防だけでなく、小規模な磯やサーフにも対応できる。

図で示したのは、下で紹介したスピンボウイ（ティクト）を用い、アジやメバルを狙う際のタックルセッティングだ。適合ルアー重量が最大12ｇ前後のロッドであれば、スピンボウイの４ｇ・７ｇ、どちらも的確に扱える。

リールは 2000 番クラスを使用し、これに 0.4 号前後の PE ラインをセット。リーダーはフロロの 1.5 号を接続。このセッティングであれば、たとえ良型がヒットしても、問題なく対処できるはずだ。

スピンボウイ７ｇのような小型のスピンテールジグには、パワーのあるメバルロッドがよく合う。

## スピンテールジグの オススメアイテム

ウエイトは４ｇと７ｇをラインナップ。メバルのいるポイントまでの距離や深さ、ベイトサイズによって使い分けたい。

### スピンボウイ（ティクト）

スタンダードな形状でありながら、ボディとブレードを繋いでいるパーツにシャフトを介していないコンパクトボディ。そのため重量のわりにシルエットが小さくなり、メバルが違和感なくバイトしてくる。

ブレードは、コロラドタイプを採用。泳ぎ出しがよく、フォール時の糸絡みが、ウィローリーフタイプと比べて少ないのが特徴だ。波動を控えめにした専用ブレードを採用しているため、引き抵抗は軽めで、かつメバルのスレも抑えてくれるようになっている。

第5章

メバルの口にすっぽり入るサイズまでダウンサイジングしたタイラバで、穴という穴を探ってやろう。

# 04 スーパーライトタイラバの穴釣り

**メタルジグと見た目は違うが、やれることはほぼ同じルアーはいくつかあるが、ここでご紹介するスーパーライトタイラバは、そのなかでも最もメタルジグとかけ離れた外見を持つルアーといえる。だがその正体は、実に頼もしい存在なのだ。**

## あらゆる穴に遠慮なく突っ込み中に潜む魚を引きずり出す！

### 発祥はエサ釣りだった

消波ブロックや岩の隙間、水中に沈む敷石の隙間に仕掛けを投入し、ストラクチャーに隠れた魚をダイレクトに狙い撃つ釣りを、穴釣りと呼ぶ。

元々は、ソロバン型や丸型のオモリに、短い糸を介してフックを接続した「ブラクリ」と呼ばれる仕掛けに、エビやイソメといったエサをつけて狙う釣りである。魚の居場所に直接エサを送り込むというわかりやすさ、正確なキャスティングテクニックなど必要ないというシンプルさで、昔から現代まで、ファミリーフィッシングの定番として親しまれている。

穴釣りといえば根魚、根魚といえばカサゴ。昼間でもこのサイズが出る。

### メタルジグの弱点とは？

この穴釣りにルアーで挑戦するなら、理想をいえば、メタルジグを使いたい。穴のなかを素早く落ち、そして着水。あらゆるルアーのなかで最も速く、穴に潜む魚の目の前に到達するメタルジグを使えば、軽快なテンポで楽しく釣れるだろう。

だが、メタルジグには難点がひとつだけある。それは、根掛かりに弱いところだ。ハリ先がむき出しのメタルジグを、コンクリートの小さい穴に落とし込もうものなら、根掛かりしないで戻ってくるほうが不思議なほどだ。いくらメタルジグにアピール力があるとはいえ、これはあまりに効率が悪すぎる。

　では、ルアーで穴釣りはできないのか？　そのためには、根掛かりの原因となる穴の内壁との接触を避けるため、まっすぐ落ちること。エサ

スーパーライトタイラバの代表、魚子ラバ（ルーディーズ）。フックポイントがシリコンスカート、ネクタイに隠れているのがおわかりだろうか。このスカートとネクタイがクッション代わりとなり、フックポイントが障害物とぶつかるのを回避してくれる。

## 穴釣りのPOINT（ポイント）

### 深い穴はそれだけ釣れる

　見た目が似たような穴であっても、釣れる・釣れないが大きく分かれるのも、穴釣りの特徴だ。穴の中がどれだけ深く大きいかは、外見だけでは判断が難しいため、とにかくルアーを入れてテンポよく探っていくことが、釣果を伸ばすキーポイントとなる。

　ルアーを入れることで、その穴の奥行きがわかるわけだが、この奥行き（水深）がある穴には魚が隠れやすいため、真っ先に狙いたい。穴にルアーを入れてフォールさせている最中にラインが止まっても、途中の障害物で引っかかってるだけということもあるため、フォールが止まったら軽くシャクってみる、ロッドを入れる角度を変えるなどして、さらに奥のスペースへルアーが入っていかないかどうかを確認してみよう。

奥が見えない深い穴を選んで釣っていこう。

第5章

による食わせに頼れないぶん、狭い場所でもしっかりアピールできること。そして、メタルジグ同様の操作感を維持しつつ、極限まで軽くすること。これら3つの条件を満たしたルアーが欲しい。

この結果生まれたのが、ここでご紹介する「魚子ラバ」に代表される、スーパーライトタイラバである。

## タイラバの応用

タイラバとは、ヘッドと呼ばれるオモリと、水中でひらひら動くラバースカート、そして遊動式のハリのセットの3つで構成された、和製ルアーといえる存在である。もともとは、船釣りでマダイを狙うための仕掛けであったが、これを陸っぱりのライトゲーム全般で使えるサイズにまで縮小したのが、スーパーライトタイラバだ。

### 穴釣りの TECHNIQUE（テクニック）

### タダ巻き中心に隙間に落とすだけでも釣れる！

特に難しいことは考えず、消波ブロックや敷石の隙間などにスーパーライトタイラバを落とせば、それで釣れる。着底を感じたらその場でルアーをステイ、もしくはティップを小刻みにリフトするだけで、そこに魚がいれば、なにかしら反応があるはずだ。

ロッド操作を止めている間も、極柔シリコンを素材としたカーリーテールが微かな潮の流れを受け、絶えず誘いを入れてくれる。ルアーそのものを動かせるスペースが少なくても、アピール効果は絶大である。

消波ブロック同士の間にできた穴、穴の空いているブロック、消波ブロックと堤防の隙間など、ありとあらゆる「穴」がポイントとなる。

マヅメや夜間といった時間帯であれば、穴釣りにこだわらず、メタルジグと同じようなキャスティングで狙える。

メタルジグ同様によく飛び、よく沈む一方で、メタルジグにはないラバーやシリコンのひらひらとした柔らかい誘いで、水中でタダ巻き、フォーリング、さらには完全放置でも釣れる。また前述したような、軽さ・まっすぐな沈下・確実なアピールという3つの条件も満たしているため、穴釣りにも最適だ。

ただ投げて、落として巻いてくるもよし。それで反応がなければ、釣り場周辺の穴という穴に、遠慮なく突っ込んでやろう。中に潜む魚が、必ず反応を見せてくれるはずだ。

## 穴釣りのオススメルアー

タイラバの構造を踏襲しつつ、小さなサイズに適応させるべく極柔シリコンをラバーとネクタイに採用した、魚子ラバ（ルーディーズ）。

### 魚子ラバ（ルーディーズ）

陸っぱりの釣りでも使える、マイクロタイラバといえる存在が、この魚子ラバ。従来のタイラバをただ単に小さくしただけではなく、微かな潮の流れでもターゲットにしっかりアピールできるよう、オリジナルの「極柔シリコン」を、ラバーとネクタイに採用した点に注目したい。

## 穴釣りのTACKLE

### 根ズレに注意して速攻勝負

タックルは、特に専用のものは必要ない。普段アジングやメバリングに使っているものを、そのまま流用可能だ。極端に短く、サオごと穴の中に突っ込むことのできる穴釣り専用ザオというのもあることはあるが、これは必須ではない。

強いていえば、穴という穴に常にリーダーやラインをこする釣りであるため、なるべく根ズレに強いものを選ぶこと。また、ドラグに頼ったやり取りが一切できないため、リールのドラグはロックぎりぎりのところまで締めること。アタリがあったら即アワセを入れ、魚が反応する前に勝負を決める、このシンプルさも穴釣りの魅力だ。

**使用タックル**

〈ロッド〉
APIA
GRANDAGE Finesse
Sweeper Limited 65
～KANAMARU CUSTOM～

〈ライン〉
VARIVAS
MasterLimited
0.15号

〈リーダー〉
DAIWA
月下美人リーダー
4Lb

〈リール〉
DAIWA
月下美人
EX1003

〈ルアー〉
RUDIE'S
魚子ラバ
各色・各サイズ

アジングやメバリングに使っているタックルを、そのまま使える。

サビキで小型、マイクロメタルジグで中型。昼間のアジング、ダブルチャンス狙いだ。

# 05 マイクロメタルの サビキアジング

メタルジグは、それ単体がよく釣れるルアーであるが、実は他の仕掛けを使う際の「オモリ」としての役割も果たせることをご存知だろうか。メタルジグとサビキで2倍おいしい、マイクロメタルサビキをご紹介しよう。

## メタルジグ＋サビキでチャンスは倍増 昼のアジ狙いに最適

### サビキ釣りの簡易版

ファミリーフィッシングでもおなじみのサビキ釣り。面倒なキャストやリトリーブなどの動作抜きで、仕掛けを足元で上下させるだけで様々な魚が釣れる、海釣りの入門編ともいえる釣り方だ。

このサビキ釣りだが、先端にオモリをつけることで、サビキバリやコマセカゴといった仕掛け全体を水中に沈めたのち、アングラーの操作で上下させるという構造になっている。このオモリの役割をマイクロメタルジグで代用した、サビキ仕掛けの簡易版ともいえる釣り方および仕掛けが、ここでご紹介するマイクロメタルサビキだ。

コマセカゴがないため、仕掛けを上下させることでコマセをまき、群れの足を止めることはできないが、コマセカゴがないぶん構造が簡単なため準備もすぐ終わり、すぐ撤収できるという利点がある。なにより、普通のコマセ釣りで使うような長いサオではなく、さっきまでマイクロメタルジグを投げていたロッドをそのまま使えるという、きわめてお手軽な釣りだ。

肝心の釣果だが、ただでさえ釣れるマイクロメタルジグにサビキが加わることで、チャンスは倍増したといっていい。マイクロメタルジグの大きさやアピールを警戒するような魚でも、さらに小さく動きも控えめなサビキバリには、あっさりと食いついてくる。メタルジグ単体では思うように釣れないときのお助けリグだ。

# マイクロメタルサビキのPOINT

## 船と岸壁の隙間に注目

遠投して上から底まで広く探るのがこの釣りのひとつのやり方だ。しかし、ただやみくもに投げるだけでは能がない。足元や至近距離に停泊中の船と岸壁との間にできた隙間、ここを真っ先に狙いたい。船と岸壁という大きな構造物、そしてそれらが作り出す闇には、多くの種類の魚が着いている。

離れた場所からキャスティングで狙うのは難しいが、マイクロメタルサビキであれば、すぐ近くからそっと仕掛けを下ろせばいい。ただし、係留用のロープその他の用具に仕掛けを引っ掛けないよう、注意をお忘れなく。

橋脚その他の固定ストラクチャーと、岸壁の間にできた隙間も狙い目。

デイゲームでアジが連続ヒット。サビキとマイクロメタルジグの相乗効果は絶大だ。

船と岸壁の隙間は隠れた好ポイント。

マイクロショアジギングの対象魚は、すなわちマイクロメタルサビキでも釣れると思っていい。当然、こんなカサゴが出てきたりする。

マダイも、30㎝前後までの「チャリコ」と呼ばれるサイズなら、漁港で普通に釣れる。

## 思わぬ大物との遭遇チャンスもある魅力的な釣り

マイクロメタルで釣れる魚なら、すべてが対象といっても過言ではないマイクロメタルサビキだが、実際にどれだけ釣れるか確かめたければ、昼の漁港でアジを狙ってみるといいだろう。

マイクロメタルジグのみで釣っていたときと同じく、沖の深場や係留船の陰といった、アジの昼間の居場所を直撃してもいい。また、仲間内の誰かに普通のサビキ釣りを担当してもらい、そのコマセが効いている範囲内を、普通のサビキ釣りと同様の操作で釣ってもいいだろう。もちろんアジ以外にも、メバル・カサゴ・マダイといった、他の魚を狙ってもいい。

せっかく釣りにきたのだから、たとえ本命でなくとも、あるいはサイズが小さくとも、なにかしらのアタリと引きは味わいたい。マイクロメタルサビキは、こういった希望をか

## マイクロメタルサビキのTECHNIQUE

テクニック

### 上から順に探っていこう

特にビギナーにおすすめしたいのが、足元の壁際狙いだ。まずは水深30㎝くらいまで仕掛けを沈め、そこからチョンチョンとロッドアクションを入れながらフォールさせ、そこでアタリがないか確かめる。アタリがなければ、少しずつ仕掛けを下ろしていき、最後に底近くを探る。いきなり底まで沈めてしまうと、中層にいた魚も一緒に沈んでしまうので注意したい。上から順に探っていくのが基本だ。

また、足元に仕掛けを落とす際、絶対に水面を覗きこまないよう注意しよう。これをやると、水中の魚にこちらの存在を確実に気取られてしまう。直接顔を出して覗き込まなくても、水際から半歩下がった程度の立ち位置では、水深や足場の高さ次第もよるが、こちらの存在は魚に見えている。立ち位置から最低でもロッドの長さぶんは距離を取った場所で、なるべく身を低く構え、仕掛けを慎重に下ろしていこう。

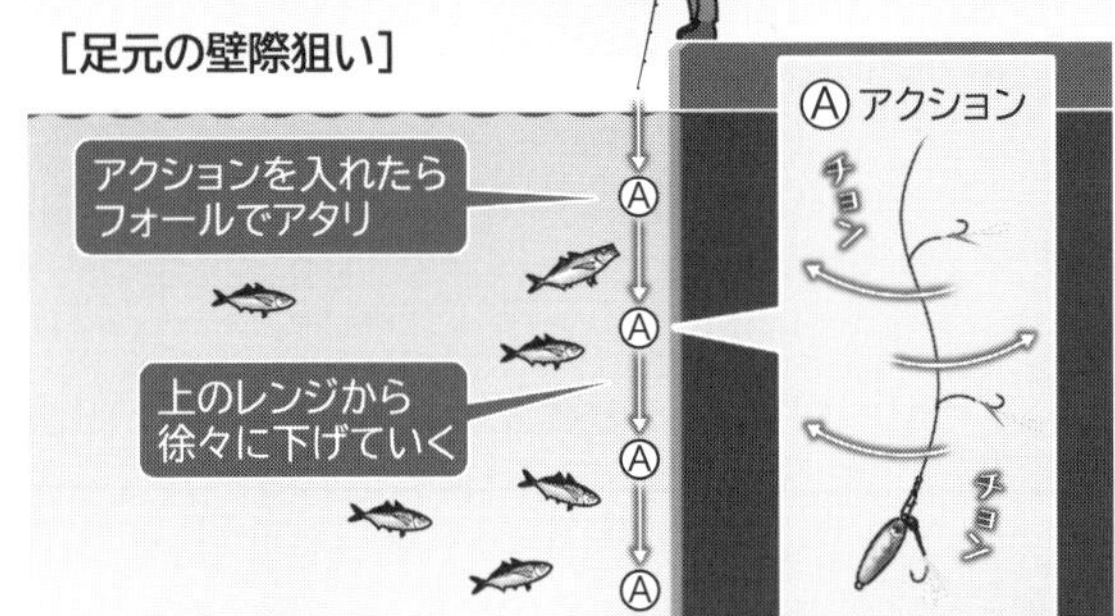


壁際を狙う際は、いきなり底まで仕掛けを落とさず、上のほうから段階を踏んで探っていこう。

水面が見えそうな場所では、極力身を低く構えよう。これで、水中から見られにくくなる。

なえてくれる釣りだが、同時に予想外の大物が待っている可能性を秘めた釣りでもある。いつ本命、あるいはそれ以上の魚によるアタリがあってもいいように、常に心の準備をしておこう。

# マイクロメタルサビキ

## オススメルアー

### セット済みの仕掛けが便利

いつも使っているマイクロメタルジグと、市販のサビキ仕掛けを適宜切ってリーダー代わりにしたものの組み合わせでも楽しめるが、サビキ仕掛けとメタルジグがすでに接続されているもの、あるいはマイクロメタルサビキに最適な長さにカットされているものも市販されている。慣れないうちは、こういったセット済み・処理済みの仕掛けを使うといいだろう。

ナノアジサビキ（メジャークラフト）。マイクロメタルサビキ用に長さを調整したサビキ仕掛け。ナノアジメタルとセットのものもラインナップされている。

ナノアジメタル（メジャークラフト）。最小の0.6 gから最大の5 gまで、全8サイズをラインナップ。

# マイクロメタルサビキの

## TACKLE

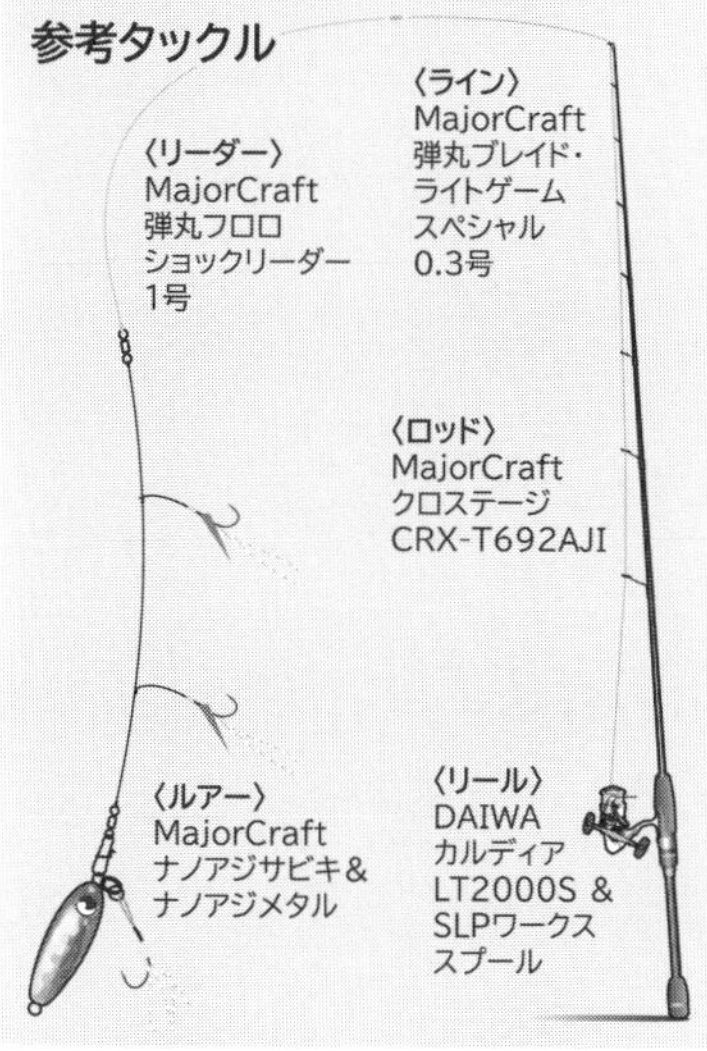


### チューブラーティップがオススメ

ロッドは、メバリングでよく用いられるソリッドティップよりチューブラーティップのほうが、キビキビとしたアクションが付けやすいのでオススメだ。チューブラーティップのアジングロッドは汎用性が高いので、アジング以外のライトゲームでも、オールラウンダーとして重宝する。

ラインはPE0.3号、これに短めに切ったフロロカーボンのリーダーを結んだのち、サビキのスイベルに接続するか、メタルジグに直結する。

弾丸ブレイド・ライトゲームスペシャル（メジャークラフト）。ラインやリーダーの太さは、一般的なマイクロメタルショアジギングと同じ。

汎用性に優れた、チューブラーティップロッド＋小型スピニングという組み合わせがオススメ。

弾丸フロロショックリーダー1号（メジャークラフト）。0.3号のPEラインに合わせたセッティング。

# 06 ナイトアジングのドリフト釣法

メタルジグとドリフト釣法、本来なら相容れないはずの両者だが、条件次第で最強のパートナー同士にもなる。

**常になんらかのアクションを与えることで、スピードや沈みといったメタルジグの持ち味は生かされるが、これとは真逆のアプローチが有効な局面もある。メタルジグとは無縁と思える、ドリフトと呼ばれる釣法だ。**

## 干満差の大きな地域で特に有効 強烈な流れにメタルジグを乗せる！

### 海の激流ポイント

瀬戸内海や九州西部、四国と九州の間など、本土の近くに小さな島が点在しているような地形が、西日本の各所では多く見られる。こういった地形は干満の差が激しく、幅が狭まった海峡部などでは、河川を思わ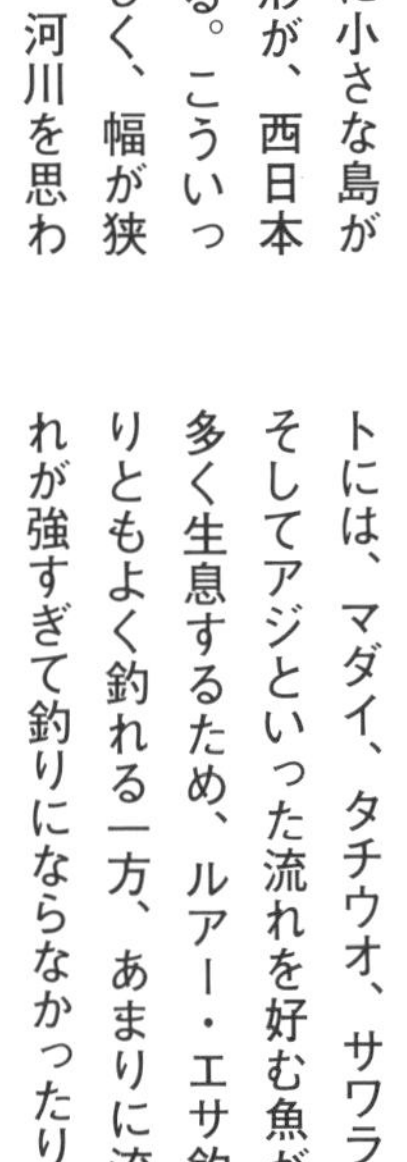せる激流が発生することもしばしばある。

このような激流が発生するポイントには、マダイ、タチウオ、サワラ、そしてアジといった流れを好む魚が多く生息するため、ルアー・エサ釣りともよく釣れる一方、あまりに流れが強すぎて釣りにならなかったり、

ジャークとフォールを駆使してアジの近くまでメタルジグを到達させ、そこからドリフトで食わせに持ち込むと、こんな感じでフッキングしてくる。

## ドリフト釣法のPOINT（ポイント）

### なにはなくとも流れ

アジの泳層までメタルジグを沈め、そこから潮の下流へ向けて流していく釣りなので、メタルジグが流される程度の強い潮流は必須となる。

また、周辺に大きな橋や建物があれば、そこに設置された常夜灯がプランクトンと小魚を寄せ、それを狙ったアジも寄ってくる。常夜灯がなくとも流れがあれば、アジ以外のメバルやシーバス、青物が期待できる。魚種にこだわらないのであれば、ポイントの選択肢は意外と多い。

本土と小さな島が、大きな橋で接続されている。この橋にある常夜灯と下を流れる潮流がサカナを寄せる。

流れがきつい海峡部に突き出た堤防では、静と動のコントラストが著しい。狙うべきはもちろん写真左側、激しく動いているほうだ。

常夜灯がなくとも、地磯のように常に流れの影響を受ける場所であれば、探ってみる価値はある。

干潮時には完全に海底が露出したりと、他のエリアにはない注意点も、いくつか生じてくる。

この流れがもたらす難点を最低限に抑えつつ、利点を最大限に味わう。そんな釣りの代表が、ここでご紹介するドリフト釣法である。

### なぜメタルジグ？

本土の近くに点在する小さな島同士、あるいは島と本土は、たいていの場合、大きな橋で接続されている。この橋には必ず常夜灯が設置されているため、夜になるとこの明かりを求め、小魚が寄ってくる。そしてその小魚を狙うアジも同様に、岸近くまで寄ってくる。

このアジの目の前に、ジャークとフォールで泳層を調整したメタルジグを送り込み、最後は流れに任せた状態にしたうえで食わせる。これがメタルジグを用いた、ナイトアジングのドリフト釣法だ。

プラグやワームを用いたドリフト釣法は、アジやメバル、シーバスを釣る際の定番として多くのルアーアングラーに親しまれているが、これがメタルジグを使うとなると、話は別だ。流れに乗せてそのまま流すという、メタルジグの特性をわざわざ打ち消すような使い方は、普通はやらない。

だが、流れが激しく水深もあるようなフィールドでは、プラグやワームではアジの目の前までたどり着けない。そこで、メタルジグの重量を活かそうというわけだ。

# ドリフト釣法のTECHNIQUE（テクニック）

## ジャークとフォールあってこそのドリフト

この釣りのキモはドリフトだが、そこに至るまでの過程として、スローピッチジャーク＆フォールは欠かせない。緩めのジャークとフォールで少しずつ泳層を調整していき、アジがいそうな泳層の少し上まで到達したら、そこで初めてドリフトに入る。ジャークとフォールあってのドリフトというわけだ。

この際、フックをメタルジグのリア側にセットするのがコツだ。メタルジグをドリフトさせると、リア方向からアジのいるほうへ向かっていくからだ。

なお、フロントのアシストフックがない状態で激しいジャークを入れると、リーダーとフックが絡まる、いわゆる「エビ」状態になりやすいので注意したい。メタルジグというルアーはその特性上、激しいジャークを入れた時点で、どうしても糸絡みのリスクは発生してしまう。一方スローなジャーク、そしてフォールであれば、どんなフックセッティングでも、そう簡単には糸絡みにならないので覚えておこう。。

フッキングはほぼ100%テールフック。糸絡みを防ぐ意味でも、フックはテールのみで勝負。

メタルジグが目当ての泳層に到達したら、ロッドを立てつつ、ラインを張らず緩めずの状態に維持してアタリを待つ。

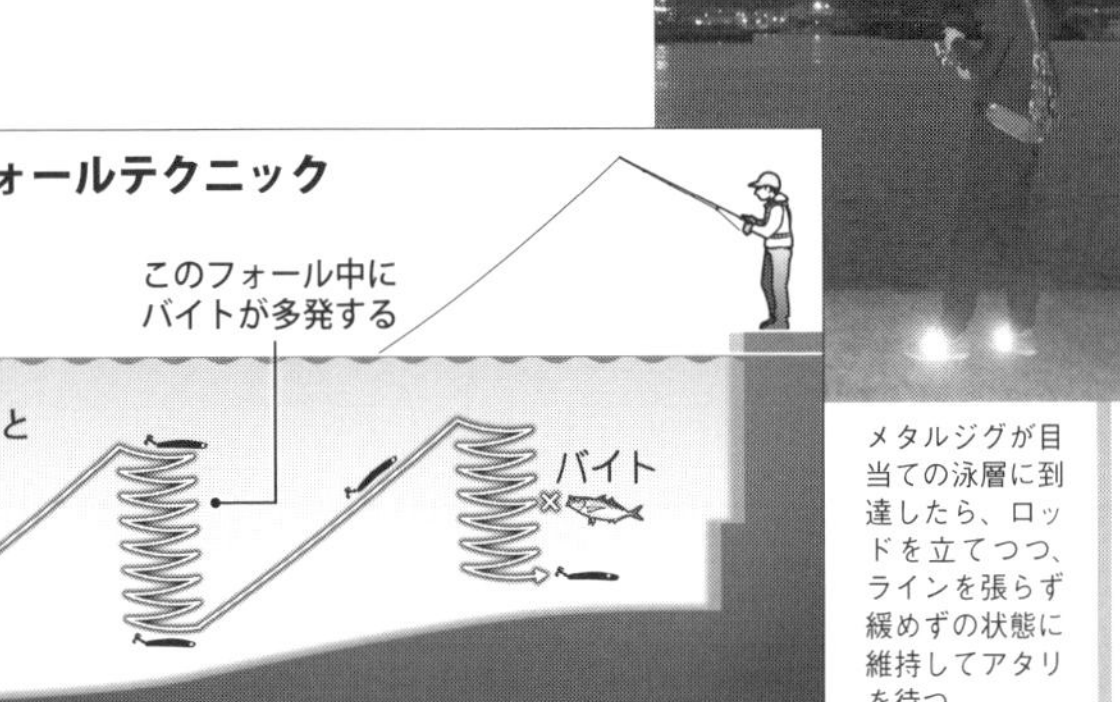


## シャクって流す

まず、立ち位置よりやや潮流の上流に向けメタルジグをキャストし、狙う泳層まで沈める。その後スロージャークを入れ、メタルジグが潮流になじんできたら、あとはラインを張らず緩めずの状態に維持し、メタルジグを潮流に乗せ、下流へ流していく。この流しているメタルジグが、アジの目の前を通過したあたりで、アタリがよく出る。

アタリの出方は、メインラインが走ったり、ロッドを引ったくられたりと、様々なものとなる。明確なアタリが出なくとも、なにか違和感があったら、とりあえずアワセを入れてみよう。

プラグやワームにはない、メタルジグならではの飛距離を生かした、ナイトアジングのドリフト釣法。使えるフィールドや局面は多くないが、

# ドリフト釣法 オススメルアー

## クールジグ（ティクト）

ベイトフィッシュを思わせるスリムなフォルムで、違和感なくターゲットがバイトしてくるメタルジグ。ややリア寄りのセンターバランス設定で、シャクると横を向き、フォールではスライドしながら落ちていく。スロービッチジギング、そしてそこから派生するドリフト釣法に最適なメタルジグといえる。

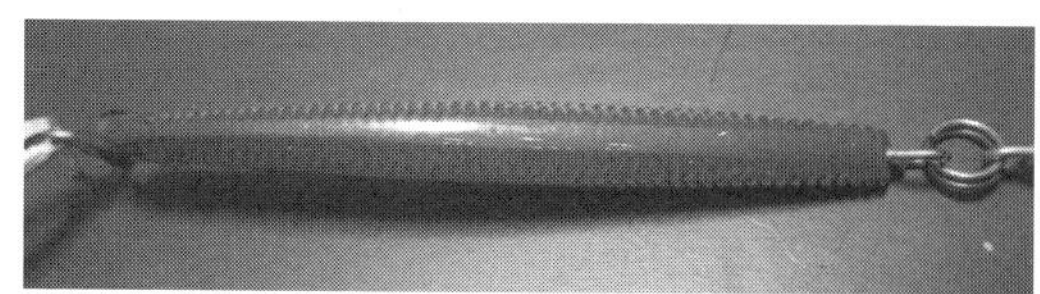

左がフロント、右がリア。真上から見ると、若干リア寄りのセンターバランスであることがわかる。これで、キレのあるアクションとスローフォールを両立。

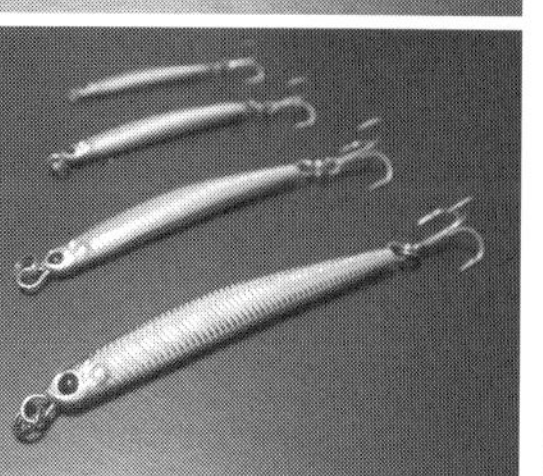

細身のシルエットは、イワシやキビナゴをリアルにイミテート。4種類のサイズをラインナップする。

# ドリフトの TACKLE

ロッド
TICT
SRAM EXR-82T-Sis

ライン
TICT
ウルトラライトゲーム
PE ASH 0.35号

リール
ダイワ
ルビアス 2500番

リーダー
TICT
LIGHT GAME COMPACT
SHOCK LEADER 1.75号 (7.7Lb)

ルアー
TICT cool jig

長さ8ft以上で、15g前後のメタルジグをストレスなく扱えるロッドは必須。

このサイズでも、流れに乗ったアジの引きは強烈なものがある。半端なタックルでは押し負けることもある。

ハマるときにはとことんハマる。ライトショアジギングにはこういう世界もある、と覚えておくだけでも、いつか役に立つときがくるはずだ。

## アジング用最強ロッドがフィット

軽量メタルジグをはるか沖までアプローチしたあと、水圧や強い潮流にも負けず、しっかりとアクションを付けられるタックルがほしい。これを満たすのは、アジングロッドとしては最強の部類に属する、長さ8ft前後・適合ルアー重量1.5～16g前後の、チューブラーティップロッドだ。これに2500番台のスピニングリールと、0.3～0.4号のPEライン、1.5～2.0号のフロロカーボンリーダーを合わせる。

## 現場で簡単に作れる定番の結束方法

# FGノット【ラインとリーダーの結束】

**応用範囲**

ショアジギング … ◉
エギング………… ◉
シーバス………… ◉
ライトゲーム …… ◉
オフショア ……… ◉

編み込み後にリーダーに被せるハーフヒッチは、単純なPEラインのグルグル巻きでもいい。要するにリーダーが飛び出さなければそれでいい。ただし、PEライン本線に対しては、5～6回のハーフヒッチをしっかりと掛け、2～3回巻きのハーフヒッチでエンドノットを施すこと。

いつの頃からか、ダブルラインを使わずにリーダーを結束する方法が主流となった。その主役となったのがFGノットであり、その結束の強さには定評がある。簡単確実に結ぶ方法も考案され、定番中の定番ノットとして多用される

### 注意点と結び方のコツ

従来の方法と異なり、リーダー側で編み込んでゆく方法は、編み込み部分の締め込み作業が必要無い。編み込みした時点で、既に締め込みが完了しているからだ。また、この方法では、1回編み込むごとにリーダーを強めに引いて、編み込み部分が重ならないように確認する必要がある。PEのテンションが強すぎると、編み込み部分が開き気味になるので、適度なテンションを保持しよう。

**KNOT DATA**

|  |  |
|---|---|
| おすすめ度 | ★★★★★ 5.0 |
| 信頼度 | ★★★★★ 5.0 |
| 結束力 | ★★★★★ 5.0 |
| 作りやすさ | ★★★★★ 5.0 |

このノットの特徴は、リーダーにPEラインを編み込みしているという点。単純なグルグル巻きよりも、高い摩擦係数を得られるこの方法は、少ない編み込み数でも完璧な強度を生み出す。唯一の欠点は、編み込みの面倒さ。リーダーにしっかりとPEラインを編み込むためには、それなりの慣れと技が必要だ。

しかし、近年はリーダー側でPEラインに編み込んでゆくという方法が考案され、これによって現場でも短時間で簡単に確実なノットが結べるようになった。図解のイラストでは理解しにくいかもしれないが、何度かくり返し練習すればすぐにコツを掴めるだろう。

結び目も小さく、ライントラブルが少ない上に、メバルなどの小物からオフショアの大物まで幅広く対応できる点では、他のノットよりも汎用性が高いといえるだろう。

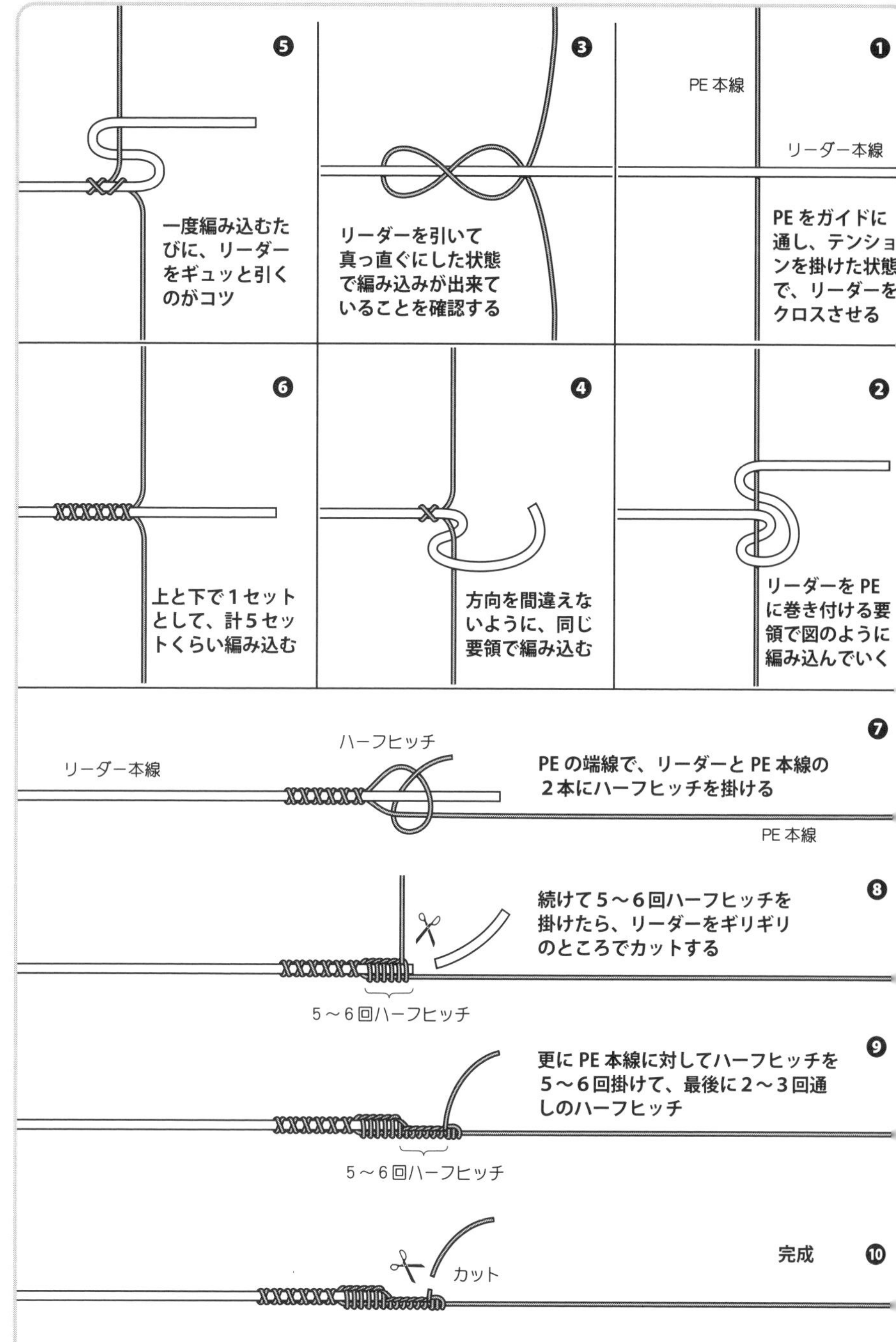
❶
PE本線
リーダー本線
PEをガイドに通し、テンションを掛けた状態で、リーダーをクロスさせる
❷
リーダーをPEに巻き付ける要領で図のように編み込んでいく
❸
リーダーを引いて真っ直ぐにした状態で編み込みが出来ていることを確認する
❹
方向を間違えないように、同じ要領で編み込む
❺
一度編み込むたびに、リーダーをギュッと引くのがコツ
❻
上と下で1セットとして、計5セットくらい編み込む
❼
ハーフヒッチ
リーダー本線
PEの端線で、リーダーとPE本線の2本にハーフヒッチを掛ける
PE本線
❽
続けて5〜6回ハーフヒッチを掛けたら、リーダーをギリギリのところでカットする
5〜6回ハーフヒッチ
❾
更にPE本線に対してハーフヒッチを5〜6回掛けて、最後に2〜3回通しのハーフヒッチ
5〜6回ハーフヒッチ
❿
完成
カット

## 汎用性の高い必須ノット。必ず覚えよう。

# ユニノット【リーダーとルアーの結束】

**応用範囲**

| | |
|---|---|
| ショアジギング … | ◉ |
| エギング………… | ◉ |
| シーバス………… | ◉ |
| ライトゲーム …… | ◉ |
| オフショア ……… | ◉ |

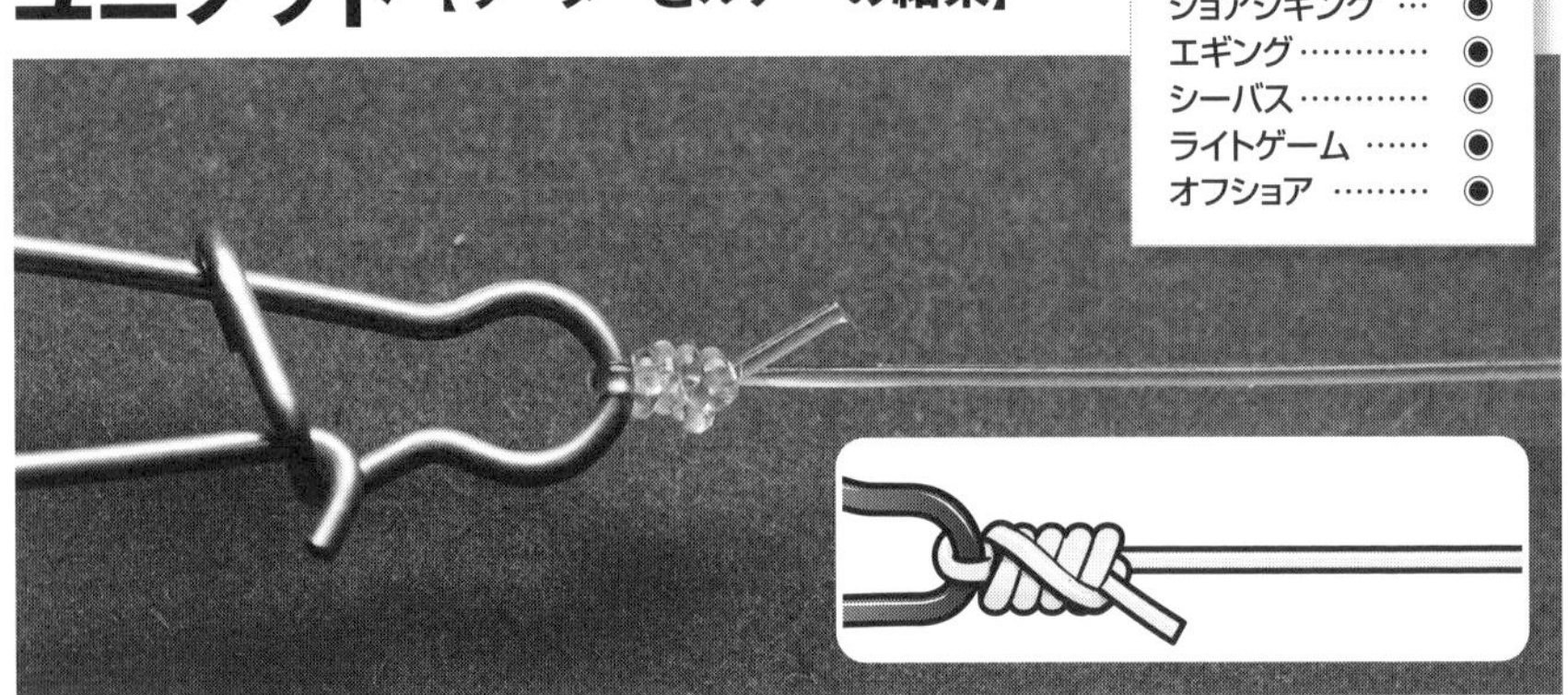

### ココがキモ!

ラインを巻き付けた後の締め込みは弱めにしておく。最後に本線を引いて締めるが、その時は結び目を軽く指で押さえて、本線を引くというよりも、「結び目を下げる」感覚のほうが綺麗に結べる。最後の締め込みはきっちりと行なわないと(締めすぎもラインを傷める原因なのでほどほどに)、太ラインほど「緩み」が起きやすい。

初心者にも優しい、もっとも簡単なノットの一つ。フックとライン、ルアーのアイとラインなど、あらゆる結節への応用が利く。ラインの太さを問わず使えるが、6Lb以下の細ラインの場合はラインを二重にすることで結束力をアップできる。

### 注意点と結び方のコツ

雑誌やネット上で紹介されている結び方は様々で、何種類かの方法があるようだが、大抵の場合、ラインの巻き数は3回程度で説明されている。しかし、滑りのいい細フロロの場合など、3回では摩擦係数が足りず強度不足になるので、最低でも4～5回の巻き数にしたい。

**KNOT DATA**

| | | |
|---|---|---|
| おすすめ度 | ★★★★★ | 5.0 |
| 信頼度 | ★★★★ | 4.0 |
| 結束力 | ★★★★ | 4.0 |
| 作りやすさ | ★★★★★ | 5.0 |

総合評価 18/20

ルアーやスイベルなどへの結束方法として、ユニノットは様々な場面で応用できる基本中の基本といって過言ではない。強度的には他のノットに比較してやや不安な面もあるが、超簡単なのが何よりも魅力。慣れれば暗闇で手探りだけでも作れてしまう。極端な話、ユニノットだけ知っていれば取り敢えずルアーフィッシングは可能なので、何度も練習して必ず覚えたいノットのひとつ。

ユニノットの大きな特徴のひとつに、結束強度にバラツキが少ないという点がある。作り方が面倒なノットほど仕上がりの状態で結束力にムラがあり、ここぞという場面で裏切られたりする。しかしユニノットは強度がある程度一定なので、使い込んで慣れてくれば大物とのファイト時など結束の限界がわかりやすい。強度的にも平均以上だが、100点満点とは言えないので総合評価は18点とした。

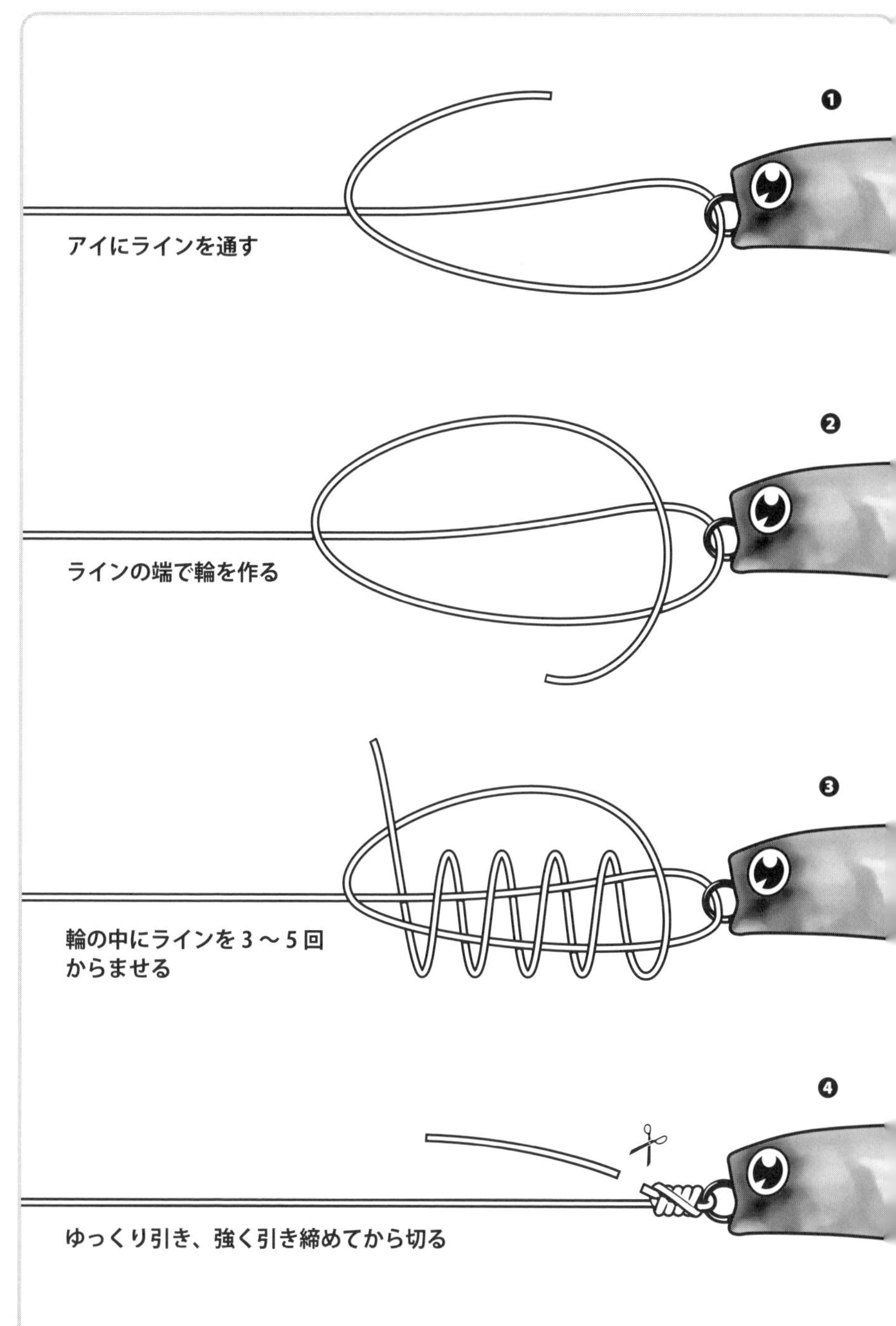
❶
アイにラインを通す
❷
ラインの端で輪を作る
❸
輪の中にラインを 3 〜 5 回
からませる
❹
ゆっくり引き、強く引き締めてから切る

### 結束方法によって強度ムラができやすい

# クリンチノット【リーダーとルアーの結束】

**応用範囲**

| | |
|---|---|
| ショアジギング | ◉ |
| エギング | ◉ |
| シーバス | ◉ |
| ライトゲーム | ◉ |
| オフショア | — |

## ココがキモ！

ラインの種類や太さによって多少結び方を変えるのがコツ。例えばPEラインの場合は滑りやすいので巻き数を多めにすればいいし、結び終えた後にライターで焼きダマを作ってやるだけで強度はアップする。太ラインの場合は、最後のループに入れる部分を省略したほうが緩み防止になるし、強度的にも大きな差はない。

釣りを始めて最初に覚えたのがクリンチノットだったというアングラーも多いのではないだろうか？ユニノットと並ぶノットのひとつとして有名で、主にスナップ類やルアーなどに結束する場合に使用される基本的なノット。様々な応用の結びも存在する。

## 注意点と結び方のコツ

本文中でも説明しているが、このノットは締め込み時にラインに掛かる摩擦抵抗が大きく、熱が発生してヨレができやすい。締め込む時の熱対策として、水で濡らすという方法があるが、面倒な場合は口に入れてツバで湿らせればいい。たったこれだけで結束強度は大幅にアップする。

**KNOT DATA**

|  |  |
|---|---|
| おすすめ度 | 4.0 |
| 信頼度 | 4.0 |
| 結束力 | 4.0 |
| 作りやすさ | 4.0 |

総合評価 16/20

釣りを始めて最初に覚えたのがこの結びだった記憶がある。釣り雑誌などではユニノットよりもはるかにメジャーな結び方として取り上げられていたし、釣具屋さんで小物を買った時に入れてくれるハリメーカーの紙袋の裏に書かれていたのも、クリンチノットが多かった気がする。

でも、いつの頃からかこのノットを使わなくなったのは、結束強度にムラがあったこと。夜釣りの場合、手探りで結ぶのが難しかったことがその理由だろう。もちろん、しっかりと時間を掛けて結べばこのノットは充分に強いのだが、使用するラインや種類に応じて多少結び方を変えてやる必要があるし、完璧に結ぶにはユニノットの倍ほどの時間が掛かる。そういう意味では、実は初心者向けではないのでは？なんて疑問も沸くが、未だに基本ノットとして広く愛されている事実に違いはない。

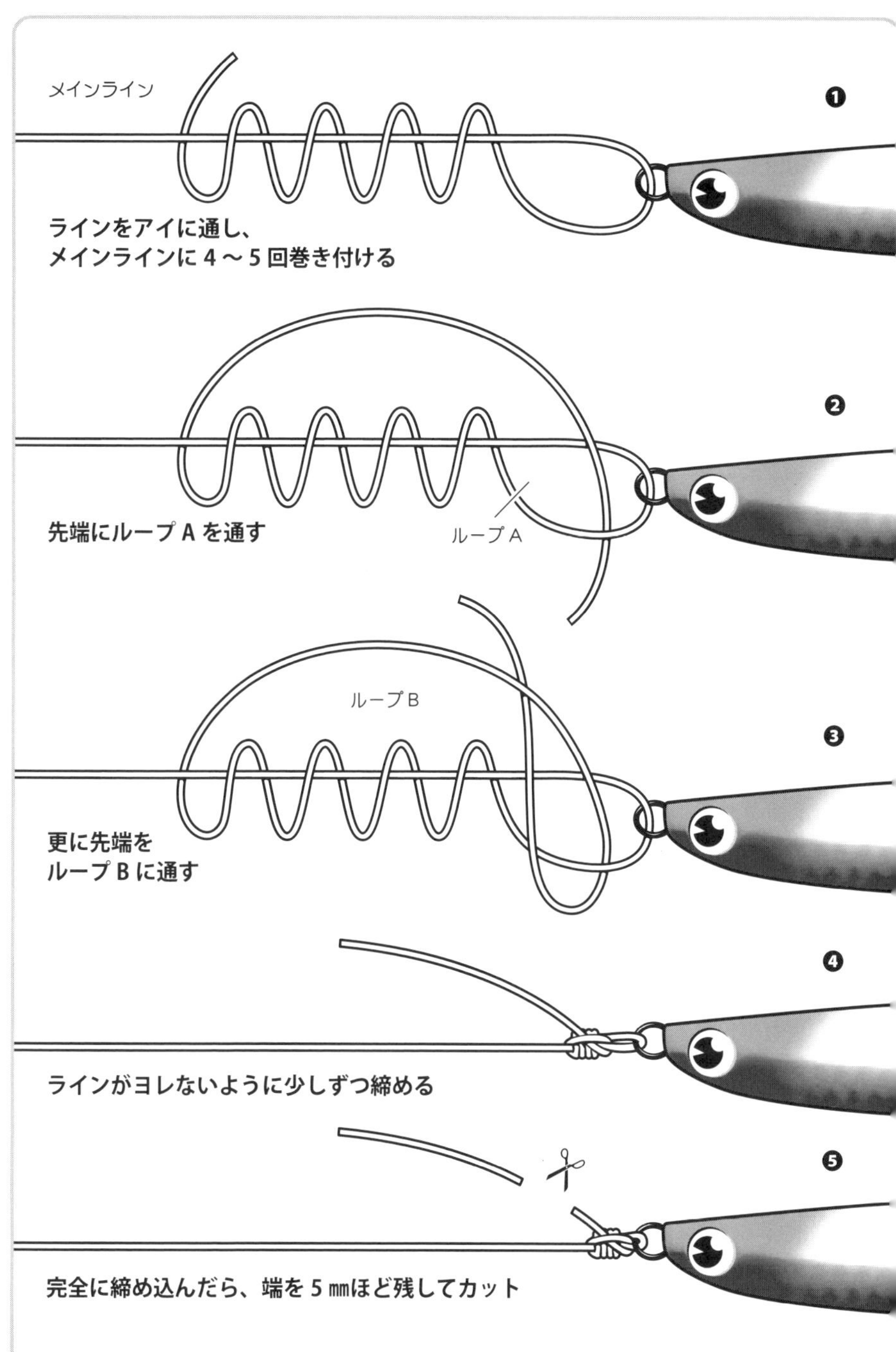
メインライン
❶
ラインをアイに通し、
メインラインに4～5回巻き付ける
❷
先端にループAを通す
ループA
ループB
❸
更に先端を
ループBに通す
❹
ラインがヨレないように少しずつ締める
❺
完全に締め込んだら、端を5㎜ほど残してカット

# 海のルアー釣り用語解説

## あ行

**●青物**

サバやブリなどに代表される、背中が青い回遊魚。その多くがフィッシュイーターであり、ルアーの好ターゲット。カンパチやシマアジなど背中が青くない魚も、まとめて青物と呼ばれる。

**●アゲインスト**

向かい風。釣りづらいが、魚側からアングラーが見えにくくなる。ベイトフィッシュを岸近くまで寄せられるといった効果もあり、結果として釣況がよくなることも多い。

**●朝マヅメ**

夜明けのいっとき。日の出前の薄明かりから日の出までの時間。日の入りから日没直後の暗闇までを「夕マヅメ」という。双方ともに、魚の移動やエサの捕食が活発となり、釣りをするうえでベストな時間帯とされている。

**●アシストフック**

フロントアイに装着するシングルフック。元々リアのトリプルフックをアシストする役目を担っていたが、近年は単独で使用されることが多い。ケブラーやワイヤーなどを介してルアーに装着されるため可動範囲が広く、魚が首を振る際の衝撃をうまく吸収するため、結果としてバラシを軽減させる効果を持つ。

**●編み込み（摩擦系）ノット**

PEラインとリーダーの結び方のひとつ。PEラインをリーダーに編み込み、その摩擦力を生かした結び。ミッドノットやFGノットなどが、これに該当する。ラインの強度を大幅に下げる「結び目」が存在しないため、メインライン本来の強度を生かしきれる。ただし、結束の難易度はやや高め。

**●ウイード**

藻のこと。海の場合は、海藻全般を指す。

**●ウォブリング**

ルアーを上から見たときに、リア部分が左右にお尻を振るように動く状態。

**●オフショア**

ショアではないところ。いわゆる海上のこと。船に乗っての釣りを総称してこう呼ぶ。ただし、船に乗っても、沖磯や沖堤防に渡ってから釣りをすれば「ショア」になる。

## か行

**●カーブフォール**

ラインテンションを保ったまま、カーブ状の軌道を描いてルアーをフォールさせること。テンションが残っているため、ラインの挙動でアタリが取れる利点がある。テンションを残さないで、完全に重力の支配するままに自由落下させることを「フリーフォール」と呼ぶ。

**●カウントダウン**

シンキングルアーを沈み込ませるときに、水深を測る目安として秒数を数えること。カウントダウンの最中にアタリがあったり、ルアーの挙動に変化があった場合は、次のキャストで同じ秒数を数えることにより、特定の水深を重点的に攻めることができる。秒数といっても、ストップウォッチなどで厳密に数える必要はないが、それでもなるべく同じ間隔で数えるよう努力しよう。

**●干潮**

潮位が最も低く下がった状態。一日に2回、約12時間ごとに回ってくる。ソコリとも呼ぶ。潮位が低いため、満潮時は海中に沈んでいる所が露出する。通常は歩けないような場所でも進めるため、行動範囲は格段に増すが、一方で普段釣っているポイントが完全に陸上になり、釣りにならない場合もある。干潮の時間帯や潮位変化の大小は、海で釣りをする際には必ず押さえておくべき最重要事項といえる。

**●キャスト**

ルアーを投げること。メタルジグ、プラグ、ワームなど、すべてのルアーを投げる動作をこう呼ぶ。

**●キャッチ&リリース**

資源保護のために、釣り上げた魚を元気なうちにリリースすること。徹底するためには、カエシのないバーブレスフックを使う、やり取りの時間を最小限に抑える、素手で魚を触らないといった、さまざまな配慮が必要となる。釣った魚を無造作に扱い、乱暴に水中に蹴り落とすような行為は、キャッチ&リリースとはいえない。

**●グローカラー**

夜光カラー、蓄光カラーのこと。青物やマダイが好むオキアミ、シーバスやメバルが好むゴカイ類は水中で発光するため、これらのエサ生物に似せる手段として有効。またただ単に、水中でルアーの存在を明確にアピールする、という目的で用いられることもある。水面直下や水上での挙動や位置がわかりやすいため、ナイトゲームで好んで使うアングラーも多い。

**●小磯**

サーフなどに隣接する小規模な岩場。沖は砂地底の場合もある。磯、サーフ、堤防、消波ブロックといった様々なポイントの要素が小規模にまとまっていることから、移動なしでいろいろな釣りやターゲットを楽しめる利点がある。

**●ゴリ巻き**

魚が掛かったとき、ドラグをロックしてラインを出さずに、ゴリゴリとリールを巻くこと。ロッドやライン、リーダーに絶対の自信がある場合、あるいは少しでも早く魚を取り込みたい状況で用いる。

## さ行

**●サーフ**

浜。砂浜。ゴロタ浜はゴロサーフともいう。海水浴ができるような遠浅の砂浜、駿河湾に代表される急深ジャリ浜、太平洋岸によくある荒波打ち付ける外洋型サーフなど、その規模や形状は様々。

**●サーフェス**

水面を含めた表層のこと。エサとなる小魚にとっては、これ以上逃げようがない「行き止まり」でもあることから、これらの小魚を追いつめて捕食する大型魚にとっては恰好の餌場となる。サーフェスまで出てきた魚はたいてい活性が高いため、ルアーで狙う際の好ターゲットとなる。

**●サイトフィッシング**

魚を見つけてルアーをキャストする釣り方。アオリイカやメバルなどが狙いやすい。

アシストフックを装着したメタルジグで釣れたショゴ（カンパチの幼魚）。

グローカラーの例。メバルに食いついてほしいルアーの腹部分に、グローカラーのワンポイントが塗装されている。

また、ターゲットそのものではなく、ターゲットが好むとされているナブラやトリ山を狙ってメタルジグなどをキャストすることも、広義ではサイトフィッシングとされている。

**●潮目**

流れの方向や速度が異なる潮がぶつかったときにできる、潮の境い目。海釣りの好ポイントのひとつ。

**●シェード**

陰の部分。魚が寄っていることが多い。

**●ジャーク**

ロッドをグイッと強くあおるアクション。

**●シャロー**

浅場のこと。シャローミノーは、浅くしか潜らないミノープラグのこと。

**●ショア**

オフショアに対してのオンショアの略。船に乗らず、岸からする釣りを総称して使用される。

**●ショアライン**

延々と続く海岸線。

**●ジョイント**

ロッドやジョイントルアーの継ぎ目。

**●常夜灯**

漁港などにある外灯のこと。小魚などのエサが集まる、ナイトゲームの一級ポイント。

**●スイベル**

ヨリモドシ、サルカンのこと。ルアーやリグの連結器具として使う。

**●ストップ&ゴー**

止めて、進めてを繰り返すリトリーブアクション。ルアー本来の泳ぎや水の抵抗と相まって、水中で泳いで方向転換、一瞬止まってまた泳ぎだす小魚の動きを演出できる。

**●ストラクチャー**

釣りのポイントとなる障害物。天然・人工、恒常的・一時的の4つのファクターで分類される。カケアガリや沈め根といった天然で恒常的なもの、常夜灯や橋脚といった人工で恒常的なもの、潮目やナブラなど天然で一時的なもの、係留船や温排水の放出など人工で一時的なものが挙げられる。

**●ストレートリトリーブ**

ロッドアクションをつけずに、一定のスピードで巻いてくるリトリーブアクション。タダ巻きともいう。

**●スナップ**

リーダー（ライン）に結びつける、ルアー接続器具。ルアーの交換がワンタッチで行なえる。ヨリモドシ（スイベル）とセットになったスナップスイベルは、メタルジグの回転によるリーダーのヨレを抑えることができるため、メタルジグの釣りでは頻繁に使用される。

**●スプリットリング**

フックなどを接続する、取り外し可能なリング。

**●ズル引き**

海底をずるずる引きずるリトリーブアクション。

**●スレる**

釣り人の多い釣り場の魚が、次々に飛んでくるルアーによって学習能力を高め、なかなか釣れなくなること。または、口以外のところにフッキングすること。

**●センターバランス**

ウエイトの重心がセンター付近にあるメタルジグ。ダートもウォブリングも得意とする。

**●ソリッドリング**

シームレスタイプのワンピースリング。アシストフックの組糸を結んでフックの遊動性

「人工・恒常的」なストラクチャーの代表である橋脚。夜になるとこれに常夜灯が加わり「一時的」なストラクチャーにもなる。

を高める。

## た行

●**ダートアクション**
横滑りするようなルアーアクション。なかでも、横方向への細かい「ブレ」を伴うものをこう呼ぶ。ブレを伴わない場合は「スライドアクション」と呼ぶこともある。

●**高切れ**
やり取りの最中、あるいは根掛かりしたとき、ラインが途中で切れること。高価なラインが途中で切れてしまうことは金銭的に大きな損失なのに加え、ラインとリーダー、ルアーが海中に残ってしまうため、あえてルアーの結束部で切れるよう強度調整している上級者も多い。

●**タダ巻き**
ストレートリトリーブのこと。速くも遅くもなく、ノーアクションで引いてくること。

●**チューニング**
ルアーやロッドの簡単な改造。フックの種類や数を変える、市販のカラーシートを貼るといった簡単なものから、ロッドのグリップを切り詰める、ガイドを交換するといった高度なものまで様々。最近の市販品はマニアのニーズに応えてラインナップも細やかになったため、あえてチューニングを施す必要は少なくなった。

●**ディープ**
深場のこと。ディープダイバーとは、深潜りするルアーのこと。

●**ティップ**
ロッドティップ。竿先のこと。

●**トゥイッチング**
ロッドティップを小刻みにシャクリ続けるルアーアクション。

●**トップウォーター**
水面のこと。トップウォータールアーとは、ペンシルベイト、ポッパーなど、水面下に潜らないルアーをいう。

●**ドラグ**
リールのスプールにテンションをかけながら空回りさせる、ライン切れ防止機構。

## な行

●**ナブラ**
小魚の群れをフィッシュイーターが追い回している状態。小魚の群れが水面にざわつくのが見えるため、ルアーを投げる際には恰好の目標となる。

●**根(ね)**
海底の地形変化や隠れ岩といった障害物の総称。流れの変化が生まれやすく、小魚や甲殻類などのベイトが集まる好ポイントになる。

●**ノット**
ラインを結ぶこと。または結び方。

## は行

●**バーチカル**
垂直方向。バーチカルジギングとは、真下に落とし込むジギングのこと。

●**バーブレスフック**
カエシのないハリのこと。魚へのダメージを抑えるのが目的であるが、不意のトラブルで事故を起こした際にも、このバーブレスフックであれば、安全を確保しやすいのが特徴である。

●**バイト**
魚がルアーに食いつくこと。ヒット、ストライクも同義語。

●**バット**
ロッドのパワーバランスを左右する腰の部分に当たるところ。グリップの上の部分。

●**反転流**
潮の本流に引かれたり、本流脇でヨレたりする、本流とは逆の流れ。

●**干潟(ひがた)**
満潮と干潮の潮位差が大きいサーフエリア。砂泥地底の場所が多い。

●**引き潮**
満潮から干潮にかけて、潮位が下がっていくときの潮の動き。

●**ヒラ打ち**
ルアーに急激なアクションをつけて、ボ

フラットフィッシュの代表格、ヒラメ。平たい体で水底に潜み、下方向から小魚やルアーに襲いかかる。

ディをギラリと反射させること。小魚がエサを食べる際に油断した様子に似ていることから、ルアーに食いつかせるためのベストタイミングとされている。

**●フォール**

アクション中のルアーを重力で沈めること。浮くルアーについたリップで水を受けて潜らせることは「ダイブ」と呼ぶ。

**●フォロー**

追い風。ルアーの飛距離が格段に増すため、有利な状況とされている。

**●フォローベイト**

ミスバイトしたとき、次にキャストする食わせやすいルアー。

**●フッキング**

アタリがあったときにハリを掛ける動作。

**●プライヤー**

先の長いペンチ。ルアー釣りでは、おもにハリ外しに使用する。カギ状に曲がった先端でスプリットリングの脱着ができる「スプリットリングプライヤー」が人気。

**●フラットフィッシュ**

扁平な形の魚たち。おもに、水底に身を潜めて上を通る小魚を奇襲するヒラメやマゴチのことをこう呼ぶ。

**●フリーフォール**

ラインをフリーにしたまま垂直に沈めること。カーブフォールの対語。

**●ブレイク**

カケアガリのこと。傾斜地の途中で、急激に水深が増す部分。

**●フロントバランス**

ウエイトの重心がフロント寄りにあるメタルジグ。スライドダートを得意とする。

**●ベイト**

エサのこと。またルアーやベイトリールを指す場合もある。ベイトフィッシュとは、エサとなる小魚。

**●ベリー**

ロッドのアクションを決定づける胴(中間)の部分。

**●ボイル**

フィッシュイーターに追われた小魚が、水面で沸騰したようにざわつく様子。

**●ポーズ**

ルアーアクションの途中で一時的にルアーをストップさせること。長時間留める場合はステイと呼ぶ。

**●ボトム**

海底のこと。ボトムフィッシングとは、ルアーを海底から離さずに釣ること。

**●ポンドテスト**

ライン強度のこと。仮に10ポンドテストなら、10ポンドの負荷が掛かった際に切れるようになっている。1ポンドは約450g。Lbと表記する。

●**ポンピング**
リールが巻けないような大物が掛かったときに、ロッドを起こした分だけラインを巻き取る、取り込みの方法。

## ま行

●**マッチ・ザ・ベイト**
ターゲットとなる魚がそのときに食べているエサに、ルアーの色や形を合わせること。

●**満潮**
潮位が最も高くまで上がった状態。一日に2回、約12時間ごとに回ってくる。

●**満ち潮**
干潮から満潮にかけて、潮位が高くなっていくときの潮の動き。

●**メタルルアー**
金属製のルアーのこと。メタルジグ、スプーン、テールスピンジグ、メタルバイブレーションなどがある。

## や行

●**夕マヅメ**
夕方のいっとき。日の入り直後から薄明かりが残る時間帯のこと。

## ら行

●**ライズ**
フィッシュイーターが小魚を捕食したときに水面が割れる様子。

●**ライン**
ルアー釣りで使用する道糸のこと。

●**ラインアイ**
ルアーの先端にある、ラインを結ぶ（スナップを掛ける）金具部分。

●**ラインスラック**
キャスト時やアクション時にできる糸フケのこと。

●**ラインブレイク**
ラインが切れて魚を逃してしまうこと。

●**ランディング**
掛けた魚を寄せて取り込むこと。

●**リアクションバイト**
素早く動くものや、光るものに魚が反射的に食いつくこと。必ずしもエサと間違えて食いついているわけではない。

●**リアバランス**
ウエイトの重心がリア側にあるルアー。遠投性に優れる。

●**リーダー**
ラインの先に結ぶ耐摩耗用の先糸。ショックリーダーともいう。

●**離岸流**
岸にぶつかった潮流が、沖に向かって払い出す流れ。サーフの好ポイントのひとつ。

●**リトリーブ**
ラインを巻き取ること。ルアーにアクションをつけるリーリングのこと。

●**リフト&フォール**
ルアーを持ち上げてから沈み込ませるアクション。

●**レンジ**
ルアーの泳層やターゲットの泳層を表す際の「層」という意味。

●**レンジトレース**
一定の層をキープしながらリトリーブを続けること。

●**ロッドティップ**
竿先の部分。感度やフッキング効率を左右する。

## わ行

●**ワンピッチジャーク**
ロッドのひとシャクリに対してリールのハンドルを1回転させるジャーキングテクニック。

マッチ・ザ・ベイトの例。エサとなっていたコノシロに合わせたサイズのミノープラグを選んだ。

# ゼロから始める ショアジギ入門

2021年6月23日　初版発行

**STAFF**

監　　修　　中村正樹
編　　集　　菅田正信
　　　　　　関　正則
カバー＆デザイン　田村たつき
イラスト　　冨岡　武
　　　　　　廣田雅之
　　　　　　丸山孝弘

---

編集人／佐々木正和
発行人／杉原葉子
発行所／株式会社コスミック出版
〒154-0002　東京都世田谷区下馬6-15-4
代　表　TEL 03-5432-7081　FAX 03-5432-7088
振替口座：00110-8-611382
http://www.cosmicpub.com/
印刷・製本／株式会社 光邦
ISBN　978-4-7747-9233-0　C0076

乱丁・落丁本は、小社へ直接お送りください。
送料は小社負担にてお取替えいたします。